尽 善 尽 美　　弗 求 弗 迪

# 创新三重奏

## 从入门、飞跃到颠覆

解答99%有关创新的疑问

蔡常◎著

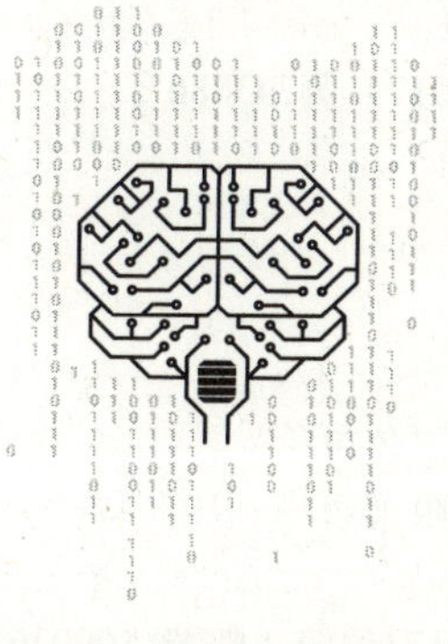

**如何成为卓越的创新领导者**

未来的10年，40%的公司将会消失。我们要么成为颠覆者，要么被人颠覆。

——钱伯斯（John Chambers）

電子工業出版社
Publishing House of Electronics Industry
北京·BEIJING

## 内容简介

本书引领读者从创新入门开始，直至创新颠覆，通过解读近千年来人类创新史
对大量创新公司的案例进行分析与解读，揭示“创新”的规律与模式，并提供一
创新的工具、流程和方法，让读者对创新有更全面、更清晰的了解，帮助企业打
支具备持续创新能力的队伍。



**图书在版编目（CIP）数据**

创新三重奏：从入门、飞跃到颠覆/蔡常著. —北京：电子工业出版社，2017. 11
ISBN 978-7-121-32827-5

Ⅰ. ①创… Ⅱ. ①蔡… Ⅲ. ①创新管理－通俗读物 Ⅳ. ①F273.1-49

中国版本图书馆CIP数据核字（2017）第243880号

责任编辑：张　毅
印　　刷：三河市鑫金马印装有限公司
装　　订：三河市鑫金马印装有限公司
出版发行：电子工业出版社
　　　　　北京市海淀区万寿路173信箱　邮编 100036
开　　本：720×1000　1/16　印张：16.5　字数：245千字
版　　次：2017 年 11 月第 1 版
印　　次：2017 年 11 月第 1 次印刷
定　　价：45.00元

凡所购买电子工业出版社图书有缺损问题，请向购买书店调换。若书店售缺，请与本社发行部联系，联系及邮购电话：（010）88254888，88258888。

质量投诉请发邮件至zlts@phei.com.cn，盗版侵权举报请发邮件至dbqq@phei.com.cn。

本书咨询联系方式：（010）57565890，meidipub@phei.com.cn。

# 前言

## 不忘初心

和“创新”结缘是偶然还是注定？

这个问题直到今天我依然无法给出结论。

2012年春节期间，我无意中发现：在2010年前后，有很多超大型公司申请破产或被收购。比如2008年9月的雷曼兄弟、2009年1月的美林证券，国人不太熟悉但在北美却赫赫有名的美国电器零售巨头Circuit City也在2009年3月倒闭。通用汽车和克莱斯勒也曾申请过破产，不过这两家著名的企业后来被美国政府注资救活了。再接下来柯达、摩托罗拉相继倒下，同样国人不熟悉但非常出名的英国音乐零售巨头HMV和美国影像租赁连锁巨头Blockbuster也在那段时间倒下，并相继退出市场。更为突出的是，大公司沉没的速度在互联网、大数据和移动浪潮的带动下，展现出进一步加快的趋势（诺基亚在2013年9月也被微软收购了）。

大家都知道，小公司由于资源、人才和技术等原因而倒下很普遍，但大公司，尤其是像柯达、摩托罗拉、诺基亚这样的巨人为什么也会倒下，这让我非常好奇。于是我开始就“大公司为什么会倒下 ”这个题材着手收集了大量的资料，并准备写一本书，希望能把其中的原因搞清楚，给别人以警示。在对资料进行分析的过程中，我发现几乎所有倒下的巨人都与一个词有着密切的关系，这个词就是创新。那时我对创新了解甚少，所以花了很多的时间去了解到底什么是创新及如何应用创新成果。我在创新上花的时间越多，对创新的兴趣就越大。

喊喊创新口号、玩玩创新概念是当下不少国人颇为热衷的事，人们对创新理论的学习和实际运用则兴趣不足。事实上，与世界创新强国，如美国、英国等相比，我们在对创新理论的学习、认识和实践上依然存在着巨大的差距。坦率地讲，在创新理论上就算是与我们的邻居印度比较，我们也丝毫不占优势。我所收集并阅读的基本都是英文资料，我发现在创新理论这个领域有突出贡献的华人不多，反而印度人或印度裔在创新理论解释和传播方面做了大量的工作。比如，美国达特茅斯大学教授、印度人维杰伊·戈文达拉扬（Vijay Govindarajan）就是业内非常有名的创新理论大师，他提出的“反向创新”（Reverse Innovation）理论得到了学界和商界的广泛认同。印度人在创新理论上投入更多这一事实，可能也是世界100强中印度裔CEO① 的人数比华裔CEO多很多的重要原因之一。

那时我就萌生了一个念头：把创新推广出去！要把创新从口号、标语中解放出来，让更多的人了解创新，让更多的人真正从创新中受益。让国人拥有更多自己原创的创新理论，而不是像过去那样一味地模仿或追随。让更多的人了解创新、实践创新，用创新让世界变得更美好！

有没有一套系统可以让国人更科学、更有效地管理创新，从而让企业不断地打造出满足市场需要且能够赢利的创新产品？为什么有些公司能够在创新上取得成功，而有些则不能？

带着这些疑问我全面投入了对创新的钻研。那时，创新这个词还远没有像今天这样引人注目。从2014年下半年开始，随着政府“大众创业、万众创新”的号召，越来越多的人加入到关注、参与创新的行列中。尽管如此，创新落实的情况依然不容乐观，在相当程度上，“创新”还停留在标语、口号甚至噱头上。这其中有两点原因。第一个原因是新生事物的发展需要一定的时间。创新对于大多数人而言都算是新事物，与过往几十年大

① 包括微软、谷歌（Alphabet旗下）、Adobe、花旗等公司的CEO均为印度裔。

家熟悉的做事路径差距甚大，要快速改变一个人的思想非常不容易，创新的传播确实需要更多的时间和耐心。第二个原因是国内缺乏一套适合国情、系统且完整的创新体系，包括创新方法、流程和工具等。这一点不仅阻碍了创新传播的进一步发展，更糟糕的是，大众对创新都存在不少认知上的误解。

必须注意：创新是做出来的，而不是喊出来的。因此，本书将围绕着“如何搞创新”这个主题全面铺开。全书对大量中外创新案例做了深层分析，从市场状况和企业自身优势入手，指导读者用创新工具、方法打造出一款创新产品或服务。按创新的阶段性特点，本书分成了三个部分。从创新的入门阶段开始，首先帮助读者对创新的流程、理论和误区等有一个全面、系统的认识。接着进入到创新的飞跃阶段，重点放在如何提高个人的创造力，如何打造一支具备持续创新能力的队伍及如何营造一个“员工愿意创新、有能力创新”的环境上。最后展现的是创新的颠覆阶段，这部分占了全书一半的内容。由于涉及“颠覆”，我自己引入了一个全新的概念——“制约”——并创造出了相关的理论，全面探讨如何通过改变制约条件（如时间和金钱）去实现颠覆性创新。

利用制约去实现突破，达到颠覆是一个新的尝试。在我看过的几千万字的资料中，没有发现一个人有过相同或类似的做法。由于完全没有参照物，所以经常怀疑自己是否做对了。在缺乏明确标准的情况下，只能按逻辑规则去判断是一个比较可行的方法。不幸的是，这部分内容中的相当一部分必须把逻辑抛开，这有时让我更加不知所措。我曾经多次考虑过放弃这部分，显然这样会轻松很多。更麻烦的是，写出来后的结果还可能是一团糟，最后惹来一堆的批评和指责。然而，有几点原因激励我必须做下去。首先，创新要挑战未知，虽然最后失败的可能性大，但依然值得一试。作为多年来研究创新的人，最不应该丧失的就是这种敢于尝试、敢于挑战的精神。其次，我没有见过哪本书或哪个理论把创新分成了初、中、高三个阶段来讲，如果我省略最后这部分，那么缺少高级阶段的创新理论也必然是一种缺失，全书的完整性会受到冲击。最后，不能因为害怕失败，担心丢面子或浪费时间就丧失了探索的勇气和信心。如果这样的话，才是最不可原谅的！所以，我把这部分视为对自己的挑战和突破。

如果书中出现纰漏或观点错误的地方，欢迎大家批评指正。我也会在接下来的时间继续学习、反思，等这本书再版时再将错误之处一一修正。

坐好了，让我们开启创新的旅程！

# 目录

## 第一部分　创新入门：领先对手一步

## 第三部分 创新颠覆：应对颠覆的核心是自我颠覆

第一部分

# 创新入门：领先对手一步

创新的根本目的在于避开激烈的竞争，也就是所谓的蓝海战略；而不创新则会让你跟着别人所制定的成功规则走，在生产、设计、包装、营销等方面追随或模仿对手。

# 第1章　一切不为用户创造价值的创新都是耍流氓

如果你一直重复做过的事，你只会得到同样的结果。

（If you always do what you always did, you will always get what you always got.）

——爱因斯坦（Albert Einstein）

近20年来，创新是一个高频词，在媒体、广告中出现的频率都相当高。美国《华尔街日报》指出，在2011年世界1000强年报中，“创新”被提及的次数高达33528次。而仅在90天内，竟然有255本新出版的书带有“创新”这一标题。最近1年多来，随着政府大力提倡“大众创业、万众创新”，在国内，创新也变成了一个非常时髦的词，出现的频率比过去高了很多。与此同时，越来越多的商业精英们喜欢用“创新”两字来宣传自己的公司，带有“创新”字样或标签的商品也越来越常见。

理论上，越多人关注创新，在创新上投入的人力、物力及财力越多，创新对人类的贡献也会越大。现实是不是这样的呢？

从这几年我关注的公众对创新的态度及创新的落实状况看，2014年年中开始至今，关注创新的人数的确增加了不少。然而，真正实现创新驱动的企业数量还远未尽如人意。多数情况下，对企业而言，创新仍然是一种口号或者噱头，大家都是喊得多，做得少。创新在现实与理想之间存在巨大落差的一个很重要原因，是很多人并不懂“到底什么是创新”。

## 价值才是创新的核心所在

创新的概念源于西方。19世纪初，随着工业革命的不断深入，创新的含义开始逐步被划归到科学、工业领域。那时的创新通常意指技术发明，与之相关的专利和研发实验室等应运而生。直到1939年，创新一词的含义才发生变化，不再与技术发明挂钩，而做出这一贡献的正是奥地利裔美国著名经济学家约瑟夫·熊彼特（Joseph Schumpeter）。熊彼特认为只有在企业找出如何将发明转化成可商业化产品的办法后，创新才可能发生。这一定义意味着创新未必是搞发明或申请专利（第3章有进一步的解释）。

尽管熊彼特的观点存在一定的争议，但这一被广泛认同的解释一直沿用到今天。然而，对于大众而言，创新通常只是“新”的代名词而已，创新意味着玩玩新花样。如果“新”是创新，那么智能机器人算不算创新？地沟油呢？

创新可以是一种思想、一种精神、一种行为或一种价值观，一般来说，它都蕴含着创造与改变的因素在内。按熊彼特的说法，创新是一种行为或一个过程。必须强调：本书所涉及的创新都属于商业创新或组织创新范畴，即创新是为了满足用户的需要，利用新思维、新技术或新的展示方式创造出新产品或服务，为用户和组织创造价值的过程。注意：创新必须要为其用户提供价值，否则，只是新生事物并不属于创新。套用一句时下流行的话，一切不为用户创造价值的创新都是耍流氓！依我看，不让用户爽的创新其实都算空谈。很明显，按这个定义，用来辅助人类的智能机器人当然属于创新，而上餐桌的地沟油只为其制造者和经营者创造了价值，可对消费者不仅毫无价值可言，反而可能带来伤害，所以不算创新。

对用户而言，创新价值通常包括三个方面：功能、经济和心理价值。功能价值指的是满足用户的需要，经济价值是让用户觉得产品性价比不错，而心理价值则是指用户使用产品或服务时感觉良好。理论上，一个优秀的创新产品应该同时满足这三种价值的要求，但实际上，对不同的用户、不同的产品而言，能具备两种价值，有时甚至一种突出价值的创新产品都会受到市场的欢迎。如B2B市场更注重产品的稳定性，所以功能价值最为重要，而B2C市场的中低端产品则是经济价值优先，尤其是在经济下行时期，具备高性价比的产品容易受到热捧。由于心理价值主要取决于用户的主观感受，不同的人可能会有完全不同的说法。因此，创新产品的设计必须以目标用户为核心，对目标用户越了解，为他们创造高心理价值的机会就越大。

经常有人问我，你说的创新有没有落地的问题？我的回答是，创新完全不存在什么落地问题。如图1-1所示，创新的过程由创意和落实两部分组成。创意指的是找出更多点子并进行择优，而落实则是将选择出来的创意付诸实践，创造有价值的产品或服务。此外，创新点子不仅要满足“新颖”的要求，还必须具备“有用”的特点，这样才可能为目标用户真正创造价值。

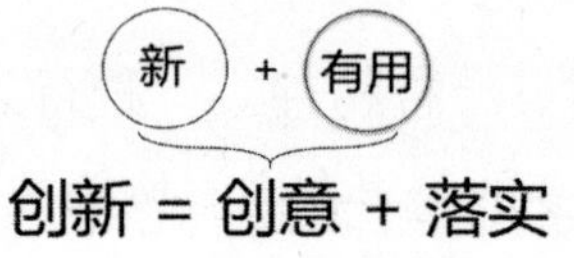


**图1-1　创新=创意+落实**

创新由创意和落实两个部分组成，对任一部分过度偏向或忽视都将影响创新的最后结果。因此，创新过程容易出现以下两种错误模式。第一种是过分强调创意的重要性。为了搜寻更多更好的点子，许多欧美的公司喜欢在类似“头脑风暴”收集创意的举措上花费很多时间，反而在后续落实的过程中虎头蛇尾，最后只能落得个草草收场的结局。显然，过分强调创意容易导致创新流产。第二种错误则是过分重视落实，这种模式在国内非常普遍。不重视创造力的使用，而是竭力寻找成功模式作为参照物，然后对参照物进行适当的改造并以其作为创新产品的基础。极端者甚至连动脑去想想如何改都不愿做，完全照搬照抄别人的。执行力在这种模式下尤为重要，因为它需要的就是照做而已。这种模式走到极端就是模仿或抄袭。模仿与抄袭这种看似聪明的短视行为，在商业发展的初始阶段有其必要性和优势，但在市场日益成熟和法律逐渐健全的今天，过分强调执行力只会减弱团队和企业的创造力。

## 持续性创新和突破性创新

创新可以简单分为持续性创新和突破性创新两大类，前者又被称为加强性创新或微创新。持续性创新是指围绕着如何加强核心竞争力的创新，通常涉及产品的优化、升级（或降低成本）等。持续性创新的例子包括苹果iPhone 7或小米5，它们都是在原有产品的基础上进行升级换代，在产品局部的细节上进行改动。由于持续性创新不涉及产品的重大改变，所以比较容易实现，风险小但通常收益不够理想。突破性创新也可被称为新成长创新或颠覆性创新，其核心的意义与持续性创新有所区别。因此，在核心竞争力之外寻求增长的创新都属于突破性创新。这种创新要求创新者对产品或服务赋予新的定义和应用，它往往涉及用户习惯的改变。苹果的iPhone手机和iPad平板电脑，包括大众非常熟悉的微信、支付宝等都属于这一类创新。这些都是非常成功的突破性创新产品，而不少突破性创新产品未能进入市场或进入市场后以失败告终。与持续性创新相比，突破性创新实现的难度大、风险高。可一旦成功，收益会比前者多很多。

无论是持续性创新还是突破性创新，都具备三大特点。首先，创新要有开创性，能让人感到新颖。要做到这点则必须避免因循守旧，敢于打破常规，做一般人不敢做的事，才可能得到与众不同的结果。那些习惯按部就班、循规蹈矩的人很难创新。其次，由于创新须要打破常规，须要做一般人不做的事，所以创新的结果充满了不确定性。不确定性带来了风险，使创新的收益率和收获时间都变得较难预知。须要指出的是，这里的不确定性指的是结果的不确定性，也就是创新的结果可能会远超常规的预期，而创新的过程则是可预见的。最后，具备可持续发展能力的创新才有更强、更持久的生命力。相反，不具备可持续发展能力的创新（如类似地沟油这样的产品）只有短暂的生命力。一般来说，只要产品背后有足够的利润支撑，开发出一个新产品并不难。如果只看利润而忽视了其他风险，如道德、法律风险，这样的创新从一开始就暗藏着厄运，创新者应尽早停止，否则很容易损失机会成本。事实上，只要创新者着眼于为其目标用户创造价值去实施创新，就可以避免掉入不可持续性的陷阱。

## 技术创新与商业模式创新

创新也可分为以下两种模式：技术创新，指在生产流程或技术工艺上的与技术相关的创新，通过研发、实验等一般大众所熟悉的方法来进行；商业模式创新，指对一个企业创造获取利润的方法的创新，它通常涉及多重因素的整合，如产品、销售渠道、收入与成本、合作方、销售策略等。商业模式创新主要是对产品的营收和成本两个环节进行创新，通过与生产商、供应商和销售商合作，根据渠道和目标用户的需要，制定不同的销售策略去实现。

从实现的角度看，商业模式创新的难度小，其创意和实施周期都短很多，因此比技术创新更容易实现。但从构思的角度看，成功的商业模式创新要比技术创新复杂得多，它对创新者的创造力、想象力和胆识都有更高的要求。回顾历史，成功的商业模式创新在开始时都远不如技术创新成果引人注目。通常一个行业或产品的商业模式都比较固定，很少有人想去改变它，所以新商业模式的出现往往不是遭到无视就是遭到反对。一旦这种商业模式被验证有效，又会遭到疯狂的模仿和复制，从后面小米的案例中我们可以很清晰地看到这一点。

相当一部分崇尚技术流的人秉持“技术至上”的观念，只重视技术创新而轻视商业模式创新。他们认为只要技术过关，商业模式无所谓。这种观念其实并没有把顾客的需要真正置于非常重要的地位，因为顾客通常不在乎企业采用了什么先进科技，他们更在乎商品的使用价值，在乎技术能帮他们做什么。而这些恰好就是商业模式必须承担的任务。仅有技术创新而缺乏相应的商业模式创新的产品容易陷入滞销的境地：从曾与特斯拉电动车齐名且可更换电池的电动车品牌Better Place，到电动平衡车的鼻祖Segway，再到今天的谷歌眼镜，全部都以失败告终。这一系列失败告诉我们，技术领先绝对不是万能药。

我并不想刻意夸大商业模式创新的魔力。“价格战”是国内最常见的商业模式创新，而这种模式其实属于最低端的商业模式创新。打折是把超级利剑，几乎只要用了就有效。不过，纵观历史，如果一个企业仅用打折的手段去吸引顾客，一般都是倒闭的前奏。从长远看，它所带来的副作用远大于其正面的意义。没有人能靠折扣赢天下。国内另外一个突出的现象是，很多技术含量很低的产品，却借着商业模式创新的名义进行忽悠：从过去的纳米技术到现今的大数据和O2O，再到未来的虚拟现实VR，喜欢玩题材和概念却闭口不谈实际价值的人实在太多。

技术创新与商业模式创新两者之间的“理想关系”是互相结合，结合了技术创新与商业模式创新的产品具备更强的竞争力和持续性，为其他人“复制”增加了难度，也提高了产品进入的门槛。记住：任何技术、任何商业模式都可能被复制，然而，带有技术创新特性的商业模式创新较难被复制，若再与文化相结合，就更难被复制。所以，真正难复制的是文化，真正能带动技术创新持续发展的还是文化，真正支撑商业模式创新的也是文化！

最后，必须要说的是，大公司一般都有足够的资源，因此在品牌、财力、人力和物力上都尽显优势，它们就算在技术或商业模式上不创新，仅凭着其优势，也能在品牌、渠道和宣传上轻松挤压中小型企业的生存空间。这就是为什么中小型企业必须重视创新，特别是商业模式创新（毕竟技术创新需要的时间和资源都比较多），才能让自己具备与强大对手放手一搏的机会。

## 小米是如何掀动抢购风潮的

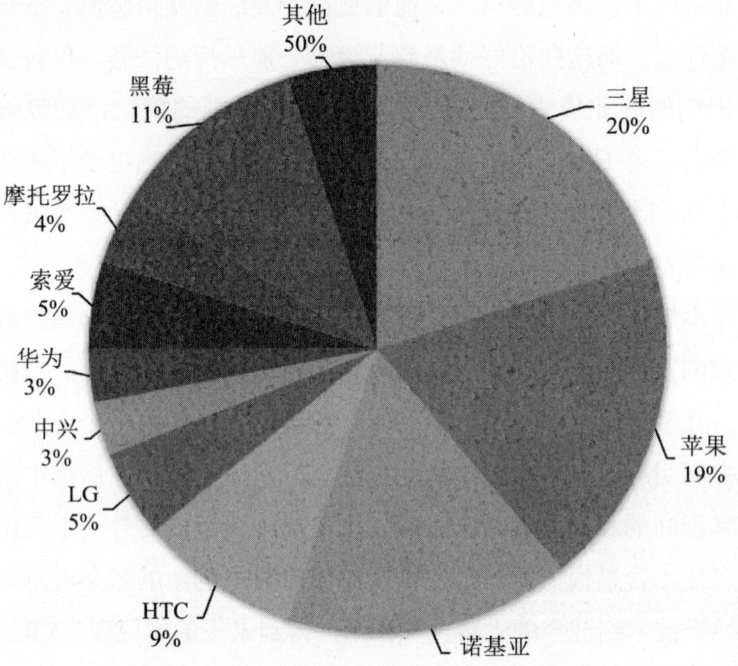


**图1-2　2011年智能手机市场份额分布图**

2011年的手机市场老大依然是诺基亚，它拥有着21%的市场份额。当时还有不少人使用功能机，在智能手机的市场份额排名榜上，诺基亚仅排在第三位。如图1-2所示，三星、苹果分列第一位和第二位。国产手机排在前面的就是名噪一时的“中华酷联”，即中兴、华为、酷派及联想。此时，有一家公司正在悄悄地为他们的第一部手机上市做准备。当时没有任何一个人会想到，短短的4年后，这家公司的手机销量能够成功地跃居全国第一名。更没人想到，短短的4年后，这家公司从默默无闻变成世界闻名——最高估值达450亿美元。

这家公司就是小米。它到底是怎样做到的？

2007年金山软件上市后没多久，雷军辞去金山软件CEO的职位，开始做起了天使投资人。2010年4月他创办了小米科技。小米一开始并没有做手机，而是先从基于安卓开发的MIUI手机操作系统开始。MIUI根据中国用户的使用习惯，对安卓原生系统进行了开发和优化，它更加注重用户的使用体验，让用户上手操作更容易。由于当时刷机盛行，MIUI的问世也为小米带来了最早的一批忠实粉丝——“米粉”。直到2011年10月，小米的第一代手机M1才面市。打着“为发烧而生”的旗号，M1只在网上销售，且比其他相同配置的手机便宜了很多，这引起了大众的注意。如果你想成为小米的顾客，对不起，你一定要经历获得F码、预约和抢购，不然就只能看到别人拥有小米了。抢购热潮从此袭遍大江南北，后来几乎所有国内手机厂家都效仿小米，采用线上销售、预约与抢购的方式卖手机，之后饥饿营销又为国内许多其他行业所采纳。

很多人很反感饥饿营销，可如果拿小米M1与比它早出近半年的三星旗舰机Galaxy S2进行对比（如图1-3所示），你就会非常清楚为什么小米手机会被疯抢。两者的硬件配置相差不大，但价格却相差一倍多。事实上，即使有品牌效应、做工等影响，两者的价格差也不应该如此大。

| | 小米M1 | 三星GalaxyS2 |
|---|---|---|
| 上市时间 | 2011年10月 | 2011年5月 |
| 价格 | 1999元 | 4999元 |
| 屏幕尺寸 | 4寸 | 4.3寸 |
| CPU | 高通骁龙双核1.5Ghz | 三星Exynos双核1.2Ghz |
| 机身内存 | 1 GB | 1 GB |
| 机身容量 | 4 GB | 16 GB |
| 前置摄像头 | | 200万像素 |
| 后置摄像头 | 800万像素 | 800万像素 |
| 电池容量 | 1930mAh | 1650mAh |
| 屏幕分辨率 | 800×480像素 | 800×480像素 |

**图1-3　小米M1和三星Galaxy S2**

小米这种打破传统供应链，去掉中间环节（由企业直接面向消费者而省去中间环节的费用）的模式让消费者很受益。也难怪小米一直受到消费者的热捧。仅上市一年多，2013年年初小米宣布：2012年小米手机销售额已超百亿。如此辉煌的战绩在全球范围内恐怕都是罕见的。在2014年和2015年国产智能手机销量排行榜上，小米分别居第一位和第二位。

此后小米借势杀入其他领域，以"小米"作为品牌，采用投资、贴牌等方式积极打造小米生态圈。小米的多元化道路非常广阔，既有与互联网联系紧密的电视、路由器、平板电脑、手环、移动电源等产品，也有"关联"没那么明显的净水器、空气净化器、平衡车、插座、耳机等产品，还有几乎毫无"关联"的衣服、包和拉杆箱等产品。跨越的领域如此多，产品线分布得如此广的厂商在国内也不多见。虽然小米的生态圈看起来非常杂乱无章，但还是有迹可循的：与小米手机类似，小米进入的每一个领域瞄准的都是性价比。

小米风潮因此也席卷全国，不仅大受消费者的喜爱，也引起各方的热议与效仿。雷军提出的"互联网思维"、小米秘诀"专注、极致、口碑、快"及"站在台风口，猪都能飞上天"的风口论等风靡一时，经常被视为新兴企业的榜样及传统企业转型的灵丹妙药。

## 案例解读

小米的成功留下许多尚待解答的问题。在这里我把部分的问题展示出来。

- 如果说"小米的成功就是互联网思维的成功"，为什么国内诸多效仿小米的手机厂商却没有成功？
- 为什么国外的手机厂商，如苹果、三星，极少采用类似的办法？
- 小米积极打造的饥饿营销、粉丝经济等策略到底是当时有意为之，还是作为小厂商迫不得已的选择？
- 小米模式真的具有可复制性吗？如果有，这种模式的局限在哪里？
- 假如小米没有雷军，它还会达到今天的高度吗？这又给了我们什么启示？

· 雷军的互联网思维“专注、极致、口碑、快”是否存在内在的矛盾？

· 这种模式还能持续多久？下一个“小米”又会是谁？

这些问题恐怕都没有唯一的“正确”答案，不同的人思考的角度不同，给出的答案可能也不同。去思考、去讨论，往往会比获得所谓的正确答案更有利于行业的持续发展。可以肯定的一点是，小米在技术上并没有什么太大的创新。即使跨越诸多领域，小米从来都不是技术的领先者。小米的成功是因为它的商业模式创新。它从一个产品的痛点开始，这个痛点往往是商业模式上的，比如性价比。然后想办法去撬动这个痛点，利用自己的优势，提供一种新的商业模式或让它变得性价比更高，小米手机、电视机、净水器等所有产品走的都是同一条路。

小米着眼于对成熟商业模式的颠覆很值得大家去学习。长久以来，绝大部分公司对行业的商业模式都抱着熟视无睹的态度，总是别人怎么做自己就怎么做，很少有人想去改变一下。正是因为这样，才给了小米如此多的机会，“跨越”一个又一个行业。试想，如果厂家们都愿意像小米这样大胆地拿自己开刀，主动优化自己的产品，主动改变做生意的办法。那小米还有多少机会呢？

## 后话

2016年小米手机的销量一落千丈，从2015年的销量冠军滑落至第五名左右，前三个季度的排名大致相同，都落后于华为、OPPO和vivo。可怕的是，滑落竟然在悄然无声中完结，小米450亿美元的估值同样因此缩水严重。有文章分析说，这是因为小米的营销不给力，也有人说互联网营销手段过时了。我个人感觉这些恐怕不是主要原因，真正的原因应该是自满和骄傲，这一点在诸多倒下的巨人身上都可以看到。

小米仅用了3年的时间就击败华为、联想等强劲对手，从成立时的一个无名小卒跃居全国手机销量冠军。在如此短的时间内完成这般宏伟大业，换了任何企业都容易飘飘然起来，小米把战线拉得很长，以为智能手机行业的成功能轻易复制到其他行业，反而忽视了占营收95%的手机业务，导致手机质量下降，创新落后于对手。与此同时，竞争对手努力追击，加之乐视、360等也趁机杀入，用小米的创新方式对抗小米，让消费者倒戈。小米在销量下降之初并未引起足够的重视，等开始意识到问题时为时已晚，要想重新吸引消费者“回头”仍需时间。

小米在2016年10月底发布了高端产品小米Note 2和小米MIX，前者极像已被回收销毁的三星Note 7，但售价却只有三星的一半，而后者则堪称手机史上屏占比最高的手机。这两部手机迅速引起市场的注意，受到诸多消费者的好评。可以看出，小米已充分意识到了自己的错误，而这也是小米在“技术核心竞争力”方面不断发力的结果。

国内手机市场竞争异常激烈，无论是小米的网络营销还是OPPO和vivo强劲的线下广告加门店战略，任何成功的商业模式恐怕都只能持续一段时间，要想长期占据销量榜榜首，只有一种方法：不断创新，无论是技术还是商业模式。小米的这次发力也预示着小米重新登顶的机会依然存在，而习惯者恐怕永远只是追随的命，总是跟着不同的人在瞎跑。

# 第2章　不创新，就永远在红海煎熬

在别人贪婪时恐惧，在别人恐惧时贪婪。

（Be fearful when others are greedy, and be greedy when others are fearful.）

——巴菲特（Warren Buffett）

## 领先对手一步

让我们先从一个小故事说起吧。话说两个猎人去打猎，没想到突然撞见一头大熊，看来凶多吉少了。一个猎人赶紧把跑鞋拿了出来，另一个人猎人不解地说：“别忙了，你跑不过这头熊的！”那个人回答：“我不用跑过熊，我比你快就行了！”

创新的意义其实就在于此，领先对手一步。这样在变幻莫测的市场中你能比你的竞争对手挺得更久。创新能为你赢得更多的时间，创新能为你带来更多的机会。

大概很多人都有感触，最近两年的生意特别难做，投资渠道狭窄、消费乏力、竞争激烈、人工贵、租金成本高……经济的高速增长期已结束，现在的经济已全面进入新常态时期。很多行业面临着产能过剩的问题，GDP中的三驾马车投资、出口和消费也日渐疲软。投资的最大问题在于投资的效率在不断下降，而人工成本的增加对出口不利。消费的不利因素在于，物价高且大众手中能花的钱有限，这些都影响了消费的可持续性。很多企业现在面临这样的困局：经济增长速度下滑导致收入变少，但人工、资金等成本却没有降低，企业利润率因此遭到收入和成本“双杀”。过去靠低成本扩张成功的企业突然发现自己一直习惯的模式转不动了。

很多人都被两个问题所困惑：第一个问题是到底怎么了，第二个问题是该怎么办。

请注意：这两个问题是密切相关的。如果我们搞错了第一个问题，那么第二个问题的答案即使再漂亮也毫无作用。第一个问题所涉及的层面太广，小篇幅很难解释清楚。我在这里尝试用一个最短的解释来说明，那就是，时代变了，外部环境变了，成功的法则也变了。过去做生意之所以成功主要依靠低成本和占有生产要素（各种社会资源，如土地和资金等）。很明显，这些优势在今天已逐渐失去，有些甚至已转化成负担。另外，个人勇气也是过去有些人成功的一个重要因素。只要看准机会敢行动，赚钱的机会非常多。而今天的市场已经很成熟，法制也比较健全，仅靠勇气和低成本成功的可能性与过去比则低了很多。

现在我们可以回答第二个问题：既然成功的法则发生了改变，你做事的方法也要改变，才有成功的可能。创新的根本目的在于避开激烈的竞争，也就是所谓的蓝海战略；而不创新则会让你跟着别人所制定的成功规则走，在生产、设计、包装、营销等方面追随或模仿对手。置身红海的结果必然导致大家一哄而上，产品同质化严重，最后也一定会出现产能过剩，只能通过价格肉搏战与对手拼，看谁先倒下。

我们对这种局面恐怕再熟悉不过了。

## 要么颠覆，要么被人颠覆

曾有人问过我：“我不想领先对手一步，我对领先、做大没兴趣，我不创新行吗？”

任何行业都有领先者，也有跟随者。领先者永远只是少数，大多数都是跟随者。因此，做一个跟随者并没有任何的问题，但心态上不能放松。创新往往并不偏爱领先者，它更偏爱跟随者。他们只有不断地想办法突破，不断地学习、实践，不断地折腾，才不至于被边缘化。记住，当下的世界正朝着易变、不确定性高、复杂性强等方向发展，即变化速度快、变化结果不易预测且变化原因多样化。应对这种变化的最好方法就是保持警觉的状态，随环境的变化而迅速做出反应。

2015年6月，全球最大的网络供应商思科的总裁钱伯斯（John Chambers）对着25000名投资者发出警告，未来的10年，40%的公司将会消失。他强调："我们要么成为颠覆者，要么被人颠覆。"（Either we disrupt or we get disrupted.）你可以对钱伯斯的话置之不理，你也可以继续你认为可行、有效的生存之道。但不可否认的一点是，这是一个快速变化的时代，过去我们可以较为清晰地看清楚未来3～5年的路，现在估计连1年的都困难。过去我们大概都知道竞争对手有谁，竞争来自何处，现在谁都可能成为对手，竞争已经无处不在。

所以，创新已经不只是关乎增长、扩张，它与生存有着直接的关系。如果你停滞不前，而你的对手在学习创新、在实践创新，你们之间的差距会越来越大。最可怕的是，等你意识到这一点时，恐怕为时已晚。

## 低成本的机器人时代

2016年3月初，韩国著名围棋棋手李世石九段与谷歌Deep Mind的阿尔法狗（AlphaGo）的人机大战引起了全世界的关注。最后阿尔法狗以4:1的比分击败李世石，这让很多人大跌眼镜，而机器的胜利也预示着人工智能的发展速度已超出多数人的想象。未来，人工智能必将以更快的速度飞速发展，很多过去在科幻电影中才会出现的人机交互情景也将离我们越来越近。更可怕的是，很少有人意识到，这场比赛实际上给我们大家敲响了警钟：现代商业的竞争逻辑正在巨变中，科技进步将逐渐让我们熟悉的一切面目全非。

未来的10～15年，将有大量的机器人进入我们的生活和工作中，不仅仅是蓝领，恐怕就连很多白领的工作都有可能被替代。从2015年开始，国内已出现了不少机器人餐厅，而同年8月，日本出现第一家完全由机器人管理的旅馆，整个旅馆没有任何人类参与管理。也是2015年年底，新华社正式引入“机器人写稿”，而《纽约时报》则早在2年前就已启动“机器人撰写稿件”。英国牛津大学的2位机器人专家卡尔·弗雷（Carl Frey）和迈克尔·奥斯本（Michael Osborne）预测：未来20年，美国将有近半数、印度有2/3、中国有3/4的工作岗位将面临人被机器人所取代的风险。

机器人的大量使用很可能导致制造业全面回归西方，特别是高端制造业，从而让我们失去目前在制造业中强有力的竞争地位。众所周知，西方之所以把制造业移出是因为他们高昂的人工成本，但是他们在能源、技术及管理上占有优势。2016年3月底，德勤（Deloitte）发布的《全球制造业竞争力指数》报告预测，美国将于2020年成为全球制造业竞争力最强的经济体。

由于劳动力成本上涨、经济放缓和人口老龄化等原因，在未来我们可能面临这样的窘境：高端制造业重归西方，而低端制造业则为东南亚、印度所掌控，我们夹在中间，定位模糊，竞争力不断减弱。

机器人替代人类的“拐点”离我们越来越近，过去靠低成本“闯天下”的状况将一去不复返。很明显，机器人的执行力、劳动效率和稳定性都比人类好很多，再加上其超强的记忆和计算能力，随着人工智能不断发展，机器人的费用会越来越低，用途也会越来越广。人类真正能击败机器人的地方在于我们独有的创造力和说服力。

## 为什么很多人不愿创新

Adobe公司于2014年9月，针对美国的1068位管理层人员就“创新”进行了问卷调查。在参加问卷调查的人中，78%的企业高管认为创造力是经济发展的关键所在，76%的高管觉得创造力是招聘时最优先考虑的素质。由此可见，“创新”在美国理应开展得轰轰烈烈，而实际却远非如此。除了硅谷、纽约等少数几个地方的“创新”发展得比较顺利外，其他地方的美国企业拥抱创新的意愿并不算特别强。当然，在这方面，国内的“创新欲望”恐怕就更弱了。

为什么很多人不愿意创新呢？

尽管每个不愿创新的人都有其自身的一些独特原因，大而化之地归纳原因恐怕并不妥当，然而，从深层去分析，还是能从这些人中找出一些共性的。

首先，我们必须清楚，每个人的心理构成都不同，这决定了大家对创新的态度未必完全相同。也就是说，有些人天生更喜欢变化，因此更容易接受新生事物，而有些人则刚好相反。前者对创新保持更加开放、欢迎的态度，投身创新的积极性也较大，而后者则容易显示出保守、迟疑的态度，参与创新的积极性较弱，往往周边全部动起来后才会行动。记住：切勿站在道德高位对此进行评判，毕竟是否要创新应视具体情况，而非个人的喜好来定。

其次，社会主流对创新的价值的认识依然不足。中国农业社会的历史很长，而工业化进程则相对较短。长久的农耕历史致使小农价值观隐藏在多数人的潜意识中，它暗自引领着我们的认知和判断。因此不难理解，看得见的东西，如权利、金钱、物产等，要远比看不见的东西，如思维、认识等的价值高得多，所以大家也就不会在这些被广泛认为“不实用”的东西上花太多心思。思维、认知是创造的基础。一个人一旦缺乏独立思考的能力，他必然会走向追随、模仿甚至抄袭的道路。当然，被追随、模仿的对象一般都是成功的典范。这样做至少有两个好处，效率高且省心省力、风险低。哇！何乐而不为呢？

一直以来，复制、模仿或追随是效率型企业最常用的策略。虽然这种方式所产生的附加值低，但易实现，且安全可靠、风险小，所以人们很容易身陷其中而乐此不疲，周而复始。值得注意的是，在外界环境稳定的情况下，效率型企业有其优势；可在多变、复杂的形势中其变通能力不够的弱点也会暴露无遗，这将给企业的发展带来负面的影响。

再次，促进和保护创新的机制设置不足。由于对创新的重视不够，自然不会在促进和保护创新上多下功夫。创新无疑比模仿、抄袭更费心、费力，且风险更高。如果创新的回报小，而对山寨的惩罚又不够，创新的动力就会受到打击。试想：靠模仿或抄袭都能造出“差不多”的东西，而须要付出的代价又小，谁会愿意花时间、金钱和精力，费力劳神去搞创新呢？

最后，对不确定性的忧虑与畏惧也让很多人在创新面前裹足不前。创新必定须要前期持续地投入，包括时间、金钱、感情、技术和各种其他资源等。问题是，投入那么多，可结果却无法保证，甚至还可能落得鸡飞蛋打的局面。很多人，特别是实用主义倾向比较强的人，很难容忍这种结局的出现。所以，干脆不创新会更好。

## 大公司以创新求自保

大公司普遍不喜欢创新。大公司一般都有着足够大的市场份额，有着领先的技术、产品及渠道。而创新则可能造成两种结果：第一种是创新的成果可能影响自己领先的市场份额；另一种是投资很大但结果不理想。

大公司的整体架构和运行机制也决定了大公司在创新上的不足。由于大企业非常注重利润和市场份额，而恰好在规模上占据优势的效率型企业是维护利润和市场份额最好的组织类型，因此绝大多数大公司都会往效率型企业的方向进行建设，如在企业中设立多层次的组织架构、纷繁复杂的规定、流程和制度等，这些都能有效地保障公司的效益。

然而，复杂的组织架构也有不好的一面。它们降低了企业反应和行动的速度，也约束了创造力的发挥。在外界环境稳定时，效率型的大企业优势明显，可以利用其“大”成功地碾压中小企业。可当外界环境发生变化时，大企业“船大难调头”的特点也会阻碍其发展势头。

越来越多的大公司意识到其文化、组织架构和工作流程等阻碍了公司在创新方面的进一步发展。这几年，中外许多大企业都在探索如何从内部入手，寻找最合适的方法创新，比如海尔的小微企业和创客生态圈，将员工变为创客，将客户至上变为与客户共创的创新方式就是这样的例子。让我们看看另外一家大公司，2015年世界500强排名第187位，2014财年销售和营收总额超过550亿美元的卡特彼勒（Caterpillar）是如何开展创新的。

成立于1925年的卡特彼勒是全世界最大的工程机械和矿山设备生产商。很多年前，卡特彼勒就已经成为了全球最大的重型机械制造商，2012年其营收达到创历史纪录的659亿美元。然而，从那以后，受困于全球能源和采矿行业持续低迷，以及中国和巴西等新兴市场增速放缓，卡特彼勒的销售和营收已连续三年下滑，在世界500强内部的排名也“节节后退”，预计2016年的销售和营收将仅有460亿美元。

改变势在必行！创新迫在眉睫！

卡特彼勒的核心竞争力就是重型机械，如果利用互联网、大数据和人工智能这些最新科技将重型机械连接起来，就能创造出新的价值。卡特彼勒数据创新实验室将世界各工地的每一台卡特彼勒重型设备相连，监控这些重型机械设备，当这些设备出现问题时，可以及时反馈给现场的使用者，以便迅速做出反应，同时也能及时运送有必要更换的零配件到现场，并将现场所获取的数据传输回实验室，用于设备的进一步优化。这样的一来一回无疑提高了设备的使用效率，同时也降低了使用的成本。除了在核心竞争力上发力外，卡特彼勒还在人工智能控制设备及混合动力研发等相邻领域做了大量的研发工作。此外，公司还成立了类似于谷歌X实验室这样的机构，对尚未成熟的新领域进行探索。

所有这些技术上的改变，都是在内部文化改变的基础上实现的。如设计从传统的以工程师为导向转向以客户为导向，想客户所想，忧客户所忧，根据客户的需要调整设备部署和市场战略。同时在公司内部，改变组织文化和架构，效仿初创企业，对创新失败采取更为容忍的态度，引入迭代和实验等机制实现快速创新。

## 案例解读

这几年卡特彼勒在创新上的投入很大，这也导致了其公司利润逐年下降。短期之内未必能回收这些投资，但不创新又会怎样呢？结局恐怕会更糟。观望、等下去的结果往往就如温水煮青蛙，迟早完蛋，来个痛快的说不定还有机会。亚洲包括中国和日本有不少卡特彼勒的竞争者，他们能提供比卡特彼勒更为廉价的解决方案，这通常是击溃巨人最有效的方式。说白了，卡特彼勒的创新只不过是为了自保而已，它用自己的方式战斗。

不少人觉得创新就是像卡特彼勒那样，强化核心技术，再把技术与"互联网+"、大数据结合起来就行了。这种做法通常会很有效，可如果企业仅停留在这一步上，创新的威力和动力最多只发挥了一半而已。任何一项技术都可以被复制，进入门槛越低的技术被复制的可能性也越大。对一个产品进行两次、三次甚至更多次创新，提高进入的门槛，让抄袭者越来越难抄，越抄越没劲。这一切的形成难以通过加强技术力量或增加技术投资达到，文化建设才是通往目的地的必经之路。或许讲到这里，你会更理解卡特彼勒的创新方法。

我常听到一些人说："创新我有兴趣啊，应该怎么开始呢？"你只要多一点胆识和好奇心，敢于面对未知，敢于挑战自我，渴望了解，渴望探索，就像《财富》中文网中描述的那样：

在一次内部会议上，62岁的卡特彼勒公司董事长兼首席执行官道格·欧博赫曼（*Doug Oberhelman*）在500名员工的面前做出了不同寻常的举动。他脱掉鞋子走上讲台，穿着一双袜子做完了演讲，期间还用手机对着自己的双脚拍了张照片发在博客上，他显然对此非常得意。

欧博赫曼称自己当时是受到了一位谷歌公司的演讲嘉宾的鼓舞。"他穿了一双不同颜色的网球鞋，一只是黑色，另外一只是黄色（黑色和黄色是卡特彼勒公司引以为傲的代表性颜色）。"欧博赫曼在自己的博客里写道，"他的样子就像在说只有谷歌的人才能够干出这种事情。"于是，他决定挑战传统。

# 第3章　创新的风险和阻力

如果你知道那玩意行的话就不是试验！

（It's not an experiment if you know it's going to work!）

——亚马逊CEO　杰夫·贝佐斯（Jeff Bezos）

## 不怕风险，就怕不知道有什么风险

可以将大众简单分成两种类型。第一种类型可称为“机会敏感型”。他们通常是各行各业的先行者或各种新生事物的尝鲜者，爱冒险且喜欢有变化的生活，风险承受能力和适应能力也都较强。这类人总在寻找机会，很少等到自己有十足的把握才行动，“感觉差不多了”他们就会下手。“需求刺激，力求先机”是这类人的写照。另一类人则属于“规避风险型”。这类人的风险承受能力和适应能力相对弱些，所以对变化持保守的态度，不喜欢冒险和挑战。做事一般须要“看得准”、有较大的把握时才会行动。在商业上，他们也是习惯了等时机成熟后再进入市场。这类人的座右铭是“跟着别人走，心里踏实”。极端的“机会敏感型”和极端的“规避风险型”都较少，大多数人都介于这两者之间。不过，总体而言，有“规避风险”倾向的人数要比前一种多很多。也就是说，生活中的大部分人都不爱冒险，普遍有规避风险的倾向。这就不难理解为什么大部分人只是口头赞成“创新”而已。毕竟创新须要打破常规，须要挑战约定俗成，而且结果充满未知。循规蹈矩跟着别人走，看清楚了再行动往往意味着平稳的幸福，不是吗？

创新是一个基于时间的游戏。创新是建立在对过去的总结、对现在的突破及对未来的预测的基础上实现的。然而，即便我们对未来的预测完全基于理性，在客观的分析和数据上进行，也可能会出现与预测偏差较大的结果。因此，所有的预测都充满着不确定性。人类在不确定性高的情况下倾向于做出保守的选择，而冒险的行为通常只会在不确定性低的情况下进行。有“规避风险型”倾向的人数量众多，这也意味着多数人讨厌不确定性，特别是高不确定性，所以规避风险才是大众的普遍选择。

然而，不要忘记了另外一个事实：不确定性其实与收益紧密相连，不确定性高的收益也高，反之亦然。这也是那么多人明知道创业的风险高，依然奋不顾身地投入的原因。因此，创新须要考虑的重点恐怕不在于如何规避风险，而在于了解其中的风险所在，然后进行风险管控。

创新的风险不可怕，真正可怕的是不知道风险在哪里。看不出风险，当然就谈不上管理风险。如果我们知道创新的风险有哪些，在什么时候出现，出现后又会发生什么情况及应如何处理等，就可以在风险出现之前有针对性地做好准备，以保证创新的顺利进行。特别是在创业时，大部分人考虑最多的是资金风险，如资金不到位怎么办，或资金链断了怎么办等；另一类风险，如“没人买我们的创新产品怎么办？竞争对手抹黑我们怎么办？如何击败那些非直接竞争者？”等涉及市场风险的问题，认真考虑的人却并不算多。另外，团队风险同样常常被忽视。专业、能力和背景是组建创新团队时考虑最多的因素，很少有人会把性格、价值观的匹配放在比较重要的位置，而恰好是性格、价值观这些因素才是导致矛盾、冲突发生，引发不团结和内斗最主要的原因。当任何一个创新团队成员的精力过多地放在内部矛盾上时，这个创新团队的效率将会受到严重的打击，创新气氛也会被破坏。这么多年来，我从未见到过哪一个创新团队能在如此的环境中取得重大进展。

由此可见，学会识别风险，借助风险管控手段去管理创新才能够有助于我们更有效地控制创新的各种风险，提高创新的成功率。

## 危机中的机会

2016年4月，马云在接受香港《南华早报》的专访时表示，他认为中国经济将面临“三五年的困难”，同时他又觉得这造就了机遇，“给年轻人带来巨大的机会”。

困难时还有机会？而且是巨大的机会？

这听起来并不合理。危机来临时，乐观主义者和悲观主义者的态度和反应是不同的。悲观主义者看到的是危险的降临，感觉到的是迷茫与困顿；而乐观主义者则闻到的是机会的味道，大有跃跃欲试的感觉。

究竟是危险还是机会，取决于个人的理解和诠释。在好的环境下，无论是乐观主义者还是悲观主义者，大家的感觉都挺好，此时期待改变的人也少些。相反，当外界环境变差时，大家的感觉就较差，期待发生改变的人也会多很多。真正起作用的不是环境，而是我们对所处环境的态度和反应。如果我们感觉迷茫和失望，渴望别人来拯救自己，那么我们的思想和行动就会有所“收敛”。一旦无法如愿，很容易怪罪自己和别人，而我们的思想和行动会更加“收敛”，这样就陷入了一个恶性循环中。相反，如果觉得变化的时机到了，认真去做好准备，努力去捕获机会，你反而越觉得这可能是一个机会，这样就进入了一个良性循环中，直到彻底抓住机会。

如果你正在等待或追寻变化，危机或困难反而更是一个机会。危机、困难都会让人产生不安全感，此时主动选择躲避的人会比选择出击的人多很多。这时候你选择出击，对手的数量会少很多。此外，危机和困难也会触发不稳定。在不稳定的情况下，各种关系相互转化的速度加快，发生变化的可能性增加。

如果你不是一个渴望变化的人，危机或困难则更多地意味着危险和不舒服。问题在于你无法控制外部环境，你只能控制自己的反应。改变，对多数人都不是一件容易的事，都需要时间，要战胜内心的恐惧与惰性，要拿出强大的意志力去一步步往前走。你不能后退，其实也没有退路，越退越死。

## 没有质疑和阻力，就没有创新

几千年来，人类总是不断地经历着变化，这些变化或潮流一般都由极少数人引领，大部分人只是在学习如何适应而已。一方面，变化带来了激动人心的新气象；另一方面，由于人类“趋利避害”的倾向，在看不清前方时，回避风险、抗拒变化又是大多数人的共性。我们对“变化”的适应需要时间，才能慢慢地消化新变化带来的冲击。所以不难想象，创新遇到质疑和阻力在所难免。甚至可以说，没有遭遇质疑、阻力的创新项目就没有顽强的生命力。当大家都觉得必须创新时，创新的必要性和紧迫性反而没有那么高，毕竟创新须要改变习以为常的惯例，没有足够的视野和胆识，走出这一步并不容易。

这几年在很多公司推广创新的过程中，我都目睹过创新的阻力。不正面回答或“再考虑考虑”是最常见的一种反应，时不时也能看到下列的反应：

我们已经做了很多年了，没必要变。

这不适合我们这里！

我们过去早试过，没什么用！

就国内这个环境，不可能！

这用处不大。

这不是什么新东西，我们以前就想过这样做。

现在还不是时候。

我当然想推出创新产品，可市场不一定接受啊！

现实点吧，兄弟！

创新者要顶着各种质疑和阻力前行。一开始你不会觉得有什么，但时间长了，假如质疑声依然“源源不断”，不知不觉间你就会怀疑自己是否走对了路，质疑自己是否做对了、是否有能力继续做下去，等等。此时，一旦你的“创新”开展得不够顺利，质疑会变得更为顺理成章。很多人开始动摇，相当一部分人在质疑、阻力面前屈服、放弃了。

我想告诉你的是：如果在创新的过程中也遭遇了质疑和阻力，那么首先恭喜你，因为没有质疑的创新通常并不是一个好的创新。事实上，在创新的道路上，那种不被他人理解和认可的孤独会一直伴随着创新者前行。历史上几乎每一个做出了重大突破的科学家或艺术家都有过被别人质疑及质疑自己的经历，很多时候这些质疑甚至关乎荣誉乃至生命。然而，面临诸多困局，只有能够坚定地走下去的人才有机会成功。这是创新者必须持有的信念，毕竟，“走大家都不走的路”需要足够的勇气。

20世纪初，莱特兄弟开始着手研制飞机，这一举动遭到了广泛的质疑，质疑者中有许多学者和科学家。当年名噪一时的天文学家，被称为“智慧巨人”的美国海军数学教授西蒙·纽康（Simon Newcomb）在1902年对莱特兄弟的研究曾经做出如此断言：“比空气重的机器，飞行是不现实的，也是没有意义的，完全不可能实现。”连知识渊博的教授都不相信飞机能飞上天，普通大众就更难以接受“飞机能飞”这一大胆研究了。而且，莱特兄弟的飞机研究也并不顺利。仅1900年至1902年期间，他们就进行了1000多次滑翔试飞，直到1903年12月17日，在经过无数次试验后，终于试飞成功。而那次他们的第一台动力飞行器仅飞行了36米，滞空12秒！与伽利略、哥白尼等前辈类似，莱特兄弟同样没有因质疑和阻力而退缩，质疑声反而激发了他们克服困难、消除质疑的动力。

风险投资的真正意思是对不确定性的投资。显然，风险越大，潜在的回报也越高。投资者需要更强的前瞻意识，须要做多数人质疑的事的勇气。相反，国内的不少投资者却非常讨厌不确定性，反而对那些比较有把握、看上去注定赢利的项目感兴趣。殊不知，这些不确定性低且利润尚佳的商业项目必然会引起大众的注意，闻风而至的人也会很多，最终往往演变成一场价格战，以此把先前拼着命挤进来的人再撵出去。创新的风险确实比追随、复制和模仿大很多，但收益同样大。多项研究显示：创新与企业的高利润成正比例的关系。以创新见长的苹果公司2014年的营收达到1470亿美元，而利润高达370亿美元。帮苹果公司生产产品、以执行力见长的富士康同年的营收为1332亿美元，利润仅为36亿美元。两者的营收差不多，利润却相差10倍！

有质疑、有阻力并不可怕，创新需要质疑与阻力。一方面，质疑与阻力映射出各种担忧与不安，它可以帮助创新者了解创新的理念与主流思想之间的差距，在创新产品上应尽力去拉近两者的距离，缓和忧虑与不安；另一方面，质疑与阻力也预示着创新者还有许多工作并未做好，只有继续努力才能消除或减少这些制约与阻力。

## LG的G5，是创新还是自杀

全球市场研究机构TrendForce最新报告显示，在2015年全球智能手机出货量排行榜中，LG以5.3%的市场份额位居第六位（如图3-1所示）。而2014年LG的市场份额为5.4%，排在第五位。参照2016年1月底LG发布的财报，2015年LG的智能手机出货量为5970万台，而2014年的出货量为5910万台。2014年至2015年仅有1%的增幅，远落后于全球智能手机出货量10.3%的年增长率。这说明，在过往的两年中，LG智能手机不仅市场份额在滑落，而且增长的势头也远不如对手。

如何避免掉队，守住市场份额，是摆在LG管理层面前的非常重要的一件事。

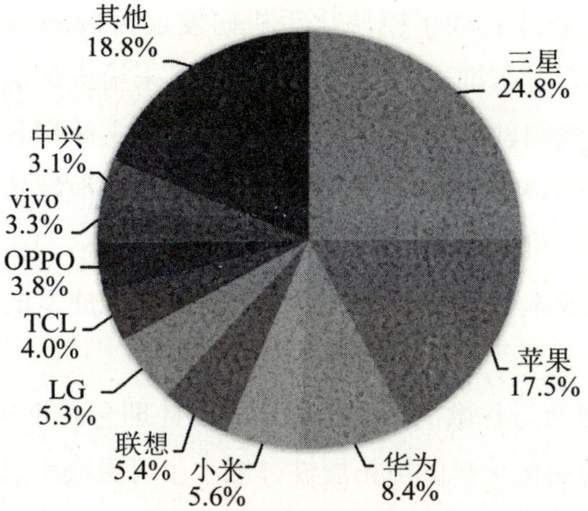


**图3-1　2015年全球智能手机出货量排行榜**

LG的G5正是在这种情况下推出的。作为全球首款面向消费者的模块化手机，在手机同质化日趋严重的时代，G5的确能够做到与众不同。电脑DIY已有多年的历史了。用户可以根据自己的需要，自由更换主板、CPU、显卡、内存、硬盘等硬件配件，达到升级的目的。如果不通过电脑DIY，用户想升级电脑必须要更换整台主机，这样大大增加了升级换代的成本。模块化手机也是效仿电脑DIY的原理：降低升级的成本并增加其自定义性。用户可以根据自己的需要更换模块化零配件，如CPU、内存、摄像头、电池、机身存储、声卡等。如图3-2所示，模块化手机由各种硬件模块组成，通过抽取所需的模块即可实现手机升级。

**图3-2　模块化手机**

2013年，谷歌就启动了模块化手机研发项目Project Ara，可惜到了2015年年底，谷歌宣布推迟商业试验计划，且未给出延期后的具体时间。推迟的原因首先要归咎于技术：被用于连接手机主体和各零部件模块的电磁铁技术并未达到要求，一旦手机掉在地上，模块很容易发生损坏。推迟的另一个原因是手机的配置在不断提升的同时，价格却在不断探底，致使手机整台更换的成本在不断下降，模块手机可降低成本的初始意义显得越来越不重要。

G5的设计理念与谷歌的Project Ara的设计理念并不相同。如图3-3所示，LG限制了模块化手机的可拓展性，缩小了可更换手机配件的范围。目前，G5仅提供拍照精灵模地（配有电池和拍照操控手柄）及可提高音质的HiFi模地。这样做的好处是可以最大程度保障模块化技术的可行性和稳定性，避开了阻碍谷歌模块手机的电磁链接模块技术，不好的则是手机的可玩性随之降低。相较于LG前代旗舰机G3和G4主打高端商务风格，这次G5的重心放在年轻用户身上。显然，通常只有年轻人才会喜欢模块化手机这样新颖的产品。模块化手机的确是一种创举，可是它会受到年轻人的欢迎吗？技术上有保证吗？LG能从中赢利吗？这一切仍有待观察。

图3-3　LG的G5模块化智能手机

## 案例分析

大多数公司在面临困境时，选择的都是非常类似的做法：找出问题所在（通常是自己最薄弱的地方），然后不断改善，试图以此来寻求突破。尽量避免大的转变，而在自己相对熟悉的地方发力是突破的基本原则。就拿LG的对手HTC来说，其2013年2月发布的旗舰机M7是全球首款全金属机身的智能手机。当时就连苹果和三星都还没有全金属机身的手机，所以M7的销量相当不错。由于后续很多厂商都采用了全金属机身，M7的升级旗舰机型M8和M9的销量相继下滑，特别是M9的销量，可用“惨淡”两字来形容。然而，2016年4月发布的最新旗舰机M10依然没有太大的变化，造型与前面几个旗舰机差不多。由此不难预计，M10的销量将进一步下挫，HTC的未来依然困难重重。

HTC的“保守”其实更符合人性：我们在不确定性高的情况下喜欢低风险，到了万不得已的情况下才会尝试破釜沉舟。然而，就算到了这个时候，很多人依然瞻前顾后、优柔寡断。LG显然不想再重蹈HTC的覆辙，G5的模块化设计就是最好的佐证。如果成功，LG就能够从竞争异常激烈的智能手机市场中存活下来，甚至有可能翻身，把这几年异军突起的国产手机厂商拉下马。由于G5是LG的旗舰机型，一旦转型失败，LG在智能手机领域将面临着全面滑坡的危险。

尽管模块化手机的发展前景还须进一步观察，尽管G5手机还存在着诸多不足，如价格偏高、可更换的模块偏少等，但这里必须为LG敢于大胆向自己开刀、勇于挑战自我的行为点赞。多年来，我看到的大部分企业都是等到企业出了大问题后才开始寻求重组、转型，这时候企业的主要力量不可能放在创新上，毕竟主要的资源、时间和精力都会用于自救。事实上，到了那一步时，也没有什么可用的资源。所以，创新、转型、重组都应该趁早，等到迫不得已再做往往为时已晚。

谷歌为及早重组树立了榜样。2015年8月，谷歌的两位创始人创建了一家名为“Alphabet”的控股公司，而谷歌则变成Alphabet旗下负责互联网业务的公司。无人驾驶汽车、生物科技、智能家居等将是谷歌未来发展的方向，与此同时，谷歌依然注重网络搜索业务。重组信息发布当天谷歌的股价上涨近6%，这可以看出，投资者对谷歌重组的认同与看好。

## 后话

截至2016年上半年，LG的G5的全球销量仅220万台，而同期发布的三星S7/S7 Edge上半年的销量则为2700万台，两者的差距超过10倍。这也基本上预示着G5并未被市场接受，失败在所难免。2016年7月，LG宣布其移动部门进行重组。LG下一代旗舰G6是否放弃模块化设计，依然有待验证。联想在2016年9月发布的新手机Moto Z也像G5那样配备了模块化设计，不过两者的模块添加的方式不同。同样，Moto Z也未能在市场掀起什么波澜。手机模块化设计的方向或许并没有问题，可如何让消费者为此埋单，对手机厂商而言依然是一个严峻的挑战。手机与个人电脑不同，手机更新换代的时间短、移动性强且选择太多，频繁更换模块配件对很多人来讲太麻烦了。也许并不能仅凭这些就断定手机模块化的方向是错误的，我们仍需要更多的数据才会有清晰的答案。

说G5失败可以，说自杀则为时尚早。这是一次有益的探索，只是以巨大损失为代价，是否值得，就看你从哪个角度去评价了。不管怎么样，LG的管理层都应该做出检讨，因为本不应该拿G5这个旗舰产品进行试水，倘若换一款产品来做试验，相信损失会小很多，而且整个情况更为可控。从中可以看出LG管理层背后的心态：想赌一把，渴望有鲤鱼跳龙门的逆袭故事发生。以这种非理性的心态进行战略布局，输，恐怕是大概率事件。反观LG的老对手三星，在创新探索上则显得更为务实和谨慎，战略布局上也更老练，用层层推进的办法抵抗风险。2016年，vivo和小米等国产手机厂商发布的曲屏手机受到热捧，预计2017年会有更多的手机采用曲面屏。实际上，早在2013年三星已着手布局曲屏手机：2013年10月，三星推出全球首款柔性屏手机Galaxy Round。2014年三星放弃了Galaxy Round的曲面设计，转推只有一侧弯曲的单曲面屏Galaxy Note Edge手机，产量依然不高。2015年，三星才开始在其旗舰系列上推出Galaxy S6 Edge和 S6 Edge Plus两款双曲面屏手机。而到了2016年，升级的双曲面S7 Edge已变成三星卖得最好的手机！

# 第4章：创新的认知误区有哪些

率领与跟风的差别就在于创新。

（Innovation distinguishes between a leader and a follower.）

——乔布斯（Steve Jobs）

## 观点1：创新就是搞新的东西

类似言论1：展览馆搞创新，吸引市民眼球。

类似言论2：创新致富搞革新。

类似言论3：浅谈如何搞好教学（或金融）创新。

### 自测

你觉得以下哪一种陈述更符合上述观点，在其下方的画线空白处打“√”：

| 挺有道理 | 好像有道理 | 不好说 | 不太有道理 | 没啥道理 |
| --- | --- | --- | --- | --- |
| ______ | ______ | ______ | ______ | ______ |

## 误区解析

很多人都觉得创新就是搞点新玩意儿，所以只要另辟蹊径，与众不同就算创新。国内的聪明人数量庞大，善于标新立异的人其实并不少。比如，微信红包本是根据中国传统习俗设计而成的一种应用，偏偏就有人将它改成赌博的工具，成为牟利的手段。很多类似的做法都符合“新颖”的特征，但如果仅以此就称之为创新的话，相信赞同的人很少。创新应该同时具备“新颖”和“有用”的特点，因此仅标新立异的行为或结果都不属于创新。

此外，创新必须要为其服务对象提供价值，做不到这一点也不应视其为创新。很多企业创新只是为了赚钱。这本没有问题，毕竟只有赢利的企业才有机会发展。但如果过多考虑自己获得的利润，而将用户的价值置于次要的位置，这样的企业很难在市场上长时间生存下来。相反，重视用户价值的企业更容易得到用户的欢迎与肯定，生存、发展的机会也更大。从长远看，这样的企业其实获取的价值会更多。

下次有人再和你说创新，一定不要忘记问他这两个问题：

（1）为谁创新？

（2）创新给谁带来了什么价值？

一般而言，对谈创新而避免提及这两个问题的人，创新都只是空谈而已。

## 观点2：创新要投入很多资金

类似言论1：资金短缺是企业创新的首要障碍。

类似言论2：创新需要很多研发费用。

类似言论3：中小微企业科研创新投入低，研发资金渠道单一。

## 自测

你觉得以下哪一种陈述更符合上述观点，在其下方的画线空白处打“√”：

| 挺有道理 | 好像有道理 | 不好说 | 不太有道理 | 没啥道理 |
| --- | --- | --- | --- | --- |
| ______ | ______ | ______ | ______ | ______ |

## 误区解析

很多人把创新理解成了科研或研发（通常包含着复杂的流程和技术），因此创新是那些有财力、有资源的公司才能做的事。按照这个推论，资源不足的单位最好别碰创新，否则很容易落得个鸡飞蛋打的下场。这种认识也让许多人相信资金不足才是创新发展的最大障碍。事实却远非如此。现在只要你有一个好的想法和一个优秀的团队，找到资金并不是什么特别难的事。正常情况下，对那些核心竞争力较强的企业来说，资金会主动找上门，基本上不会有太多资金方面的担忧。多数的企业面临的挑战是：自己既无强劲的核心竞争力，也无好的想法或优秀的团队，最强的只是心中的愿望而已。在这种情况下别人凭什么投资你呢？仅有宏伟的目标还远远不够，投资人看重的是回报。

通常，技术创新所需要的资金比较多，而商业模式创新则未必。即便是技术创新，那些着眼于产品优化、升级的持续性创新通常也无需太多的资金，只有涉及复杂技术，特别是某些颠覆性技术的创新，才可能需要前期大量资金的投入。显然，类似于“创新需要投入很大资金”这种观点并不正确。准确地讲，创新所需要的资金应根据创新项目的类型和周期来决定。有些创新周期长，投资自然也大，有些则未必。而一般来说，周期长、投资大的创新意味着收益大、风险高。因此，这样的创新并不适合小微型企业。小微企业更适合那些周期短、投资小的创新项目。

要注意的是，任何致力于创新的企业都不应该仅仅满足于周期短、见效快的创新。沉迷于此的企业其实面临着另外一种挑战：容易自满和丧失广阔的视野。这样会让自己失去主动性，总是在跟随，总是在适应，被边缘化的可能性也越来越大。好的做法是做好创新的组合，既包含持续性创新项目，也不能完全忽视突破性创新项目。

## 观点3：创新 = 搞发明、搞专利

类似言论*1*：涌现一批专利强企，企业发明专利申请占总量七成。

类似言论*2*：企业自主创新能力提高，发明专利是赢得竞争的利器。

类似言论*3*：*45*项发明专利引领创新驱动。

### 自测

你觉得以下哪一种陈述更符合上述观点，在其下方的画线空白处打“√”：

| 挺有道理 | 好像有道理 | 不好说 | 不太有道理 | 没啥道理 |
|---|---|---|---|---|
| ______ | ______ | ______ | ______ | ______ |

### 误区解析

搞发明或获得专利确实属于创新的行为，但它们只是创新的一种类型而已。技术创新可以是搞发明创造，也可以通过购买技术的方式获得创新，还可以将原有的技术优化升级进行创新。因此，将搞发明、搞专利等同于创新并不正确。要注意的是，技术上的先行者未必能在商业上成功，也就是说，在很多领域，技术上的先行者都无法成为行业的领导者。世界上第一台智能手机是1994年IBM的西蒙（Simon Personal Communicator）。当时，大众对智能手机这个名词还非常陌生，而西蒙已融合了手机和掌上电脑（PDA）的功能，还配备了一个触摸屏。由于智能手机的大环境不好，加上价格昂贵（要价超过1100美元）、电池续航能力差（仅支撑约一个小时），且只能在美国使用，据说最终只售出了约5万台。

IBM早在20世纪90年代中期就已退出硬件设备生产，西蒙也从此夭折。类似技术上的先行者无法成为市场领先者的例子还有很多，比如第一台数码相机由柯达在1975年研发成功，第一台安卓智能手机由HTC生产等。大家都知道，数码相机和安卓手机市场的领先者都早已易主。同样，拥有至少上万个专利的专利大王如摩托罗拉、诺基亚，都没能逃过被收购的命运。这一切说明：将创新等同于搞发明、搞专利是错误的，有时甚至可能是危险的。

看到这里，可能有读者误以为发明、专利不重要或没有什么价值。恰好相反，缺乏技术支持的创新容易被复制，这样的创新产品在市场上很容易受到“山寨的冲击”。更重要的是，正是技术的进步改变了我们的生活，改变了我们的习惯，也改变了企业的商业模式。随着手机配套软硬件及网速的不断完善，手机的功能越发强大，这在几年前是完全无法想象的。所有这一切并非因商业模式创新所致，技术上的不断创新才是最大的功臣。一句话，没有技术的不断进步，没有专利的保护，创新无从谈起。只是，在创新层面上仅仅考虑技术因素也是片面的。保持技术和商业的平衡，才是推进创新持续发展的关键。

## 观点4：创新是科学家、工程师和技术员的事

类似言论1：这个单位有不少工程师和技术员，创新实力一定很强。

类似言论2：要创新，找高校。

类似言论3：都没有人搞研发，你叫我们怎么创新。

## 自测

你觉得以下哪一种陈述更符合上述观点，在其下方的画线空白处打"√"：

| 挺有道理 | 好像有道理 | 不好说 | 不太有道理 | 没啥道理 |
|---|---|---|---|---|
| ______ | ______ | ______ | ______ | ______ |

## 误区解析

"创新"在过去的20年里发生了很大的变化，类似科研或研发式的创新现在只占创新活动中的一部分而已。创新不仅仅是技术创新，还包括商业模式的创新。就算是技术创新，现在也可通过开放式创新、外包和混包等方式进行。事实上，我们每天都在创新，创新活动不过是一种寻找最优解决方案的过程。工作中、生活中到处都有"创新"的机会。当然，遇到问题时是用创新的思维和办法去解决，还是照本宣科、循规蹈矩，这就要看个人的习惯与认识了。常规的解决方法只能得到常规的结果，不管是生活中还是工作中都是如此。

这里为大家分享一个故事，一个非常经典的创新案例。

道格是美国通用电气（GE）公司的工程师，他负责为医院提供GE生产的磁共振仪器。有一天他去医院，向医生、护士了解他们使用产品的心得。那天，他见到一个妈妈带着一个五六岁的小女孩来做磁共振，一般情况下，道格遇到这种情况都会"告辞"，毕竟做磁共振检查的人与道格没有太大的关系，只要购买者说好就行。不知什么原因，道格这次留下来了，看小女孩做检查。小女孩哭着闹着就是不愿意做，大家哄了半天总算说服了小女孩。事后医生告诉他，这种事经常发生，因为大部分的孩子都害怕做检查。所以每一次医生护士都要花很多时间哄孩子。道格第一次听到这样的事，从产品的功能来说，他们的东西绝对没有问题，医院非常满意。但从使用者的角度来看，他们的产品不够好，这给医院带来了许多麻烦。你们猜道格会怎么办？道格请来了孩子们、家长还有儿童心理学家，参考他们的意见，设计出了新产品（如图4-1所示）。新产品极具“儿童风范”，家长随便编个故事就能让孩子进到磁共振仪器里躺下来，医院再也不用耗费精力哄孩子了。新产品也因此受到医院的欢迎，销量大增。

图4-1　被改进后的磁共振检查室

这是与创新有关的一个经典故事。我在硅谷大佬们的书籍、讲座中至少看过、听过六七个不同的人讲述同样的故事。现在在美国，特别是硅谷，越来越多的科技公司尝试引入毫无工作经验的技术白痴，看看他们能给技术人员带来什么灵感。这些人经验很少，也就完全没有了包袱和限制，他们的想法要么出于直觉，要么来自想象。这些人的想法有时看似毫无作用，却屡屡直击要害，而专家们通常要过一段时间才能体会到这一点。反观那些有经验的人，他们很难跳出自己的局限，很难摆脱经验带来的各种枷锁。让他们做出突破性的发展，往往要经历一个自我放弃的过程才能做到。

真正的突破大都来自外界，对创新而言，经验反而容易变成负担。一个人对一个行业或一份工作的经验越多，越难跳出这个行业或工作约定俗成的规矩、流程等。大部分的经验都已深入此人的潜意识中，成为其判断事物的标准。更可怕的是，当事人对此几乎毫无察觉。所以，丰富的经验并不利于创新，也不利于跨界突破。如果你想要获得突破性的想法或解决一个很久都无法解决的顽疾，可以找找对此“毫无认识”的人试一下，效果可能会让你大吃一惊。

## 观点5：大公司比小公司更具创新力

类似言论1：大公司的创新能力肯定比小公司强。

类似言论2：他在多个知名大公司都待过，所以创新能力肯定不错。

类似言论3：创新能力强的人需要丰富的经验，有大公司的经验最好。

### 自测

你觉得以下哪一种陈述更符合上述观点，在其下方的画线空白处打“√”：

| 挺有道理 | 好像有道理 | 不好说 | 不太有道理 | 没啥道理 |
| --- | --- | --- | --- | --- |
| ______ | ______ | ______ | ______ | ______ |

### 误区解析

到底是大公司，还是小公司的创新能力强呢？这个问题可能没有一个简单的答案。如果说大公司创新能力差，一定有不少人拿出苹果、微软或谷歌等例子来告诉你大公司的创新能力有多么强！可是研究创新的人几乎不约而同地认为小公司的创新能力更强。为什么会有如此的差异呢？差异的原因可能在这里：说大公司创新能力强的人看的是外在（结果），而说小公司创新能力强的人看的则是内在（结构或动力）。

大公司之所以能做大，靠的就是规模和效率，而有效的大规模组织必须有与之相适应的组织架构和制度支撑，比如几乎所有的大公司都有着庞大而多层次的组织架构和一套严格、完整的规章制度。这样的结构和制度衍生了各种规则，涵盖人事、财务、业绩考核等各个层面，可以细致到规范招聘、考勤、财务报销甚至着装。同时也带来了漫长的做事与沟通流程，做事不仅必须按部就班、循规蹈矩，而且信息流通只能从上到下，信息交换的速度很慢。

多层次的组织架构和严格、完整的规章制度无疑有助于系统的稳定性，有助于提高组织和经营效率，但对创新而言却是一个不友好的“打击”。创新要打破常规，不能因循守旧，需要简单的组织架构和尽量少的规则，需要畅通快捷的信息流通，需要快速的应变能力和灵活性，这样才能更好地随机应变、推陈出新。事实上，大公司虽然有资源、人才等优势，但员工的创新意愿不足，而且各种规则与官僚主义作风也抑制了创新的良性发挥。反观小公司，创新的硬件不太好，可不创新往往意味着没饭吃，所以他们会利用有限的资源去创造、扩展自己生存、发展的空间。在“创新动力”上，小公司会比大公司强很多，其创新产出比也更佳。

有一点要注意：很多人认为微软、苹果和谷歌的创新能力强，这样的观点并不十分准确。不否认它们的研发能力都很强，可创新与研发两者不能等同看待。微软是业界公认创新能力弱的企业，20多年来公司的主要收入依然来源于Windows和Office这两项，这也是微软在移动时代全面落后的一个重要原因。如果不是乔布斯被逐出苹果这段经历，我们恐怕看不到类似iPhone和iPad这样划时代产品的出现，在乔布斯被逐出之前和他逝世之后，苹果的创新都很一般。谷歌迄今为止最强的创新还是它最早的产品——搜索引擎，其他能摆上台面的创新，比如安卓系统等，皆来自于收购。

## 英特尔豪赌平板电脑芯片

2016年4月20日，全球芯片产业的科技巨头英特尔在公布一季度财报的同时也宣布其在全世界裁员1.2万人。这个人数占英特尔总员工数的11%，是英特尔成立以来涉及员工裁员人数最多的一次。如此大规模的裁员意味着公司效益的下降。那么，英特尔到底错在了哪里呢？

这一切恐怕还得从头说起。

2003年，在PC市场上呼风唤雨的英特尔宣布进军移动市场，开始为手机提供芯片。当时，移动市场的大环境尚未形成，能拥有手机的人还不多。所以，英特尔很快就亏损连连。2006年，上任一年的英特尔新CEO保罗·欧德宁再也忍受不了持续数十亿美元亏损的移动通信部门，于是以6亿美金将其卖给了Marvell科技公司。欧德宁本以为这样可以彻底甩掉包袱，率领英特尔迈向更美好的明天。

谁知人算不如天算。2007年，苹果发布了第一代iPhone，开启了移动智能设备发展的狂潮。谷歌在2007年年末也发布了安卓系统，随之而来的第二年即2008年，搭载安卓手机系统的智能手机也跟着上市。短短的几年间，智能手机市场迅猛扩展，势头超过PC市场，成为世界上发展最快的行业。2010年，苹果发布了第一代平板电脑iPad，在全世界掀起了平板电脑热潮，随后安卓各厂商也加入平板电脑竞争的行列。随着平板电脑的快速发展，PC市场逐渐萎缩。这时的英特尔恐怕连肠子都悔青了，要早知道是这个结局，说什么也不会把自己的移动通信部门卖了！

其实早在2001年，经过7年的研发，英特尔准备推出自己的第一代平板电脑Intel Pad。只不过这个平板电脑虽配有触屏和手写笔，却无法完全独立运行，要与计算机相连才能工作。由于与英特尔合作的诸多伙伴的反对，这个平板电脑并未进入市场。因此，不难想象，看到iPad的热卖，英特尔人心里会有多么难受。如果当年他们坚持自己的想法，把Intel Pad直接推向市场，那后面还有苹果什么事啊！

于是他们想了个办法，期望以此可以再现过去的辉煌。2010年年底，英特尔以14亿美元的高价收购了德国的英飞凌移动部门，主推低功耗的凌动Atom处理器，意图在移动互联领域实现创新突破。可惜的是，采用凌动Atom处理器的手机不多，正规安卓平板生产大厂对X86架构的凌动芯片兴趣也不大。大家还是对用ARM架构的高通、三星和联发科等公司更感兴趣。

怎么办呢？

英特尔采用了一个土豪最喜欢的办法：补贴。通过直接补贴平板电脑厂商，来促使他们使用英特尔的处理器。英特尔这样做其实也是不得已之举：一方面，核心业务PC机的芯片销量在不断下降；另一方面，自己在移动设备市场份额又大幅度落后于竞争对手，大多数平板电脑的处理器被苹果、三星、高通和瑞芯等厂商所垄断。2014年年初英特尔制定了4000万台平板的销售目标，如果完成就能将自己的市场份额提高至20%。他们一方面继续保持与惠普、戴尔和新杀入平板市场的诺基亚等大厂的合作，另一方面则重点补贴“山寨级”平板生产商，如台电科技、蓝魔数码、天智伟业等。据说，2014年，英特尔顺利完成了年初制定的销售任务，市场份额的确增加了不少，不过也为此付出了惨重的代价——几十亿美元的“吐血”补贴。

一般来说，市场份额拿到了，厂家就要开始“割韭菜”了：补贴取消，费用增加，奋力把失去的损失夺回来！这样的例子我们经常见，比如美团、京东，都做过这些事。可谁知此时受iPhone 6大屏幕手机的影响，大家对iPad平板电脑的兴趣突然消失了，2015年iPad的销量比去年同期下降20%。安卓平板也受到类似的影响，销量同样大幅度缩水。随着大屏手机的普及，平板电脑成了名副其实的鸡肋！

知道自己出现巨额亏损后，英特尔于2015年减少了对平板电脑芯片的补贴。补贴减少后的Atom芯片也失去了往常的吸引力，当年曾被补贴过的众多平板生产厂商纷纷远离了英特尔，选择ARM芯片，Atom芯片出货量就此大幅下滑。英特尔最新财报显示，2016年第一季度的平板电脑芯片出货量比去年同期暴跌了44%！

看到这里，你终于知道为什么英特尔会在全球裁1.2万人了吧。也就是说，英特尔豪赌平板电脑芯片市场失败了。裁员，意味着英特尔放弃了平板市场，开始寻求重组、转型，未来将向云计算、物联网和智能机器人方向转型。

英特尔的转型会成功吗？我们只有等待。

## 案例解读

我之所以不看好英特尔的转型，是因为过往几十年来，大型公司因为主营业务衰落后通过转型还能成功的企业非常少。IBM可算其中的一个，在把自己的主营业务PC卖给联想后，它成功从PC市场领头羊这样一个硬件公司转型为一个提供信息技术和解决方案的软件公司。这种转型需要企业高层的智慧、胆识与眼光。从这个层面看，似乎英特尔还没有找到这样的人，不然不会出现如此巨大的亏损。

从表面上看，英特尔的失败是因为押错了宝，不该在平板电脑这个可能成为过渡产品的东西上豪赌，但实际上，却是因为英特尔管理层的无能和胆怯所致。在错失了移动市场爆发期后，英特尔本应痛定思痛，投入更多的资源加大对手机移动芯片的研发力度，与ARM芯片在技术上一争高下，以此作为突破口让自己重新回到竞争队伍中，而不是靠补贴二三流厂商来提振出货量。它本应像开始创建时那样敢于大胆创新，而不是靠小打小闹式的微创新重整旗鼓。

将大量的资源投入平板电脑很明显是一次缺乏远见的误判。iPad从2010年的第一代到2013年的第四代，不断在升级，连iPad mini都迎来视网膜屏幕的第二代。在这以后的平板从创新的角度来说，进步的空间越来越小。暂且不论平板电脑的销量受大屏智能手机影响这一说法，花几十亿美元的代价在一个非常成熟的市场中争取自己的一个位置是否明智，这很值得商榷。退一步讲，即使英特尔能赢，利润也非常小，有多少价值呢？

这种智慧和眼光，你能期待它再续辉煌吗？就本质而言，英特尔的这场豪赌就是上一章谈到的“规避风险型企业的行为”，即总想在时机成熟后再进入市场。这种创新与前文案例中G5手机不同，它失败的可能性通常要比G5这种突破性创新小很多。可不幸的是，它却失败了，付出的代价远比G5大多了。

事实上，风险也可分为两种，前期的和后期的。前期指的是事情还未发生前的风险，而后期则是事情发生以后的风险。大多数人规避的是前期风险，因为事情并未发生，所以也就不用面对可能到来的各种困难与挑战，可同样无法享受可能的收获。现在的很多企业，特别是中小型企业，都是习惯性地规避前期的风险，拿已经很成熟的产品或模式到市场竞争中去。因为市场已经很成熟，所以做起来很容易，没有太大的前期风险；但后期的风险大，投入市场后由于竞争力不足，只能点燃价格战的炮火。

过度追求前期稳定的企业都会走上逐渐被淘汰的旅途。这是一条老路，但在今天已变得越来越窄。过去，大家都不注重研发，现在开始意识到了不搞研发的严重性，问题是：人们总是习惯走老路，又不想变化，内心总是期待着用最少的代价去过渡眼前的危机。所以，很多人一直都在想这个问题：有没有一条既熟悉，又能“制造增长”的路子可以走？坦白说，这是妄想。今天，国内还有非常多的老板在坚守，熬着、挺着。可惜的是，现实总是残酷的！

# 第5章　创新须刻意寻找最佳路径

企业有两个，且只有两个基本功能：营销与创新。

（The business enterprise has two and only two basic functions: marketing and innovation.）

——德鲁克（Peter Drucker）

套用一句流行语：创新是一个从0到1的过程。如果换成我们更熟悉的语言，创新是一个从无到有的过程。如何才能做到“无中生有”？从哪里开始，怎样开始？相信这一系列的问题困扰过很多人。

我们先从创新与管理的差异讲起吧。

## 创新与管理的差异

到底应该怎么创新呢？

我想用一个简单的例子来说明一下，希望这个例子能帮你进一步了解创新：假设你平时从A地到B地走的都是同一条路线，路线示意图如图5-1所示。

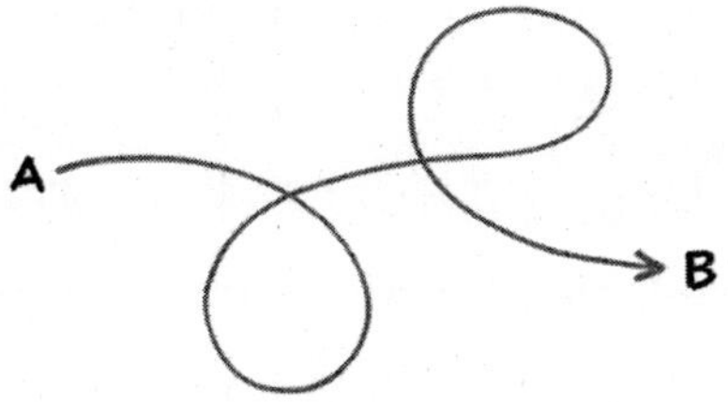


图5-1　从A地到B地的路线示意图

再假设这条路线出了问题，你再也无法走这条你熟悉的路线了，现在你该怎么做呢？如图5-2所示，你必须在A到B之间找出一条新的路线，这个找的过程就可以理解为一个创新的过程。在这个过程中，你知道你的起点在哪里（即点A），也知道你的目标在何处（即点B），你所要做的是找到一条最好的路线，能让你顺利从A到B。

图5-2　如何在A与B之间找到一条新的路线

如图5-3所示，从A到B可能存在N种选择，你的任务就是找到那个最佳的路径。注意：理论上，走直线是最优的选择，但实际上却未必。因为现实的情况是这段直线距离之间可能存在着各种阻碍因素，“绕道”可能是最省心省力的，也是最适合具体情况的最佳选择。

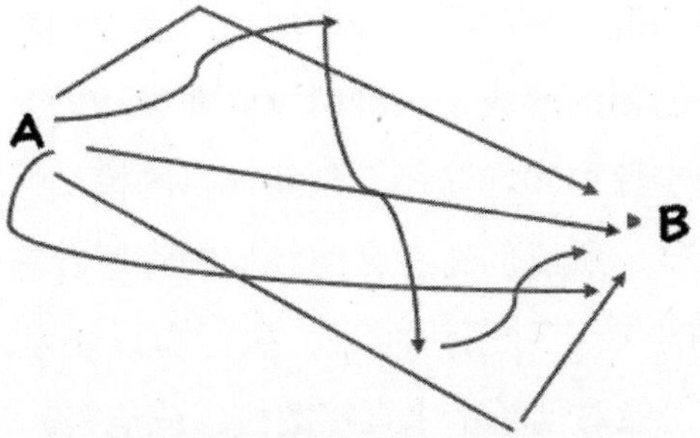


图5-3　从A到B可能出现的各种路径

综上所述，创新活动相当于为实现目标寻找最佳路径的过程。我们做事时通常不会刻意去寻找“最佳的方法”，而是会沿用我们熟悉或既定的行事方式。这种熟悉或既定的行事方式大都来自于前人的教导，即使遇到我们不懂的事，首先还是去问别人或借鉴其他人的经验。只有在很少数的情况下，我们才会自己去探索、去找寻那个最佳的方法，毕竟这样做太耗时耗力了，而且最终未必比那些熟悉或既定的方法结果更好。创新也大致与上述描述的场景差不多。创新会比模仿或抄袭更费时费力，且结果也未必会尽如人意，所以对于很多人而言，不创新是更好的选择。

看到这里，你大概对创新与管理的差别有点认识了。简单地说，创新是一个知道终点但不知途径的旅程。搞创新可能要通过很多途径到达终点，有时甚至终点也会发生变化。而管理则是一个既知道终点在哪里，也清楚“途径”的旅程。“管理”也有可能会更改目标和实施流程，但管理的重点在于不断检查计划与现实之间的差异，然后想方设法去消除差异。而创新的重点则在于不断检查某一方法是否是最佳方法，然后想方设法地调整。

创新不仅需要生成更多的点子，而且还需要在点子中择优，然后把择优的点子加以实施，最后才能产生创新结果。相比之下，管理不存在生成点子这一过程，基本上都是落实，所以执行力的好坏对于管理是否成功起关键作用。创新不仅需要执行力，还需要想象力。在创新中的执行力没有管理中的执行力那么重要，同样在管理中的想象力远没有创新中如此关键。原则上，在管理中执行力越强越好，这是保证效率的关键。然而在创新中，执行力过强却很容易形成一种破坏力，因为创新需要推陈出新，按部就班地去执行对创新的形成是一种阻力而非推动力。总之，创新中不存在什么一成不变的步骤和实现途径。创新项目的模糊性、复杂性和易变性都比管理项目大很多，所以创新者会比纯粹的管理者需要更灵活、更开放和更包容的心态与思维。对创新而言，执行力只能是点到为止，恰到好处，过强或过弱都可能对创新带来直接的打击或危害。

## 创新流程展示

创新一般都是从问题开始，因此，创新流程也就变成就问题想出相应的解决办法，然后把解决办法在现实中进行落实的过程。可能有人会质疑这种解释，因为他们觉得自己一直在这样做，可他们并不觉得自己在创新。这种想法与现实恐怕有一定的出入：在遇到问题时，只有少数人会去寻找不同的解决方法，然后进行不同的尝试，直至找出那个最佳的办法。而大多数人要不就按照自己熟悉的方式方法解决，要不就去找一个参照物，然后依葫芦画瓢。你们看出这两种做法之间的差异了吗？它们最大的不同在于大家熟悉的做法缺乏或简化了生成点子这个过程。简单地说，就是找到一个办法后就赶紧行动，至于这个方法是否管用，大部分人根本不会去思虑。而创新需要创造力，因此在具体实施前，你必须投入更多的时间和精力挖掘最佳的解决办法。这些解决办法包括大家熟悉的和简化的，也包括不熟悉的，甚至可能完全没听说过。然后再通过比较和筛选，找出最好的来落实。创新在最初可能会耗费更多的成本，如时间、金钱等，可如果你从整个过程看，创新的成效通常比按部就班更好。

如图5-4所示，创新的流程可分为创意汇聚、创意实施与创新测试三个阶段。注意这三个阶段经常处于循环中，即从创意汇聚开始收集创意，然后将创意付诸实施，再接着进行测试，根据测试的反馈情况重新回到创意汇聚阶段进行进一步更改，然后按流程继续，直至最佳的结果产生。这三个阶段看似呈线性发展，但事实上却并非如此。你其实可以从任何一个阶段开始，再跳进你想进入的阶段。当然，这种非线性跳跃式的发展途径通常都是在对整个流程比较熟的情况下采用。而作为初学者，依正常顺序按部就班更好。

从产品研发的角度出发，通常还需要定位与战略这两个步骤。定位是对自我进行评估，了解自己处于什么位置，然后再据此制定目标和对策。定位的意义在于搞清楚现实与理想的差距到底有多大，同时为制定创新战略提供基础数据准备。正如《孙子兵法》讲的那样，“知彼知己，百战不

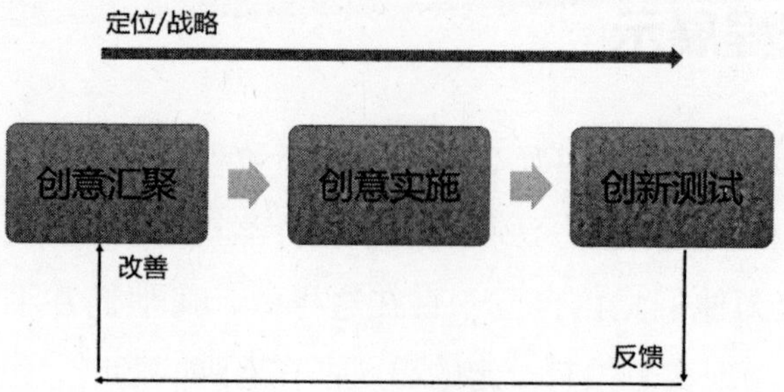


图5-4　创新流程展示

殆”。对自己和周遭了解得越清楚，应对困难和挑战的把握越大。如果对自己和周遭定位失败，就容易出现两种错误，一是过高评价自己、偏离现实，只是一味突出自己的欲望，制定超出自己能力范围的目标；二是低估自己，定位过低的直接后果就是无法做到人尽其才、物尽其用，这种情况也应极力避免。准确的创新定位可以帮助企业找到正确的方向和适合的方法，设定合理的创新目标。

在定位后需要对创新有一个战略规划，其目的在于根据创新定位制定适合的创新目标及相应的创新战略。一般来说，定位与战略这两步都会在创意汇聚、创意实施与创新测试三个阶段之前进行。作为这三个阶段指引与规划的核心，定位与战略同时贯穿在整个创新过程中，起到保驾护航的作用。需要注意的是，定位与战略并非一成不变，而是在创新的行进中随现实状况变化而变化。不确定性和迭代性都是创新的基本特点，这也意味着定位与战略的制定也要与这两个基本特点相吻合，适时做出改变。

2016年4月6日至2016年12月6日的8个月里，魅族手机一共发布了14款产品，平均每个月发布1.75款新手机。这个数字算不算行业之最不好说，但“月月有新机，周周有发布会”成为网友的一个梗也是不争的事实。而2014年和2015年全年魅族仅分别发布了4款和5款新机。很多公司都喜欢机海战术，发布会多本应该对整体销量有所促进，但魅族2015年10月的市场份额为4.8%，2016年同期却跌至3.6%，很难让人相信机海战术的作用。与其他厂商相比，魅族的优势在哪里，又有哪些不足？为什么魅族的粉丝依然支持魅族？怎样的战略才能强化魅族在他们心中的产品形象？如何去争取那些还不是粉丝的中间分子？我不相信魅族的管理层没想过这些，可为什么会做出一系列的误判？恐怕还是和定位与战略有关。

因为与高通在打专利战，在14款新机中仅魅族Pro 6 Plus采用的是三星的CPU，其余都是联发科处理器。2016年整个产品线缺乏聚焦，重复率高，都是简单的重复或升级，像小米MIX这样的突破性创新尝试更是无从谈起。这种缺乏层次和重点的战略布局如果发生在其他行业可能问题不大，但在刀光剑影、血雨腥风的智能手机市场，犯下如此严重的失误，未来恐怕很难扭转局面。可以预计，2017年的智能手机竞争会比2016年更为激烈，2017年能否有所作为，在很大程度上取决于2016年已做和正在做什么，而非2017年准备做什么。这才是定位与战略的核心所在。

## 好产品势必让人怦然心动

### 从可能性到可行性

你也可以把创意汇聚理解成一个“从可能性到可行性”的过程。如图5-5所示，我们在面对问题或麻烦时，创新的路径不是将脑袋里冒出的第一个念头作为解决方法，也不是学习或参照别人的做法，而是采取发散思维，尽量去找更多不同的可能解决方案。再接着采用收敛思维，对前面找出的各种可能性进行分析、比较和筛选，找出并选定那个最好的解决办法。

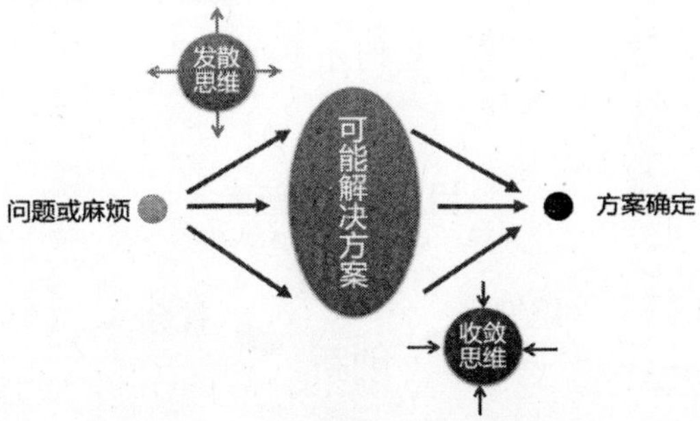


图5-5 从可能性到可行性

“从可能性到可行性”还是一个从想象到逻辑的旅途，第一步需要的是想象力，充分开启每个人的想象发动机，去挑战常规、熟悉的认知，去做各种各样的连接，去从各种视角重新审视问题。请注意想象力与逻辑不同，想象力没有什么原则与界限，因此这一步的关键在于不要把判断带进来，那是下一步采用收敛思维时才做的事。把可能性与可行性严格区分开来，才能保证我们既可以品尝想象力带来的各种不同滋味，又可以享受逻辑带给我们的果实。 接下来我们要开始使用逻辑思维了，归纳、总结、分析、运算、界定和演绎，找出原因和影响因素，用逻辑在各种想象中做筛选，挑出那个最适合解决当下问题的方案。想在创新上有所突破，必须保持想象力与逻辑思维之间的平衡。过度强调想象力，容易做出不切合现实的判断与决策，同时做事三分钟热度、虎头蛇尾也经常在想象力强的人身上显现。相反，过度强调逻辑，则容易掉入按部就班、墨守成规的陷阱，突破很难在这种情况下出现。

## 完美创新需要同时满足四个方面的需要

最完美的创新产品应同时满足组织、用户、创新者与社会四个方面的需要（如图5-6所示），才可能有最广阔的持续性发展空间。由于每一个创新都会涉及这四个层面，而每一方的想法和需要又不尽相同，因此做创新最好能兼顾每个层次的需求。比如从企业的角度看，同时满足技术、市场和盈利三方面要求的创新才算是好创新，特别是盈利，是企业存在和发展的基础。从本质看，企业关心市场和技术的需要主要是竞争的推动，并非主动为之。有了技术和市场，盈利才更有保证。

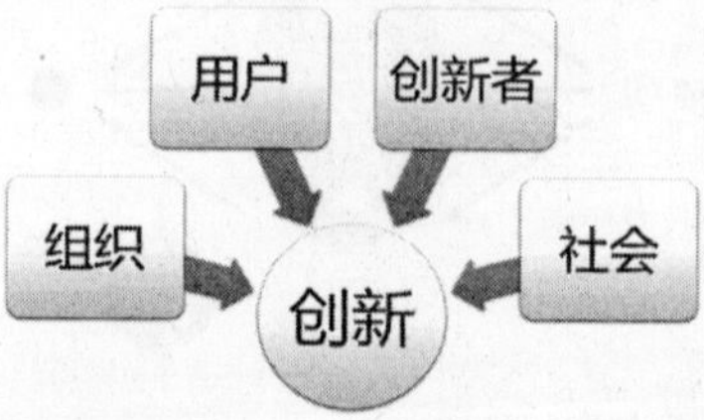


**图5-6　完美的创新应同时满足四个方面的需要**

从用户的角度看，能给自己带来更多价值的产品才是好创新。一般人不太关心企业的需求，对社会的需要也容易视而不见，更没有什么人曾经想过创新者需要的问题。价格便宜、性能稳定、易使用才是用户的主要诉求。而从社会的角度看，能为社会的发展带来贡献，特别是长远、持续的贡献，才算是好创新。

从创新者的角度看，能给自己带来乐趣、成就感和财富的才是好创新。拥有成就感和财富很好理解，很多人容易忽视的是乐趣的重要性。绝大部分领域，如艺术和科学，乐趣才是持续坚持创新的关键。缺乏乐趣，创新者肯定会转移聚焦点，深度挖掘和主动扩展自己的认知也成为空话。现在绝大部分的创新者都是团队合作，因此通常被要求首先满足组织的需要，同时能顾及用户的需要。极少有书籍或文章讨论过创新者个人的需要，似乎在这方面根本不存在这种要求，这不能不说是一种遗憾。如果从人性的角度看，创新者处在创新的最前沿，从事创新时第一考虑的必然是自己的需要，接下来才会考虑组织等的要求。别忘记了，这是一种本能的反应，无论是否正确。当然，如果做得太明显，肯定会出问题，所以他们也会做出一定的让步，遮掩自己的真实意图。如果事先对这些问题有所意识，把组织与创新者个人两者的需要巧妙地融合，而不是简单地将组织的需要强加于创新者，就更容易达到双赢的结果。

同时满足四个方面的需要，才可能成就更强、更大、更美的创新。这些要求无疑拔高了创新的标杆，对创新者提出了更高的要求。在制定创新战略时，在推进创新发展时，都需要将各方的影响综合考虑在内，我们生活在一个不完美的世界，因此产生完美创新产品的可能性也不大。这也意味着，在组织、用户、创新者和社会这四者中，通常都需要做出取舍和妥协。到底取什么、舍什么、在哪里妥协，值得所有创新参与者去思考。这并没有什么唯一的标准，每个单位因人而异，情况不同，取舍与妥协的点也不同。尽管如此，创新者仍须清楚一点：只有创新同时满足四方面的需要，其生命力才最强大，发展的空间也最广。你在前面做出了取舍或妥协，后面的结果，即创新的持续力及发展前景也会受到遏制、削弱。

## 卖不出去才是最大的遗憾

可能有些人觉得做不出创造力很强的产品才是创新最大的遗憾。这个还真的不是，创新最大的遗憾在于创新产品没人要。比如第3章案例中的LG G5是全球第一款模块化设计手机，单从创新的角度来看，它足以干掉市面上95%以上的手机。不仅搭配多个不同的模块，可玩性颇高且性能与苹果、三星的旗舰机型的差距不大，可问题是，你卖不出去，就不能算是一款创新成功的产品。

为什么卖不出去呢？

在相当长的一段时间内，许多人都有一个这样的理念：做产品最重要的是包装，不经特别点缀、包装的产品没人要。于是乎，忽悠、瞎扯满天飞。在民智尚未全面开启的时代，忽悠的招数确实管用，毕竟有独立思维的人少，大家都习惯跟风。必须看到的是，越来越多的人开始反感这种做法。以营销为主，忽视产品质量，靠包装去打开销路这种做法已收效甚微，将逐渐告别历史舞台。未来除非你真的有很多钱砸进去，否则这条路必将越来越窄。

想让产品卖得火，通常有两种做法：一是提高产品的整体质量，比如性能强、外观好、材料出众等；二是在营销上下功夫，如广告或促销。如果从创新的角度去理解，也就是技术创新与商业模式创新。当然，最理想的状况是双管齐下，在质量与营销上同时发力。问题是，现实中这种理想状况少，当无法两者兼顾时，你准备倾向哪一边呢？一般而言，在营销上下功夫比在质量上更简单，收效也更快，所以你可以理解商人们的选择。特别是当产品不怎么样时，靠营销手段推动就自然而然成为救命稻草，非抓不可。

## 产品开发思维中心转移

我发现一个有趣的现象：越是被大众认可、创新强的产品越少动用营销的力量，或许是用不着又或许是不屑，反而在营销上大动干戈的多半都是技术含量不足或商业模式陈旧的产品。现实中有很多资源做营销的其实不多，尤其是在研发投入过大的情况下，用于推广的资源就更是会相形见绌。所以，推出受人欢迎的产品极为关键。这个道理大家都清楚，可执行起来却完全变了样。

在创新创业的咨询中，我发现三种新产品发展策略倾向值得注意：第一种是以为自己的产品好就会有市场，所以很多人都只会埋头苦干，尽量把产品做到最好。这种想法不能说是错误的，但问题是我们认为的“好”是否与用户认为的一样？与身边总有人说“我都是为了你好”类似，彼此可能对这个“好”有着天壤之别的认识与感知，所以对“好”不买账的人也不少。

第二种是产品开发的起点就是自己的擅长之处，也就是自己在哪方面厉害，产品就围绕着这个优势进行。这种懂得利用自己优势的做法本属明智之举，但与第一个倾向类似，如果只考虑自己能做什么，同样容易出问题。

前两种倾向都比较普遍，而第三种就更为常见了。这本书里我已提过数次，那就是看到别人做什么或哪个赚钱多，自己也跟着做。好一点的还会稍改动一下，多数是完全照搬。

我称这三种新产品发展策略为“以自我为中心开发倾向”，也就是倾向以自我为主的产品发展策略，通常是以产品为核心，围绕着功能、技术与利润进行打造。在过往很长一段时间里，这种倾向都是产品开发的主导倾向，被大部分企业采用。不少人会不自觉地把“自我为中心”与“自私”等同起来，对这个名称有点反感。实际上，以自我为中心更多的是缺乏同理心的表现，也就是做事习惯从自己的角度出发，比较少设身处地从对方的角度看问题，总是倾向于实现自己的愿望。别忘了，最后掏钱的是用户，不站在用户的立场上去创新创业，开发出来的东西往往无法得到用户的认同，那他们为什么要买呢？

这就是为什么我们开发产品的思维要做一个转变。如图5-7所示，要从以自我为中心转向以用户为中心。也就是说，不再是以产品为核心，而是以用户为核心，围绕用户的体验、为用户提供价值与连接用户打造新产品。通过这种方式，去抓住用户的心，得到他们的认同。以用户为中心是将用户的需要视为主导，再结合企业的擅长及目标，制定产品的开发战略，从最初的研发到制造再到用户的使用，这种意识要自始至终贯穿在整个过程中。用户认可一款产品，在自己能力范围内，自然愿意掏钱去尝试，因此无需太多营销手段去推动。最近十几年来，随着互联网企业的兴起，越来越多的新兴行业采用了以用户为中心的产品开发策略。反观传统行业，许多依然奉行以自我为中心的产品战略，所以发觉自己渐渐被用户所抛弃，需要动用政策来帮忙。思维不转变，转型困难重重也就不难理解了。

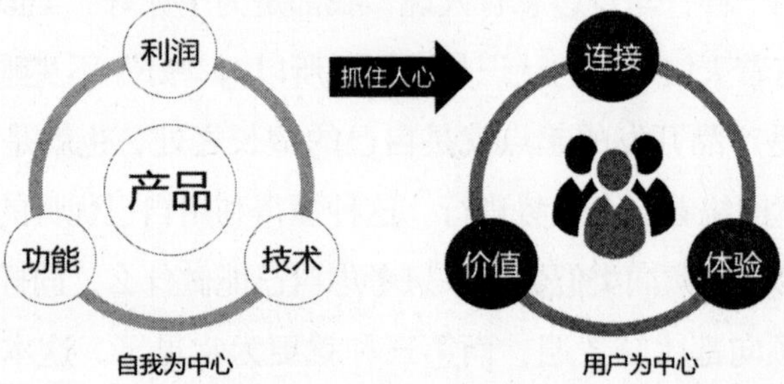


**图5-7　产品开发思维转变**

## 好产品势必让人怦然心动

什么样的产品才会让一个人心动呢？价格便宜、外观漂亮、稳定、好用这些特点都会让很多人产生立刻拥有的冲动。所有讲到的这些基本上属于感性渲染部分，所以，真正让人心动的不是什么逻辑因素，而是情感。它能过滤掉很多人自以为判断与决策的理性支撑点，悄然地影响我们最终的决定。众所周知，大部分的女性购买时都比较冲动，男性则看起来比较理性，购买前会做很多功课，且目标明确，出现选择困难症的可能少很多。然而，最终让他们下定决心出手的往往并非事先所做的功课，而是一些突发的琐事、细节或情绪。关于这一点，相信许多男同胞都有同感。美国麻省理工学院教授丹·艾瑞里（Dan Ariely）还就此现象专门写了一本很畅销的书叫《怪诞行为学》。正如书中描述的那样，真实生活中的大部分人其实都远不如自己想象中那么理智。

用户为什么要买我的东西？

缺乏同理心的人一般很少思考这个问题。他们更喜欢从自己的需要出发，想方设法让别人接受自己的观点，朝自己想要的方向发展。相反，同理心强的人会站在对方的立场，尽量感同身受，理解对方的实际情况并体谅对方的难处。不同的做法，也许最后的结果差别不大，但后者显然更容易引起用户共鸣，用户为之掏钱的意愿也更强。

一个人为什么做一件事或不做一件事，其实简单说只有一个原因，也就是趋利避害，即做有益于自己的事，或避免伤害自己的事。买东西也是一样，影响我们决定的大都是感性渲染因素，如心情、感觉和渴望等。当然，这其中也存在外界因素的影响，但这些因素真正的作用大都不过是进一步强化那些感性渲染因素，从而达到趋利避害的目的。这也意味着用户买与不买的根本在于，是否能给他们带来好处或让他们避免麻烦，这就是说用户购买一件商品是因为该商品可以给他或她带来价值，包括功能、经济和心理三方面的价值，价值越高，买的动力也越大。往往多数人不会仅因为一种价值就掏钱，价值越多，买的人也越踊跃。

说给用户带来功能价值与经济价值好理解，这一点也正是国内厂商经常做的，如添加更多的功能及让商品变得更便宜。心理价值却一直没有引起足够的重视，特别是那些对产品性能尤为注重，由工程师思维主导的企业，很容易跌入以自我为中心的陷阱，忽略为用户提升所期待的心理价值。我始终认为，能满足人性需要的产品才更容易赢得市场。所以在相当程度上，产品的开发不过是了解人性的过程而已。你越能洞察人性中的渴望和忧虑，尤其是那些潜伏在内心深处的蠢蠢欲动与惶恐不安，你做出的东西越能让人怦然心动。

以最近10年市场最火的产品iPhone为例。IOS系统的简约、易用强化了用户体验的感受，连从来没有用过机子的小孩子都能很快上手，这种降低用户学习成本的做法，需要开发者清楚地了解用户到底是如何使用的，在使用过程中可能遇到什么困难，如何帮助他们用得更舒心等。做到了这一点，自然容易引起用户的共鸣。一直以来“苹果出品，必属精品”的定位给人留下了高端、大气、上档次的印象，一流的设计、精致的做工和先人一步引领潮流的风格，拉开了与其他智能手机的距离，满足了人们对自我身份认同的追求。另一个亦十分热门的小米手机则是以高性价比著称，表面看是经济价值高，实际上却还是着眼于心理价值的满足。花不多的钱就可以得到与高端手机接近的体验，超乎想象的心理预期可以顿时让人为之一振。苹果与小米瞄准不同的用户群体，围绕着不同的心理需求打造自己的创新产品，最终市场的反应亦平分秋色。

## 试了才知道

通过创意汇聚，我们能产生非常多的创意，再根据标准进行筛选和排查，最后确定最符合创新定位和创新战略的一个或几个创意，然后再把它们付诸现实，制成产品或服务。如果完全按照这个流程走，可能会像前面讨论过的那样，一旦该款产品没什么人要，公司就可能会为此付出高昂的代价。

这样的风险实在太大，有没有好办法来化解这种风险？

今天生鲜电商已遍地开花，市场规模也越来越大，据统计，2015年国内生鲜电商市场交易规模为162.6亿元，较2014年环比增长87%，而2016年的交易规模预计将可达到274.2亿元。实际上，生鲜电商也是最近几年才发展起来的。可早在20世纪末，美国就已经有了一家估值高达48亿美元的生鲜电商，它就是Webvan。

成立于1996年的Webvan总部位于旧金山，采用的也是线上订单、线下配送这种传统方式，而且为了加快货物送达速度，在很多地方还设有自己的仓储。这些在今天看起来都十分正常的物流配备在20年前就已出现，不能不说Webvan确实是走在了所有人的前面。1999年5月，Webvan在旧金山市区正式开始派送，很快它就拿到了一个10亿美元的大单。再过了几个月，大名鼎鼎的红杉资本、软银、高盛等投资机构先后向他们投资了近4亿美元，Webvan开始迅速地向全美其他城市扩张，最高峰时它在洛杉矶、芝加哥等10个城市开展生鲜配送业务，并准备向其他16个城市进军。当年轰动全美的Webvan实际上只经营了3年多的时间，就由于入不敷出且投资人的钱被烧光，于2001年7月宣布破产。2008年6月，Webvan被CNET命名为人类历史上最大的互联网泡沫之一。

有一点大家必须清楚，今天美国线上购物的人数和意识都完全无法与国内相比，那就别说20年前了，更何况是生鲜。此外，当年的网络速度及网页设计与今天的差距也甚大，网页上视频很少，且高分辨率的图不多，商品的细节得不到很好的展示，这些都成为网上购物的障碍。按当时的现实，本不该大张旗鼓扩张，可惜Webvan在投资者的鼓动下盲目扩充，最终只能以破产告终，不能不说是一种遗憾。

Webvan其实是一个非常创新的项目，如果能控制发展的速度，其前景不可限量。如果换一种做法，如先在1～2个城市测试，根据测试的情况再决定扩张的速度和范围，最后的结果可能会完全不一样。亚马逊吸取了当年Webvan的教训，其旗下的生鲜电商AmazonFresh采取更为保守、稳妥的方式扩张。成立于2007年的AmazonFresh开业后就一直蜗居在亚马逊总部所在地西雅图，直到2013年才在洛杉矶开设第二个点。从2013年到2016年，也仅相继把生鲜业务推广到纽约、旧金山、波士顿等10个城市。很多企业有着冲规模、狂扩张的习惯，一旦资金链断裂，历史证明，可实现逆转的极为罕见。亚马逊稳扎稳打、重测试的推进开始看似笨拙，但即便失败，也不会引火烧身，最终落得全军覆没的下场。

国内不经测试就盲目推进的例子也不少。2014年5月，顺丰新一代便利店“嘿客”正式开门营业，作为国内快递龙头老大顺丰的旗下门店，嘿客将预订、配送、物流与线下体验整合到了一起。顺丰的意图很明显，通过嘿客去创建一种新型的O2O线上线下交易模式，并将自己的快递物流优势融合进去。一旦这种模式生效，由于嘿客都坐落在社区附近，它就能形成一种与传统超市、电商相互竞争的局面。这听起来前景喜人，于是在1年多时间里，顺丰投资了30亿，在全国范围内开设了据称有2000多家门店。

谁知人算不如天算，嘿客的发展远不如人意，2015年5月，一部分嘿客更名为“顺丰家”，到了2016年9月，嘿客和顺丰家再次改名为“顺丰优选”，相应的微博、微信账号也随之改变，正式宣告嘿客的失败。据闻顺丰为此损失十几亿元。

顺丰利用嘿客进行创新探索的意图没错，即使最终失败了，也能获得很多宝贵的经验，这些都会有益于未来顺丰的发展。

再说，现在就论断这种O2O模式失败还为时尚早，可是，顺丰的做法值得商榷。

假如顺丰开始不急着冲规模，而是在不同省份选择3～5个城市，每个城市在不同的社区建立10个左右的嘿客店，进行2年左右的测试，这样费用不仅可以大幅度降低，还能收集到非常多的有价值的数据。之后再根据测试数据决定扩张的速度和规模，如果数据显示不利于扩张，还可以延长测试的时间并扩大测试的范围。

从这些例子可以看出，测试的目的在于分辨、确定创新中的不确定和风险因素，最后起到降低风险，减小不确定性的作用。创新过程中有市场、运营和资金等风险，很多的风险是隐性的，要么不容易被发现，要么容易被忽视。除非真正遇到了，否则再周密的计划都可能考虑不到这些风险。更可怕的是，这些风险往往环环相扣，一旦一种风险出现，其他风险会随之而来。如果它们一起爆发，就可能给企业带来严重的伤害。

测试的方法有很多，其中最不可取的就是做好一个完整的产品后再进行测试。因为有些创新项目制作周期长、耗资大，如果完全搞好后再测试，一旦发现有问题，整改起来也不容易。这势必会增加费用和延长完成时间，对降低风险毫无帮助。比较好的方法是迅速打造一款相对较为简单的产品来进行测试，确定大方向后再逐渐完善。现在用得比较多的测试方法，来自于硅谷创业家埃里克·莱斯（Eric Rise）2012年的著作《精益创业》中提到的最小化可行产品MVP（Minimum Viable Product）这个概念。MVP通常仅包含最基本的形态和性能，可以快速接触客户并得到反馈。根据反馈再进行修改，以最小的代价减少试错的成本。

## 没有测评，创新好坏就无从谈起

2010年，麦肯锡对美国2240名企业高管所进行的问卷调查显示，70%

以上的管理层将创新列为公司最重要的三大任务之一，可仅有22%的公司设定了创新的测评标准。国内的情况可能会更加不乐观，认为创新非常重要的管理层人数少许多，而设立创新测评标准的就更少了。事实上，不能说这些企业完全没有创新测评标准，只是基本都缺乏一套系统、科学的标准，很多主要还是靠老的绩效标准进行考核。如果说强调优化、升级的持续性创新相对比较容易测评，那么，风险性更大，甚至可能完全没有结果的颠覆性创新又该如何去测评呢？这恐怕不能用我们熟悉的管理绩效考核方法来做。

一件事到底好不好，不是随口说就行的，必须事先确立一定的标准。标准是检验一件事好坏对错的指南和原则，缺失了标准，好坏对错都无从谈起。在生活和工作中，我们常常看到两个人争论不休，彼此都认为自己才是正确的。造成这种现象其中一个重要原因就是两个人的标准不一样，所以胜负难分，反而容易影响心情。测试同样需要先设立标准，否则，测试也就失去了意义，测不测都无所谓。一句话，没有标准，测评就无从谈起。没有测评，管理也无从谈起。因此，测评的主要作用是帮助管理创新项目，包括风险的管控及创新的改进。

对企业而言，创新的主要测评标准还是放在结果上，即投入与产出比，也有企业将市场占有率或专利数量纳入测评标准中。创新毕竟是一种商业行为，因此用投资回报率、利润或营收等去测评创新非常合情合理。只是，如果把投资回报率当作创新测评的唯一标准则大为不妥。这样不仅容易造成短视，甚至在相当程度上可能阻止颠覆性创新的发生，因为通常这类创新在短时间内不可能见效。传统投资评估方法的最大缺陷在于，忽略了结果的时间性和事发的偶然性。我们对一件事的评价其实与时间有着莫大的关系，时间不同，我们的评价也会不同。这是因为时间变化的同时，我们的标准也在变化，可是大部分人对此并无察觉。即使有时标准未变，时间的改变也改变了结果，所以我们的评价也随之变化。比如下面这个例子：

5个创新项目共投入1000万，4个都失败了，在其中投入的钱全部亏损，可有1个赚了2000万，这样的投资算不算成功？

我想大部分人都认可这算成功。问题是，大部分人都缺乏耐心，太急于看到结果，所以一看到情况不理想，即刻就产生急于脱身的想法，坚持下来的人很少。这样容易错过一些好机会。事实上，有些创新产品在一开始看起来其实毫不起眼，绝不是那种可以挣大钱的料，可进入市场后却势如破竹，让所有人都大跌眼镜。华为的Mate 7就可以算是这样的一款产品。2014年9月Mate 7上市开卖，当时的华为压根儿就没想到Mate 7能够大卖，所以在产能上严重准备不足，Mate 7一上市就遭遇一机难求的局面，加价购机的人不在少数。截至2015年9月底，Mate 7的全球销量突破650万台，作为一款高端机型，这是一个十分出色的数字，它也让华为找到了自己高端机型未来的方向。

有时则刚好相反，看上去一切顺利，最后的结果却令人失望。看到Mate 7在市场中大受欢迎，华为渴望乘势追击，借Mate 7再造另一个辉煌。因为Mate 7是6寸的机子，有些人并不喜欢大屏，所以Mate 7的缩小版Mate S因时而生。2015年9月上市的Mate S只有5.5英寸，外形与Mate 7近似且性能更强。华为希望那些对超大屏兴趣不大的人喜欢上Mate S，谁知上市后就发现Mate S卖不动，动用大量的资源卖广告后，销路还是一般，上市2个多月，价格就从4000出头降到了3000多。创新本是建立在对未来预测的基础上而进行的活动，既然是对未来进行预测，就必然存在风险。如果单凭创新后的收益去测评创新项目的好坏，这背后的逻辑似乎预示着我们事先已经知道未来的结果，这显然与事实不符。

既然创新不能单凭投资回报率去判断，那么我们应该如何正确去测评创新呢？

首先，在这个问题上并无什么放之四海而皆准的答案。这也意味着每个组织都需要根据自己的情况去建立相应的测评标准，而不是像做很多事一样，照搬或抄袭成功的再稍微改动一下就行了。记住：创新的测评标准决定了我们如何做创新。你甚至可以这样断言：创新的结果都由测评标准决定，所以建立适合自己的标准至关重要。

其次，创新的标准应该呈现多样化。既包含客观标准，如投资回报率和市场占有率等，也需要一些主观的标准，如对创新中失败的认识等。如果完全以利润的多少去衡量创新，那一开始就没什么必要进行下去了，毕竟创新的结果难以预料。

最后，创新切忌以成败论英雄。别忘了对成败的定论是根据时间而定，不同的时间，对成败的论断未必相同。再者，创新本来就是一种尝试、一种试验。无论是成功还是失败，只不过是对我们事先假设或推断的一种验证而已，都是试验的必然结果。验证成功可以继续，失败则放弃，从中吸取的经验和教训还能为未来的成功打下基础。最可怕的是，试验根本得不到我们期待的证据，既无法证明成功也得不到失败的结论。这样的结局让人十分纠结，不知道应该放弃还是继续前进。我个人觉得，只有这种得不到结果的创新才真正称得上失败。

## 爱立信的创意盒子

现在很多公司都意识到了创新的重要性和紧迫性，纷纷开启自己的创新之旅。究竟如何创新才更有效率？这个问题困扰着许多人。来看看爱立信是怎么做的，它能给我们带来什么样的启示？

成立于1876年的爱立信公司是一家来自瑞典的电信服务公司，目前是全世界最大的电信设备供应商之一。爱立信2015年的营收达到290.35亿美元，同比增长8%，净利润则为16.11亿美元，同比增长23.4%。爱立信是一个全球跨国企业，业务遍布全球180多个国家和地区，员工超过11万人，拥有专利近4万项，是全球最大的移动通信设备商，随着这十几年移动市场的迅猛发展，市场竞争也越来越激烈。爱立信很清楚，唯有创新，才是应对竞争对手强势冲击最强的利器。所以，他们一直非常重视创新，多年来在创新上也投入了大量的资源，这也是百年老店屹立不倒的一个秘诀。像所有的科技大公司一样，爱立信有自己的研发体系，这些自主开发部门承载着公司创新的重任。但问题是，自主开发体系都有自身的不足，如开发周期长、大企业丰富的资源未能物尽其用等。解决这些问题的一个办法就是发动全员创新，让员工、顾客和供应商等一起加入创新的行列。这样不仅能进一步提高创新的效率，而且还能及时解决实际中遇到的各种问题。现在越来越多企业已开始从传统的实验室研发中转移出来，最大限度地利用这种跨职能、跨地域的创新协作队伍进行创新。

为此，爱立信管理层提出了“全员创新，日日创新”的倡议，期待借助员工的各种想法和点子，然后将这些创意汇聚再经过细化和筛选，供企业创新之用。2008年，爱立信的“创意盒子”（IdeaBoxes）正式开始使用。创意盒子是一套创意管理系统，类似于论坛的电子公告板平台，为生成和汇总创意而设置。每个员工都可以登录进去，在上面发表自己的想法，也可以浏览别人的创意，发表评论。

创意盒子并不是什么新奇的东西。一直以来许多企业都设有意见箱或类似的东西，让员工反映自己的意见、看法与点子。但绝大部分的想法和建议都无踪无影了，有机会茁壮成长、发扬光大的创意极为罕见。为什么会出现这种状况？缺乏专人负责、持续跟进是一个重要的原因，员工辛辛苦苦给出自己的意见或建议，如果没有得到相应的重视或重用，谁还会进行下一次呢？为了避免这些问题在创意盒子上再现，每个创意盒子均设有一名或多名的盒子经理（如图5-8所示），他们的任务就是专门负责、跟进员工发布的创意，除了挑选和审核创意外，还不断地把公司的创意需求传递给员工。

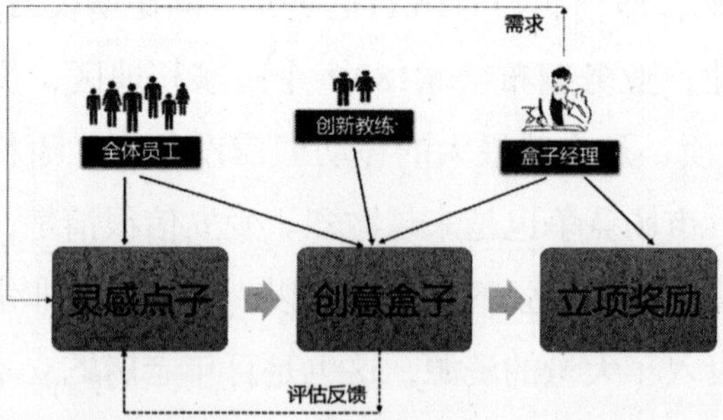


图5-8　爱立信创意盒子管理流程

爱立信创意盒子管理流程也是由创意汇聚开始。产生创意的方法多种多样，员工可就自己在日常工作中出现的问题提出新的想法，也可根据盒子经理的要求给出相应的解决方案。员工所提出的创意一般都不是概念或主张，而是针对具体的问题给出具体的解决方案，包括实操步骤、成本与收益预估等。然后员工将这些创意发布在创意盒子中，供所有人浏览。创意盒子开放给所有员工，他们可进行评论或提出修改意见，还可以参与到后续的创意发展中。根据其他人的评论或修改意见，创意的提出者会在原有创意的基础上不断改善，使创意更符合公司的需要，更容易落地。与此同时，由公司内部专家及外部创新顾问等组成的创新教练团队，与盒子经理也会定期从市场、技术等可行性角度入手，对所有创意进行评估并提出整改意见，同时反馈给创意的提出者与参与者。创意的评估与反馈是一个迭代的过程，创意的提出者与创新教练、盒子经理通过不断交换意见，达到提高创意质量的目的。公司对创意的所有参与者提出表扬，对有特别贡献的人士给予奖励并通报。对那些符合商业、技术与盈利要求的创意进行立项，成立创新项目组，将这些创意变成创新产品或服务。经过3年的使用，爱立信一共设立了约350个创意盒子，在全球范围内，超过1万名员工参与到其中，一共收集了16000多个创意。这些创意盒子融合进公司的创新体系，帮助从内部找寻、挖掘新机会。有一批由创意盒子生成的创意最后变成产品，为公司带来了可观的收入。

## 案例解读

我们每个人脑子里都有千千万万个想法，把这些想法汇聚起来就成为了解决问题的创意。如果创意的产生只停留在这一步还远远不够，因为每个人都有自己想法和主意，将大家的创意集聚再碰撞、打磨和细化，能形成更好的创意。就像一个游泳池，如果把每一个创意都视为一滴水珠，千千万万个创意汇聚在游泳池里，才能将游泳池充满。爱立信的创意盒子就如同这样的游泳池，汇聚来自各方的想法和点子，经过不断地点评、修改后，创意被逐渐完善，然后再付诸现实。

“全员创新，日日创新”的概念其实与“大众创业，万众创新”的口号非常接近，问题的根本在于，如何将这些概念、口号付诸现实，而不是只停留在口头上。爱立信为我们提供了一个如何让创新落地的例子。创新如同一个目标，要去实现它，必须先给出具体的流程、步骤，这样大家才知道该如何做。如果再加以适当的指引、鼓励和保护，众人参与的热情会更高；不然，很容易走向反面，抗拒、对立、拆台成为家常便饭。就好像我们去旅游，首先我们要知道去哪里，了解具体的行程和路线后，才开始动身。如果沿途有人能照顾和指引一下，这一路会更加愉快。相反，如果旅途风尘仆仆、舟车劳顿，相信中途打退堂鼓的人一定不少。

因此，创新不仅需要提供一个平台，给予相应的指导，更重要的是要激励和保护创新参与者的热情，让他们渴望创新，有地方、有能力创新，这样参与进来的人才会越来越多。最近十年，许多国际大公司都设置了与爱立信创意盒子类似的协作创新平台，比较出名的包括IBM的“思想地”（ThinkPlace）、戴尔的“创意风暴”（IdeaStorm）、3M公司的“你的创意”（YourIdea），以及惠而浦的“E空间”（E-space）等。所有的这些协作共享都是员工自发的行为，企业在其中只扮演连接、辅助和激励的角色，尽量减少干预，避免过多的控制。这样做不仅更有利于员工间交流，引发更多创意的生成，同时减少控制也意味着减少资源的投入，有助于进一步提升创新的效率。

这里必须说明的是，通过这种方式获得的创意，最终被成功立项启动的毕竟是少数。大部分的创意不是商业化的可行性低，就是着眼点狭窄，与企业的整体战略规划有一定的距离。因此，很多企业对此并不热心，不是做做样子就是浅尝辄止，深入坚持的不多。然而，我还是认为这种方式值得推广，当然，方式方法上仍有改进的空间。

首先，这种全员协作创新方式给公司上下传递了一个清晰的信号，创新对公司很重要，希望全体员工踊跃参加。为了鼓励这种行为，需要不定期地晋升、奖励和表扬那些在活动中表现出色的员工。此外，还需要预留一定的时间给员工，就像谷歌那样，允许部分工程师拿出20%的工作时间用于自己感兴趣的项目。现在的问题是员工时常被重复性高或事务性强的例行工作所困，根本就没时间搞其他的。如果不能大幅度减少这些低效率的活动，鼓励就只能停留在号召上。其次，这种协作平台还是进一步挖掘人才的好地方。尤其是大企业，很多人的潜能得不到充足的机会施展。最后，创新本来就具有相当高的不确定性，如果因为员工提出的创意大部分无法采纳就终止尝试，那么很容易使员工继续迷恋模仿、抄袭这些确定性较大的行动。

爱立信、戴尔、IBM等例子告诉了我们，其实大家采取的方法差不多，就看谁更认真做，谁做的时间更长了，结果的差异就在这其中体现。如果创新真有秘诀，可以用这句话来总结：把复杂的事简单化，然后再把简单的事做好。这句话看似简单，真正做好的人并不多，坚持下来就更难了，毕竟各种诱惑和阻力实在太多。

## 创新初级整合

设想你是家里的主厨，你的工作就是为家里一伙人做菜。最近你发现家里人开始向你投诉，如菜不好吃、样式变化少等。你意识到你应该做出一些改变，才能让家里人重新开心起来。你要创新。那怎么开始呢？

首先，你要了解家里人的口味，究竟他们喜欢吃什么菜。注意：创新是为你所服务的对象创造价值。这也意味着你需要把家里人的口味放在首位，而不能像有些大厨那样，只想着如何去展示自己的手艺。光顾着炫耀手艺会有什么结果呢？通常只有一个：让吃饭的人不开心，自己也会觉得郁闷。毕竟，那是自己花时间、心血做出的“好东西”。问题是，吃饭的人只在乎饭菜是否可口，后面究竟下了多大功夫，通常不是他们所关心的事。

通过咨询家人，了解到最近这阵子他们想试下重口味，想吃能下饭的菜。你认为“麻婆豆腐”这道菜会让大家满意，可你从来没做过麻婆豆腐，所以首先需要去了解烧这道菜需要什么材料，包括酱料和调料等，还需要知道每种材料的分量，包括酱料等的用量。再接着，要掌握做菜的火候和时间。最后，你亲自动手把麻婆豆腐做了出来，再拿给家人品尝并征求意见。经过多次整改后，你做的麻婆豆腐终于得到了全家人的一致赞扬。此时，你突然发现家里人的口味变了。经了解，你的下一个目标放在了“茶香盐焗虾”上。有了上次做麻婆豆腐的经验，这次也一定不在话下。很快，你的茶香盐焗虾也成功了，深受家人的喜爱。

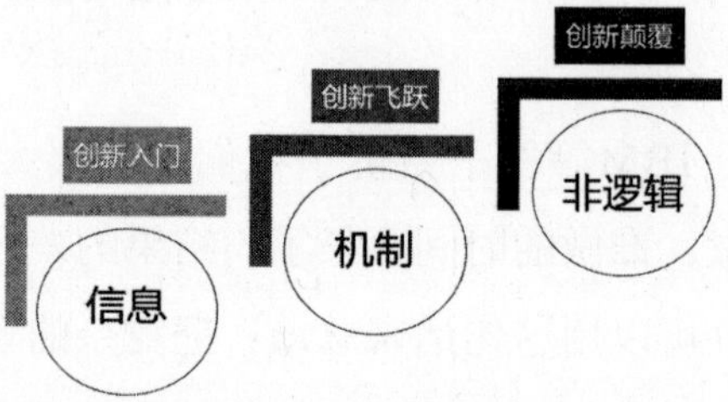


图5-9 创新入门到颠覆各阶段整合

创新的初级阶段与这个做菜的经历有点相似。创新是一个从无到有的过程，从哪里开始呢？大部分人都是从自己开始的，比如自己能干什么，想干什么。这一次你要倒过来，把你的想法和能力暂时放一边，先从你的目标用户和他们的需求开始。他们是谁，在哪里，有什么特点？他们缺什么，渴望什么？等你搞清楚这些后，再把自己的优势与之相结合，看看你能做点什么去帮帮这些人。当然，你要做得尽量与众不同，不然别人为什么选你的呢？你可以借鉴已有的，也可以用自己的办法解决。先尽量收集不同的点子，再整合这些点子，选出最合适的那个不断打磨和改进，直到你的目标用户满意为止。整个创新的过程大致如此。

创新源于一个独特的创意，而这样一个大的创意由无数个小的创意构成，千千万万个点子汇聚、碰撞与连接，最后孕育出那个独特的创意。不仅创意汇聚如此，创意实施与创新测试也是经由无数个小创意汇聚，最后才一一落实和测试。可以说，每一个想法都是一个信息。信息是我们判断与决策的依据，决定了我们行动的方向和做法，在相当大的程度上也决定了最后的结果。如果将灵感转变成现实的过程视为一个信息整合的过程，那么，创新就是信息的一种再组合，通过整合不同的信息形成最优的信息，然后围绕这个信息再进行资源的配置，包括资金、人才、技术、时间等，同时对实施风险进行有效的管控。越能精准地掌握和应用信息，生成最优创意的可能性越大，实施和测试的把握也越强。

## 如果你是高管

希望你先别急着招人开会讨论该如何搞创新。更好的办法反而是自己冷静坐下来思考以下问题：

- 为什么要创新，不创新又会怎样？
- 为什么到今天我才想创新，这中间有些什么阻碍？
- 我有什么资源，我想达到什么目标？

通常，只有充分地认识到创新的必要性和紧迫性，接下去的工作才会比较好做。我之所以建议你这样做，是因为你只有真正搞清楚创新能帮到你什么，你才会全身心投入到创新中，而不仅仅是跟风或赶时髦。很多人其实并不知道自己在干什么，我们的行为容易被社会价值观与比较这两个重要因素所驱使。简单说，别人干什么，自己就干什么。到底适不适合，到底应不应该，往往连自己也不清楚。

在今天这个变化多端的社会，你应该清楚公司必须做出改变。不能再把自己仅视为产品的生产者或服务的提供者，而是要学会打动用户，让他们愿意、高兴与公司做生意。打动用户的最佳方法是把他们放在心中，设身处地为他们创造和提供价值。这种理念应该贯穿到公司的方方面面，再持之以恒做下去。创新的真正用意是使产品的价值最优化、最大化。

## 如果你是创业者

国内大部分的创业都存在着门槛过低的问题。你降低了起步的门槛，也让抄袭变得更为容易，因为只要你赢利，后面就一定会有人模仿你。毕竟模仿、抄袭比创建更简单，加上门槛低，追随者甚至可能做得比你更好，最后直接伤害的必定是你自己。

所以，你要在开始就拔高创业的门槛。哪怕是开一个小店，你也要尝试增加一些与众不同的元素，通过这些独特的元素让你在众多的竞争者中独树一帜，至少让模仿或抄袭更难一些，如开饮食店的“独家秘制配方”、服装店的“精于搭配的美女老板娘”等。记住：这些独特元素不是用来吸引眼球的，而是融合在公司的经营、管理中，渗入公司的每个角落，为用户创造、提供更多的价值。

创新就是帮助你找到门槛、设置门槛和提高门槛的工具。通过创新，你为自己企业的未来找到了更好的经营创意、更多打动用户的好点子；通过创新，你提升了竞争壁垒，降低了被抄袭、模仿的可能性；通过创新，你为创业存活续命。

第二部分

# 创新飞跃：思维、态度、知识三位一体

好的点子通常要经历漫长的时间——也就是现在很流行的所谓孵化过程——才能产生。这其中需要当事人努力克服自己内在的胆怯与惰性，需要始终保持开放的态度，需要接受不同的思想，需要寻求不同思想的火花碰撞。

# 第6章　创造力的构成

一个不疯狂的点子根本不该被称为点子。

（An idea that is not dangerous is unworthy of being called an idea at all.）

——王尔德（Oscar Wilde）

## 想象力是未来社会最大的动力之一吗

2016年4月末，包括柳传志、马云、雷军等在内的超过1000位国内外商业领袖云集济南，就经济发展领域的二十余个热点话题展开交流讨论。马云在会议上发表了题目为《想象力是未来社会最大的动力之一》的演讲。在谈到未来十年发展时，马云认为“BAT① 大家都觉得相当了不起，但是想象力不够。我估计就两三年格局就会变化，过四五年，我们这些企业是否还会在，我觉得都是很大的问题……”

如果这些话不是出自马云之口，恐怕很多人都会对此嗤之以鼻，但既然是马云亲口说的，情况自然有所不同。同不同意是另一回事，估计敢站出来反对的人不会多。

① BAT是百度、阿里和腾讯的起首拼音缩写。

想象力真有那么重要吗？

对于实用主义、拿来主义而言，想象力完全是可有可无的。因为想象力又不能当饭吃，那想象力还有多少用处呢？很多家长从小就是这样告诉自己孩子的，不少学校老师也是这样教育学生的，好多管理层同样习惯如此告诫自己的下属。“有没有用”成为很多人判断和行动最重要的依据。对这一点著名艺人蔡康永有完全不同的看法。他曾经感叹“人生最重要的东西，其实都没有什么用”，因为“人生，并不是拿来用的”。在他看来，“爱情、光荣、正义、尊严、文明，这些一再在灰暗时刻拯救我、安慰我的力量，对很多人来讲‘没有用’，我却坚持相信这才都是人生的珍宝，才禁得起反复追求”。

去评论谁对谁错没有太多的意义，因为站在不同的立场，会得出不同的结论。究竟哪一个更合适，往往由一个人的认识和状况而定。想象力是创造力中最重要的组成部分，没有想象力，创造力也就无从谈起。也就是说，一个人的想象力越强，他或她的创造力也越强。当然，仅有想象力也是不够的，还必须把想出的点子放在现实中去落实才行。想象力用处不大的观点是一个误解，因为无论是艺术创作还是工程项目都需要想象力去实现突破。只不过，艺术创作的想象力更为感性，可以毫无边际地让自己的想象肆意飞翔；而工程项目的想象则不能是空中楼阁，必须建立在数据和论证的基础上，逻辑思维是想象力运用在科学领域时的掌舵手。

不认同想象力的人大多非常崇尚执行力。诚然，想象力强的人在执行力上必然弱些，同样执行力强的人想象力也不怎么样。在强调效率的环境中，执行力强确实能保证高效率的实现目标；想象力强反而容易节外生枝，影响高效的产生。然而，我一直反复强调的是，当下商业的逻辑正在悄然改变：过去习惯的赚钱模式现在已运转不灵，再过几年可能完全无用。没有任何人的执行力能够超过机器。只要给它通上电，机器就绝对不会有三心二意的情况出现，它能够完美无缺地按命令去执行任务，除非出现机器故障或人为停止。

别忘记最重要的一点：机器没有任何的想象力。

自iPhone 6发布以来，在江苏昆山，富士康已逐步采用机器人替代人，富士康工厂员工的数量也因此从过去的11万减少到2016年的5万。试想，现在被替代的是生产线工人，随着人工智能的不断进步，未来服务型机器人将大量出现，过几年后又会替代谁呢？很明显，被替代的都是执行力强的人，特别是在那些重复性大、比较乏味的工作领域。机器人无法淘汰创造力强的人，因为机器人没有想象力，不具备创造力。

现在你同意想象力是未来社会最大的发展动力了吗？

## 创造力不只是艺术家、设计师的事

很多人都以为自己与创造力的关系不大，作家、艺术家、设计师等才需要创造力。所以，似乎没有太多的必要去提高自己的创造力。创造力其实体现在生活的方方面面。比如说你们家今晚来客人，你准备亲自下厨露一手给客人看，这就需要创造力了。做什么样的菜，如何组合，这些在去超市采购之前都必须想清楚。创造力强的人做出来的饭菜更容易给人带来惊喜，如果能兼顾客人的口味和喜好，做出的饭菜必定会受到欢迎。

除此以外，在旅游时，一个有创造力的人会把行程安排得丰富而有新意；在处理人际关系时，一个有创造力的人会想出各种方法解决矛盾……

看出来了吗？其实可以将创造力视为一种解决问题的能力。上述的这些都是生活中应用创造力的例子，在工作中应用创造力的例子同样比比皆是。现在假设，上级交代你写一份有关互联网金融的市场报告。你可以在百度上搜一下，然后抄一下应付完事。也可以多找几篇文章，综合观点，然后再加入自己的看法，这样同样可以交差。你还可以再找几个曾经参与过互联网金融业务的人，问问他们的看法和想法，再综合你从网络上收集的资料，最后给出自己的观点。三种不同的方法可能会得出不同的结论，也能让你及公司获得不同的收获。

这就是创造力！通俗地讲，创造力与大众经常谈到的“动脑子”区别不大。多数人把“动脑子”的能力视为一个人的智力水平，但事实上，创造力与智力并不相同。两者都可能有助于更好地解决问题，但智力的加强更多地依赖于逻辑思维能力，而创造力则需要想象力与逻辑思维的综合。智力基本不需要想象力，而创造力的基础在于想象力，逻辑思维则主要起到舵手的作用，对想象力的方向和程度进行适度的调整。还可以从另一个侧面理解这两者的差异：创造力的目的在于找到更多的可能性，有时更多的可能性是多余的，但缺乏可能性的事肯定是无聊的。而智力的用处则在于把握准确性，智力越高，认知和决策的准确性也越好。

所以，我更倾向相信缺乏创造力的人未必智力低下，但趣味和情趣必定少了许多，他们的世界里往往色彩比较单一，这一点与创造力高的人有着很大的不同。看看下面这两个例子，你觉得需要更多创造力还是智力来解答呢？

**例1. 在国内，近几年网购的流行让许多实体店只能关门歇业。怎样设计线下的实体店，让这个店可以成功地击败网店？**

**例2. 饮食业是一个竞争异常激烈的行业。现在假设你也做饮食，你准备怎么做，可以让自己的店每天客满？**

智力高的人在当下社会中数量很多，但上面两个难题却困扰大众已久，到现在也没有找到一个很好的办法。我更倾向于相信，创造力才是真正的解决之道。如果你知道该怎么办，相信有不少人会找你的。而且必定是出高价！认为创造力不能当饭吃的人，此刻有没有一点小小的触动？

## 分解创造力

在全球最具影响力的50大“管理思想家”（Thinkers50）排行榜中，2015年排名第21位的哈佛商学院教授特蕾莎·阿玛比尔（Teresa Amabile）在创造力上有着超过30年的研究经验，她认为一个人的创造力由三部分组成，分别为专业技能、创新思维能力和激励。其中专业技能指的是对某一领域知识、经验或技能的掌握程度，创新思维能力是指能够采用灵活、富有想象力的方式去解决问题的程度，而激励则包括两个方面，内在自我的激励与外在环境的激励对一个人创造力发挥的影响程度。我将她对创造力的理解稍加改动，把创造力的构成分成了四个方面，如图6-1所示，包括创新思维、精通程度、创新态度和创新环境。理论上，一个人对一件事越精通，创新思维越强，创新态度越开放，工作氛围对于创新越有利，他或她的创造力将会越强，创造力产生的结果也越好。

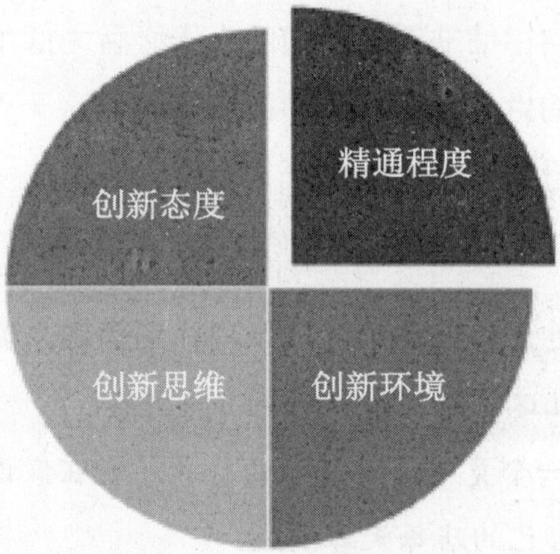


图6-1 创造力构成图

如果你曾经阅读过有关创造力的书籍或文章，又或是去参加过创造力的相关课程，你会发现它们基本上讲的都是创新思维，也就是告诉你如何采用更为灵活、富有想象力的方法或技巧去解决问题。这些课程容易给人一个误导，那就是，似乎你学会了那些方法或技巧，你的创造力就会大增。是否真的如此呢？

显然不是。因为创造力是由以上四个方面构成的，而创新思维只是其中一个方面而已。只提高其中的一个方面而忽略其他三个方面，你觉得这样可以有助于提高一个人的创造力吗？

我也曾深信那些方法或技巧，私底下一个人拼命练习，期望能够在短期内大幅度提升自己的创造力。然而，事与愿违的是，这样坚持了一段时间后，有一天我突然发现，真正起作用的并非是这些技巧性的东西，而是激励部分，也就是创新的态度和环境的功效更强。

因为好的点子通常要经历漫长的时间——也就是现在很流行的所谓孵化过程——才能产生。这其中需要当事人努力克服自己内在的胆怯与惰性，需要始终保持开放的态度，需要接受不同的思想，需要寻求不同思想的火花碰撞。仅有创新思维的方法和技巧，缺乏内在和外在的不断鼓励与支持，缺乏长期高昂的创新态度，缺乏对一个领域的精通，很难做出什么有创造力的成就。我不是说创新思维并不重要。应该注意的是，技巧和方法能发挥作用通常是在一个人对某个领域已经非常熟的情况下，通过技巧方面的训练就可以有效地帮助提高一个人的能力，取得质的飞跃。这就好像一个人学习开车，这时对他灌输太多技巧性的东西一般对此人的驾驶能力的提高帮助不大。如果等他经长时间训练把基础的部分搞熟搞透后，再和他去讲技巧，情况会完全不同。显然，对于一个初学者而言，个人的态度和外在环境的作用都远大于技巧和方法。这一点毫无例外。

## 好主意从何而来

看到一些文艺或科技作品展现出的出众的创造力时，许多人都会不由自主地惊叹起来：如此卓越的创造力是怎样产生的？或者说，好主意的灵感到底是从哪里来的？很多人秉持这样的观念：优秀的创造力主要来自于天生。如果这个观点正确的话，那么一个人要么就有良好的创造力，要么就干脆什么也没有，后天的磨炼没有什么作用。这似乎能解释一些现象，如有些人在生活、工作中就能表现出高创造力，而有些人则不能，更重要的是，所有的这些人都没经过什么创造力的特别学习或训练。

看起来似乎非常有道理，但这样的结论却经不起仔细的推敲。如果一个人的创造力源于天生，那么他或她一出生就会比其他人在这方面显示出更高或更低的才华，而且这种能力会持续一辈子。显然，我们很难比较两个人一出生的状况，而往后出现的或高或低的才华都未必完全源于天生，后天的影响同样存在。熟悉并认同1万个小时法则的人也肯定不同意上述看法。1万小时法则是加拿大畅销书作家马尔科姆·格拉德威尔（Malcolm Gladwell）于2008年的著作《异类：不一样的成功启示录》（*Outliers: The Story of Success*）中提出的。马尔科姆·格拉德威尔根据多所大学研究结果所得出的结论，认为一个人无论做什么事情，只要坚持1万个小时，就可以成为他所从事那个领域的专家。如果按照每天3个小时计算，一年投入的时间就可以超过1000个小时，而1万个小时需要约10年的时间。这也就是说，要想在某个领域达到精通，大约需要10年的时间。当然，每天花的时间越多，熟练的速度也会加快。1万个小时法则与国人所熟悉的“万事无他，唯手熟耳”的含义大致相同。这个法则揭示了一个这样的事实：一个人即使天赋一般，只要愿意在一件事上投入足够多的时间，就一定可以把这件事做得非常好。其实，创造力也一样，只要一个人不断去培养、磨炼自己的创造力，就可以想出非常多的好点子。因此，后天的努力程度对一个人创造力的高低影响更大。从反面来说，一个人即便天生具备某种能力，如果在后天不加以磨炼，最终他在这上面的造诣也无法比得上那些天赋差些，但肯花时间去不断提升自己的人。

既然好的创意并不来自天生，那么它是怎么来的呢？还记得牛顿发现万有引力定律的故事吗？故事是这样说的：

一个炎热的中午，小牛顿在他母亲的农场里休息，正在这时，一个熟透了的苹果落下来，这个苹果不偏不倚，正好打在牛顿头上。牛顿想：苹果为什么不向上跑而向下落呢？他问他的妈妈，他妈妈也不能解释。但凡科学家都有一颗童心，牛顿也不例外，当他长大成了物理学家后，他想起了少年时“苹果落地”的故事，认为可能是地球某种力量吸引了苹果掉下来。经过研究，他发现了万有引力。

好主意是不是像故事里讲的那样源于灵光一现？每个人都有自己突发灵感的经历，表现的形式大都是灵感在毫无预兆的情况下一瞬间迸发，似乎是一个人的思想被困住许久后茅塞顿开、恍然大悟。灵感、创意的出现是否也遵循相同的规律呢？

为了解答这个问题，美国知名作家史蒂文·约翰逊（Steven Johnson）足足花了4年的时间，阅读了大量的资料和文献，通过对人类自工业革命以来重大科技创新项目的研究和总结，他总结出一个这样的规律：好的创意确实并不出于偶然，那所谓的灵光一现的背后通常隐藏着当事人长期孜孜不倦的努力。他把自己的这些发现写了一本书，并于2011年10月出版，书名为《伟大创意的诞生：创新自然史》（*Where Good Ideas Come From: The Natural History of Innovation*）。该书后来成为有关创造力的畅销书。约翰逊认为，好点子其实来自于思想的碎块拼组，即把各种想法进行重组或关联得出好点子。这些想法的重组或关联可以通过以下7种模式获得，按照约翰逊的想法，这7种模式可以帮助你获得更多更好的创意。

### 1. 相邻可能性（the adjacent possible）

"相邻可能性"这个概念出自于美国生物学家、宾夕法尼亚大学生物学教授斯图尔特·考夫曼（Stuart Kauffman）。

考夫曼视所有生物为自由介质，因此可用能量来对生物进行定义、分类。为了继续生存下去，生物不得不向更复杂的一级进化，通常更复杂指的是相对消耗能量更低。这种进化演变过程是从探索相邻的物种或区域开始的，然后再逐渐延续下去。它可以有效地结合相邻物种或区域的优势来增加自己的适应性，从而提高生存的概率。

值得注意的是，整个进化过程的速度必须适中，速度过快容易导致自我内在机制的瓦解，而过慢则不利于适应。"相邻可能性"常被用于解释生物进化的一种机理，史蒂文·约翰逊则借用它作为创新机制的一种解释。所有的科学技术也都是从简单向复杂进行发展，那些没有发展的就被淘汰了，这一点与生物进化的机理相似。同样，科技进步或创新也符合渐进有序的特点，太快或太慢都会阻碍进一步发展。从创意生成的角度看，一个点子如果能与相似或相邻的点子重新组合、连接，就能吸收对方的优点，从而增加点子成活并变为现实的可能性。因此，大量引入相似或相邻的外部不同观点，就能够有效推动内部观点的成长和完善，使创意更为丰富，具备更多的可能性。

## 2. 流动网络（liquid networks）

史蒂文·约翰逊认为点子的生成过程是在网络中完成的。注意，这里的网络并非大家熟悉的互联网，而是有着类似流动特点的大脑神经元网络，在其中上百亿个神经元细胞相互碰撞、连接，形成一个又一个的想法。约翰逊又把网络的概念延伸至我们所处的环境，环境也像一个网络，在其中每个人相互联系，每个人的思想和观点相互分享、传递。他认为流动的网络，也就是那些开放、受限少、灵活轻松的环境更有利于各种思想的碰撞，更有利于各种思绪火花的扩大。同理，不流动的网络，即相对封闭、制约多、不鼓励交流的环境容易限制创意的产生。因此，他建议希望获得好创意的人应多去流动网络，如咖啡馆，参与交流，交流越多，创意也越多，获得好点子的机会也越大。

美国知名作家埃里克·维纳（Eric Weiner）2016年出版的新书《天才是怎样炼成的》（*The Geography of Genius: A Search for the World's Most Creative Places from Ancient Athens to Silicon Valley*）也展示了相同的观点。他通过寻找天才居住地，如苏格拉底和柏拉图的古雅典、达·芬奇的佛罗伦萨、曾经在宋朝文化繁荣的杭州及今天的硅谷等地，探索天才成功的秘诀。书中讲到了一点，就是那些天才居住地都有一个共同特点，即它们都拥有公开讨论的场合，如咖啡馆、座谈会或茶馆，在那里有利于各种思想的交换。

## 3. 缓慢的直觉（the slow hunch）

史蒂文·约翰逊提到的第3种模式与时下搞创新创业时常提到"孵化"的概念类似，也就是，伟大灵感的形成并非一蹴而就，而是由一连串小的想法慢慢连接、积累而成。比如，你在对某个问题寻找一种解决方案时，往往一开始时只有模糊的直觉，细究起来就会发现直觉中其实存在很多不成熟或不切合实际的地方，随着自己对问题的了解加深，与其他人交流渐多添补更多点子，这种直觉会慢慢成熟起来，到某个时刻发生质的变化。

很多人都以为绝妙的想法非常难获得，能想出来的人都聪明绝顶或能力非凡，但事实上却并非如此。大部分突破性的创新都有一个循序渐进的过程，灵感经过长时间不断打磨、持续补充、完善，再经过各种实践修改，最后才有了重大的突破。所以，与其说突破是因为当事人聪明或能力强，还不如说是偏执与坚持所致。曾创造票房纪录的电影《阿凡达》就是导演詹姆斯·卡梅隆酝酿14年，耗资5亿美元，历时4年拍摄而成的。同样大家都非常喜欢的另一部电影《盗梦空间》的灵感也是源于导演克里斯托弗·诺兰在中学时个人的经历，从那时开始酝酿，一直不断完善，到2009年正式拍摄时诺兰已接近40岁。

### 4. 意外的收获（serendipity）

这里的意外收获并非源于好运，也不是出于偶然，而是先有上述“缓慢的直觉”产生某个灵感后，再经过“相邻可能性”这个过程，模糊的灵感与其他想法不断碰撞、不断完善，然后突然间在某个时刻突破性的点子就出现了。整个过程看起来像是“踏破铁鞋无觅处，得来全不费功夫”，但实际上却需要经历“机会总是留给有准备的人”类似的过程。约翰逊在书中还提到了梦境有助于创意的产生，并用俄国化学家门捷列夫在梦中发现元素周期表可以根据原子重量排序为例来说明。类似的例子还包括德国化学家凯库勒（Friedrich Kekule）在梦中看到了希腊神话中Ouroboros（即一条蛇咬住自己的尾巴）的图像，受到梦境的启发，联想他研究了10年的碳基分子结构，发现了苯环的分子结构。这些例子还是说明了意外收获是在大量努力后才产生，而且是不可预计的。

## 5. 不断试错（error）

创新就是一个不断试错的过程，在这个过程中，创意不断被改变、被完善。其目的在于探索更多的可能性，让好的点子更贴近现实，更容易实现，使创新获得更好的结果。为了达到这个目的，任何组织都应该对错误保持更宽容的态度，鼓励试错，这样才会有更多的好点子出现。

## 6. 借用（exaptation）

“exaptation”是一个生物学名词，可译为扩展适应，指的是一种生态特性最初为某种需要而进化，但过后却被用作其他用途。作者在书中用了鸟类的羽毛作为例子，原本羽毛进化之初是不会飞的恐龙用于保暖的，但后来由于现实的需要，羽毛逐渐进化成了飞翔的利器，可提高动物的战斗力和生存的概率。接着约翰逊把扩展适应引申到科技领域，许多科技项目的创新都是借用了其他领域的先进技术或发明而实现的。比如，法国发明家约瑟夫·玛丽·雅卡尔（Joseph Marie Jacquard）发明了人类历史上首台可设计式织布机，可以在机器上织出复杂的图案。几十年过后，英国人查尔斯·巴贝奇（Charles Babbage）利用织布机原理设计发明了分析机。这种分析机是现代电子计算机的前身，20世纪70年代前被广泛用于可编程式计算机。

借用其他领域的发展成果，再形成新的应用这种形式的创新，在最近20年已屡见不鲜，我在这里举一个书中未提及的例子：这些年风靡一时的，在牙膏中加入有亮白效果的成分的做法就是借用了衣服漂白的原理，在牙膏中加入有漂白作用的化学剂（如过氧化脲）。值得注意的是，借用这种方式目前已成为企业和大学发展跨界创新产品的一种常用的手段。这也意味着我们应该培养自己更全面、更广阔的知识，懂得借助其他领域解决问题的方法，把这些方法拿到自己工作的领域中来应用，促成更多突破性产品的诞生。

## 7. 开放平台（platforms）

约翰逊引入了生物学中基石物种（keystone species）的概念来说明平台的重要性。在一个生态系中，如果某个物种的发展会影响其他相关物种的存活与多样性，那么这种物种可被视为基石物种。书中用了很大的篇幅谈到了两种比较特殊的基石物种，珊瑚和河狸，其中河狸的故事颇为有趣。

河狸是一种在陆地行动迟缓，在水中却非常灵活的动物。为了躲避陆地捕食者的攻击，河狸会用很多树枝在水里为自己筑起漂亮、舒服的巢穴。而且，为了避免枯水期时水面下降导致巢穴暴露给捕食者，河狸还学会了筑大坝以保持水面的稳定。河狸做这些都是为了自己，但是却对整个生态环境起到保护作用，促进了其他物质的繁衍生息。

约翰逊将类似河狸这种有益于其他人的行为称为搭建平台。平台可作为创新跳板，一项技术或产品的诞生不仅帮助到了自己，也催生了其他产品的发展。例如，GPS最早是因为军事用途而被研发出来的，其作用是为军队提供全天候实时导航服务。当今GPS的应用已远超当年最初的设想，以定位、导航为平台基点的产品数不胜数，比如滴滴打车、美团等服务都大量用到GPS。

好点子到底从哪里来？连接、开放、汇聚、耐心和借用这10个字可以给出一个粗略的答案。此外，史蒂文·约翰逊还给出了以下几点有助于获得好点子的建议：

- 散步
- 培养直觉
- 记录自己的想法，但别急着归类总结
- 等待机缘凑巧、意外发现的机会
- 允许自己犯一些错
- 多培养几种业余爱好

· 多去咖啡馆等地方与人交流

· 找寻事物之间的连接性

· 允许别人在自己点子的基础上开发和发展

从我个人多年从事创作和创新的经验来看，上面的这些建议对提升个人创造力、获得更多的灵感很有帮助，比如这本书中很多的灵感来源于我每天的快走锻炼，我感觉散步对于创意的产生十分有帮助。此外，及时记录对创作也很重要，毕竟灵感大都在猝不及防的状况下出现。此时千万别过度相信你的大脑，以为自己的记忆力好，即使不及时记录也没问题。时下每个人每天处理的信息量是20年前的几倍到几十倍之多，每天流过大脑的信息量增大了很多，但人脑处理信息的能力却并未得到相应的提高，所以我们只能靠不断过滤、删除我们认为不重要的信息来让大脑保持足够的容量和处理能力。这就是现在有那么多的人认为自己记忆力下降的主要原因之一。太过于相信自己的大脑，就很容易使自己妙手偶得的灵感被遗忘。

## 如何激发创造力

在创造力或创造性思维培养的初始阶段，不应过多强调技巧性的知识，这实际上无助于提高一个人的创造力。所以，这一部分将根据创造力的构成，重点介绍如何才能真正激发创造力。前文讲过，提高创造力可瞄准创新态度、创新思维、精通程度和创新环境四个方面来进行。创新环境这方面的内容将放在下一章，这里只对其他三个方面进行重点介绍。根据这一点我对图6-1进行简化，得到图6-2，即创造力由三部分组成：创造性思维、创新态度和知识。

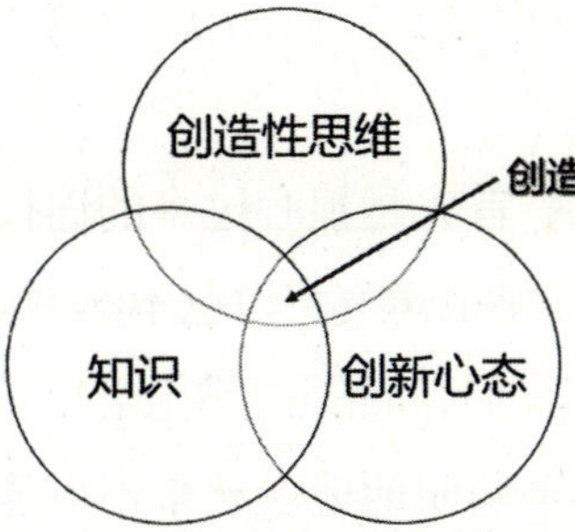


图6-2　经简化后的创造力构成图

## 1. 创造性思维

首先从创造性思维开始谈起，请记住这部分更详细的内容将放在第三部分进行讲解。这里我想着重讲一下我们大脑的连接性。还记得吗？连接是产生好点子的关键之一，连接也是所谓的“互联网思维”的核心之一。为什么连接如此重要呢？“创造力就是事物间的连接”（Creativity is just connecting things），这句出自乔布斯之口的名言可以验证连接对创造力的必要性。从大脑运行的机理来看，大脑中每一种想法诞生的最初就是一个神经元的末梢与另一个神经元的末梢相互间接。当然，一个完整的想法的产生则需要动用到数以亿计的神经元。简单来说可以这样认为，创造力强的人与创造力差的人之间的区别就在于动用神经元数量的多少，动用越多则产生的想法越多，反之亦然。

我们的大脑从来没有完全停止过连接、联系的工作，即使在睡眠中也是这样。每天我们所接触的信息，包括看到、听到或触摸到的，都会返回大脑进行分析、判断及整合，然后再据此做出反应。可以说，我们每个人都一直在事物、人与想法之间不断寻找各种联系，这就是大脑运作的方式，无论我们是否想要这样做。因此，加强创造力，即创新思维的秘诀，其实在于顺从大脑运行的机制，更有意识地把我们感知到的信息不断去连接和联系，再把连接、联系起来的进行组合与再组合。也就是说，连接与组合才是创新思维的核心，连接与组合的数量与程度决定了一个人具备多少创造能力。越是敢于主动地把不熟悉的两个或多个事物联系起来，最后的结果可能越出人意料。

多数人所面临的挑战，首先是担心过多的连接可能给自己或别人增加麻烦或负担；其次是缺乏足够的勇气将自己不熟悉的做连接；再次是缺乏主动连接的意识。因此大部分的时间任由思绪漫游，有针对性的创新效率差。

非常多企业的创新都是聪明地把看起来不可能连接的连接起来，这种新的组合创造出新的产品。

比如怎样在竞争极为激烈的饼干市场上异军突起？假如你想与饼干做连接，你准备连接什么？很多企业想到的是加入常规的东西，比如牛奶、盐、糖、巧克力、芝麻、葱花、椰子等大家熟悉的食物。现在问题来了：既然都是联系大家熟悉的，那么饼干制造者的做法就会大同小异，导致市场同质化倾向严重，这种情况最后很容易引发恶性竞争。

国内有一个企业却巧妙地利用连接与组合的理念，营造出一片新的景象，它加入了一种大家很不熟悉的食品，就是猴头菇。然后再冠以“养胃”的称号进行市场营销，很容易吊起平时比较注重身体健康的人的胃口。暂且不说“养胃”的效果如何，单是这种新的组合就远比那些连接牛奶、巧克力、葱花的饼干更容易吸引眼球，更容易引起消费者尝试的兴趣。

市场上类似的创新其实不少，把两种或多种看似不可能联系在一起的连接起来，重新组合就变成了另外一个产品。

需要说明的是，许多的连接确实没有什么实际的用途，看起来似乎完全没有必要，但新的连接、新的组合却能让人产生耳目一新的感觉。如果你暂时抛开实际的想法，坚持去连接和组合，一段时间后你会发现你的创造力有了明显的提高。

### 2. 创新态度

NASA（美国国家航空航天局）在20世纪60年代末找到心理学家乔治·兰德博士（Dr. George Land），要求他开发出一套测试题，用来对

NASA的职员进行创造力评估。众所周知，NASA承担着探索外太空领域的任务，科技创新实力堪称世界最强，非常多的产品（如通信和高像素影像）都是先在NASA研发应用后才转到民间的，因此，NASA对下属工程师、技术员的创造力要求很高。

于是兰德博士研发出一套系统协助NASA去评估一个人的创造力，并获得了NASA好评。同时，他还用这套系统来测试其他人，包括成人和孩子。在过后的20多年中，被他测试过的人数超过了100万。

兰德博士发现在4～5岁的孩子中，有高达98%的人具备被NASA称为“天才级”的创造力，也就是创造力评定系统中的最高创造力等级。而在15岁的孩子中，这个数目下降到只有15%。在成人中，仅2%的人具备“天才级”创造力。

兰德博士的发现向我们揭示了一个事实：在4～5岁这个年龄组群中，基本上每一个孩子都具备最佳的创造力，随着年龄的增长，我们的创造力反而逐渐减弱。到了成人阶段，仅有非常少的一部分人能够保持原有的创造力。成人的创造力远逊于儿童这种情况在现实生活中不难看到：只要与差不多这个年龄段的孩子相处一阵子，你就会发现他们天马行空的思维虽然有许多不现实的地方，但能带给你不少的惊喜！

我们的认知能力、智商和情商都随着年龄的增长而逐步提高，为什么创造力却相反，随着年龄的增长走下坡路呢？对界限的认知和掌握是我们成长中非常重要的一环，虽然这一点从来没有在任何教科书里出现过，也几乎没有什么人教过我们。界限就是做人做事的度，即做多少或说多少才最为适宜。这往往缺乏一个固定的标准，而必须视具体环境和人而定。世界上所有的人与事都有一个界限，并非越多越好，过了可能就会物极必反，出现不愉快的结果。所谓的成熟究其本质，实际上是对界限的认识和掌控，知道什么时候该做什么，做多少最佳。

要想在界限上收放自如，就必须对各种规矩和原则了解清楚，如什么时候或在哪里可以做什么，不可以做什么，然后再培养自己的意志力去控制自己按规矩办事。这样做既能让周围的人开心，也可以给自己减少麻烦和挫折，何乐而不为呢？在成长的过程中，潜意识中我们会不断地强化这一点，使自己对界限的把控变得更为炉火纯青。可惜的是，对界限了解越深，越容易把自己圈起来，做事都要讲规矩，别越界。相反，正是因为孩子们无须考虑界限，不知道什么是可能的，什么是不可能的，这种无边无际的思维模式促成了他们在天地间随意连接，任意组合。在他们的世界里，一切皆有可能。这个看起来蛮俗套的句子，恰好正是孩子们认知和行为的真实写照。因为不懂界限，所以也没有限制；因为缺少经验，所以总是带着浓浓的好奇心，总有着没完没了的问题；因为没有标准，所以很少下论断，试了再说。那些对很多成人来说奇葩、弱智的举动，却是创造力突出的表现。

反观成人，我们总在考虑界限，考虑是否能够实现，我们总担心别人对自己的想法或看法。我们害怕出格，我们有太多过往伤心的教训和记忆。这些在相当程度上保护我们免遭伤害或痛苦，但不可否认的是，这也成为我们创新突破的负担与限制。应该说，成人的创造力不足是因为大家受限于各种规则、界限和所谓的“现实”。我们常常忘记一点：是否现实是基于我们个人的预判，真实的情况则有可能与预判的状况完全不同。必须看到的是，有相当一部分的现实是我们人为创造出来的。也就是说，我们完全有能力改变现实。

因此，所谓的创新态度，不过是重拾孩童时代的无知与天真，就像乔布斯的名言，“求知若饥，虚心若愚”，要放空自我，放开界限。只要我们时不时把自己当成四五岁的孩子，就能释放隐藏起来的创造力，摆脱规则或界限的限制，让自己的创造力瞬时增强。像孩子一样意味着我们需要经常放下对错、好坏的标准，更随性、更从容地去生活和工作。比如生活中减少一些目的和计划性；避免对经验的过分依赖，别认为过去行的现在也行，也别觉得在别人那里可行的，到了自己这里也同样可行；尽量多一点去尝试，去试验性地体验，让生活更多一些惊喜和欢乐，让别人觉得自己“傻和纯”都可以提高自己的创造力。

### 3. 知识

这里的知识指的是我们对某个领域的精通，知识是想象力的工具箱，没有足够的知识，我们的想象往往只是空中楼阁，缺乏现实的意义；没有足够的知识，限制了我们想象力的发挥空间，更重要的是想象的深度亦远远不够；没有足够的知识，阻碍了我们在所在领域进一步深层次的探索，因此也减小了实现突破的可能性。

孩子的创造力高于成人，却无法像成人那样对社会做出贡献的原因，正是孩子们缺乏足够的专业知识。在另一方面，随着知识、经验的增长，对某个领域的掌握也越来越强，这时反而可能走向另外一个极端。如果我们不保持开放的心态，知识和经验都可能变成困住自己的魔咒，很多人因为过于依赖自己的经验，过于相信自己的知识而出现故步自封、停滞不前的局面。正确地应对这种现象的方法就是时不时表现得像孩子一样，而且积极了解来自不同领域的、自己不熟悉的观点、想法，往往好点子的火花就由此碰撞点燃。

# 第7章　建立创新文化：钱办不到的，文化能办到

幸福的家庭都是相似的，不幸的家庭则各有各的不幸。

——托尔斯泰（《安娜·卡列尼娜》）

大家都知道，在国内很容易出现以下情形：一个公司刚研发出来一项新技术，很快就被对手山寨了，而且山寨出来的产品居然比正品还要便宜，买的人更多，正品反而变得无人问津，公司花费的大量资金和心血在一夜间付诸东流！这种情况非常容易打击创新的热情，致使很多公司在投入创新之前都会心有犹豫。他们担心倘若这种事落到自己身上，那岂不是赔了夫人又折兵，还不如一开始什么都不做。

如何解决这个问题呢？

首先要做好知识产权的保护，在产品推出市场前先对各种专利、商标等进行注册，而且在整个研发过程中采取严格的保密措施。

从长远看，更有效的方法是，企业需要建立一支持续创新的队伍，不断提高进入的门槛，让山寨更难才能从本质上杜绝被山寨的可能。用这种方法结合上述的措施可以更为有效地打击山寨，避免损失。

## 什么是文化，为什么我们要重视它

这些年我听到过相当多的抱怨，其中有很大一部分是对工作的抱怨。老板常常抱怨员工，指责员工不尽责、不懂感恩、无能或执行力不行。老板为此反复培训、教育员工，经常使用批评、惩罚甚至辱骂或开除等手段，希望员工改变。而员工同样抱怨老板，背后骂领导愚蠢、抠门儿、变态的亦不在少数。员工普遍工作满意度低，敬业精神和忠诚度都不高。2013年盖洛普对全球雇员的工作投入程度进行调查，结果显示：不论雇员的教育背景或者从业领域是什么，国内敬业的人数仅为6%，远低于世界13%的平均水平。

这究竟是怎么回事？到底是老板的问题，还是员工的问题，或者是其他的原因？相信不同的人会有不同的答案，通常老板和员工都会觉得主要责任在对方的身上。那么到底谁更正确？

如果我说这是文化的问题，你会信吗？

大家经常谈到的文化（又可被称为企业文化、公司文化或组织文化，本书一概简称文化），是一个的组织价值观及行为规范。简单说，文化指明了在一个组织里该怎样做事，包括可以做什么和不可以做什么。通常这些行为规范是通过奖惩机制来落实的，也就是说，文化是为一个组织奖励和惩罚的指引或标准。文化通过奖励的方式，规定了哪种行为将被倡导或鼓励；通过处罚的方式，规定了哪种行为可能被约束或限制。文化还反映了组织内部一种共同认可的行为模式，有时甚至包括潜规则。比如，着装的标准其实就是文化的表现之一。很多企业都要求统一着装，那么在这样的企业中，大家都身穿相同的工作服就是一种共同认可的行为模式，如果有人不穿相同的工作服来上班就可能受到处罚。在大部分的组织里，文化下面还有次文化的存在，这种次文化与组织的核心文化有类似的地方，但同时存在一定的差异。再拿着装标准为例，同一个公司中可能有个别部门并不要求统一着装，不需要统一着装的部门的奖惩机制就会与其他需要统一着装的部门有所不同。

一直以来，文化及其延伸的概念和理论在管理学界都有不少的争议。

不过，有两点得到了大多数人的认可：一是文化的存在；二是文化在一个组织中扮演至关重要的角色。

想进一步了解文化在组织中所扮演的角色，首先必须对文化的构成有更清晰的认识。如图7-1所示，文化就像一座浮在水面上的冰山，其实包含了两个层面，可见与隐藏的部分。

可见的部分是员工每天都会接触到的，而且对他们产生直接的影响和约束的内容，如各种规章制度、行为规范等，还有向外公布的内容，如薪酬标准及口号与标志等。

隐藏部分的核心则为一个公司经营理念的制定标准，经营理念通常涉及两个最重要的问题，（1）如何去管理一个公司，以及（2）为什么要这样管理。如果你再往深一层去看，一个公司的经营理念又是由老板、合伙人、董事会等关键领导人的个人或小群体的习惯、爱好所决定。而这些习惯、爱好的背后则隐藏着更深一层的决定因素，即这个人或这一群体的价值观，也就是到底什么更为重要。

请注意，我们个人的价值观又很容易受到社会主流价值观的影响。这也意味着，一个公司文化的形成既有性格、家庭背景、教育和经历等这些个人因素的作用，也蕴含着意识形态、群体追求等外在因素的影响。综合上述可以知道，由于个人价值观的差异及社会价值观大体相同，致使大多数企业的规则和行为准则大致差不多，而每个企业又有自己独特的行为规范。

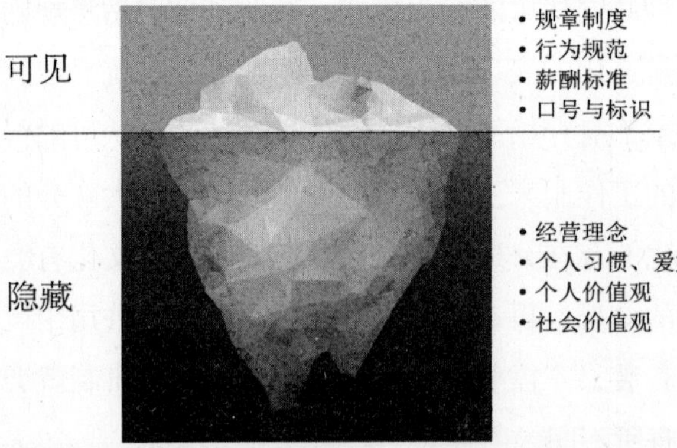


图7-1　文化层面示意图

此外，还有一点必须注意：隐藏的部分决定了可见的部分。也就是说，一个组织的规则制度、行为规范、奖惩标准、薪酬等均由领导这个组织的个人或小群体之价值观决定。与人生中很多现象类似，真正起作用的往往是看不见的部分，也就是容易被大众所忽视的部分。

从另外一个侧面来看，我们又可以从一个公司的规章制度、行为标准等推知这个公司的领导到底看重什么。再以前述中的着装为例，规定必须统一着装的公司往往更看重听话，对执行力有比较严格的要求。这样的公司，一般都是以“领导发话，其他人照做”的模式运行。相反，对着装毫无要求的基本都是那些对创造力要求较高的单位，各抒己见、集思广益才是这种单位的真实写照。有人可能会说，着装的要求主要视职业的特点和需要而定，与领导的价值观关系不大。这种情况确实存在。当这种情况出现时，从规章制度或行为规范的其他方面并不难推知领导内心中究竟看重什么。

文化对一个公司的意义就像性格对一个人的意义。如果从这点去理解，那就很容易感受到文化的重要性。大部分人都认同“性格决定人生”这种看法，同理，文化也是决定一个公司成败的重要因素之一。

## 理解文化的几个关键问题

为了让大家对文化——包括文化的性质和作用——有更进一步的了解，下面列举出我这几年在实践中遇到的一些对文化的错误认识。

### 1.“我们没有文化”

在问及“你们公司的文化是什么？”这个问题时，“我们没有文化”这种回应是我听到的最多的回答之一。可是，一个公司可能没有文化吗？答案是否定的，因为“没有文化”也属于文化的一种类型。任何一个公司都有章有法，有相应的奖罚标准，而这些都是文化的具体表现形式。认为自己公司“没有文化”的人不是对文化了解得不够，就是对文化的重要性缺乏认识，所以对这些人而言，文化可有可无，可能没有更好。

与“没有文化”近似，我还曾遇见过几个称自己公司根本不需要管理的老板，他们都是年产值近亿公司的掌门人，商场混迹多年，经验十分丰富。需要注意的是，不重视管理的公司未来的路会越来越窄，被淘汰的可能性很大。随着国内法制越来越健全，市场机制越来越成熟，过去主要靠关系或靠歪门邪道做生意的手法会逐渐被边缘化，企业只能靠管理取胜，靠市场占优。

文化也一样。最近十多年来，欧美发达国家有越来越多的企业开始认识到文化建设的重要性，在文化上的投资也越来越大。尤其是在硅谷的高科技公司，文化已成为获得强竞争力的一个标杆，是推动创新发展最强劲的武器。国内的情况也基本相似，新兴行业如互联网企业的文化重视度普遍大大高于传统行业。

## 2.“文化搞的都是虚的，对企业管理没有什么用”

很多企业的管理层认为文化不过是玩虚的，除了可以增强员工的凝聚力外，其他的作用并不明显，所以，与“没有文化”的观点类似，他们认为文化抓不抓都行，或随便用点劲就可以了。

为什么老板们不愿在文化上下功夫？主要有三个原因。第一，大部分人对文化的了解非常不够，因此对文化的重要性认识不足就很正常。既然没那么重要，自然也就不愿多下功夫。第二，即便有些人充分体会到了文化的重要性和必要性，可文化建设通常需要较长的时间才能出效果，这远不如产品制造、营销的见效快，可以立刻见到实物或拿到钱，这样不搞文化也就顺理成章了。第三，文化不好测评，不像KPI中很多指标那样容易进行量化，不好测评也致使不易管理。

不仅是管理层不重视文化，其实员工也不重视文化。在大家选择新工作时，文化的地位被摆在薪酬、地域等后面，很少有人根据一个公司的文化来确定自己的就业选择。归根结底，对文化的了解不够是大众普遍对文化有误解的根本原因。现在问题来了，如何才能让大家对文化重视起来呢？

首先我们要搞清楚一个关键问题，企业为什么需要文化？文化是规章制度、行为规范、薪酬标准建立的标准。如果再继续深挖，为什么一个企业必须有规章制度、行为规范呢，没有又会怎么样？显然规则制度、行为规范、薪酬标准这些的设立全部是为了便于管理，而便于管理的目的又是让企业的目标，如生产效率、效益、投资回报率等，得以实现。因此，这里可以得出一个这样的结论：文化的真正作用其实是帮助实现企业的目标而已。

更确切地说，文化是建立挑选和激励员工的标准，以最终实现企业的目标，这是因为规章制度、行为规范、薪酬标准等都是为了挑选和激励员工去实现企业的目标而设。再次强调：企业文化并非大部分人所熟知的那样是搞活动，增强凝聚力，而是用来建立机制和培养氛围，通过这些良好的机制和氛围吸引、留住和激励员工。那些被当作文化的各类活动不过是激励员工的一种方法而已。

### 3.“文化属于大企业，小企业没必要”

大企业普遍有着资金、技术、市场等优势，很自然能够吸引到人才加入。即使在激励上少下一些功夫，各种优势确保大企业依然能够立足，生存不会有什么问题。反观小企业，远不如大企业那样有诸多资金、资源和技术上的优势，因此人才对中小企业而言尤为珍贵，是最重要的资源。如果能形成一个凝聚力、战斗力强的团队，在竞争中生存下来并得到发展的机会就会大很多，比如和谐的团队更容易获得投资人的青睐，坚强的团队也更容易克服困难。

最近这20年来，很多欧美公司对人才的观念在不断改善，越来越多的领导愿意花大量的时间来挑选人，因为选对了人，就意味着用于人员管理、激励的时间和投资会少很多，也意味着效益和效率的进一步提升。可惜的是，国内现今依然有很多的人并不这样想。无论是大公司还是小公司，“要么好好干，要么滚蛋”的观念还依然盛行，不少管理者还是本着类似“我给你工资，所以你就必须好好工作”或“这是我的公司，我想怎样就怎样”的观念去管理员工。在他们心目中，人才、知识的位置远不如金钱、权力这些更为重要，给别人一份工作已经是别人莫大的荣耀了，还激励什么呢？挑人也是挑听话的、顺眼的而已。

事实上，科学数据显示：在重复性与事务性的工作中，顶尖人才的生产力通常是普通员工的2～3倍，而在高度专业化或极具创意的工作中，这种差距可达6倍甚至更大。这一点在竞技体育运动、科学研究和艺术创作上经常有所体现。

国内这几年在这上面也有了长足的进步，越来越多的公司真正意识到选拔人才的重要性，在招聘上投入大量的时间。尤其是初创公司，更是将人才的选拔作为重中之重，比如小米CEO雷军就在微博里说过这样的话：“找人是天底下最难的事情。”雷军认为创业公司需要领导人花70%以上的时间去找人，在组建小米时他要每天花一半以上的时间用来招募人才，与前100名员工中每一名员工都曾会面、交流。

激励同样非常重要。人毕竟不是机器，通了电后就能按预先设定的那样一直运转，直至出现故障才会变慢或停下来。我们都是有血有肉的动物，容易被欲望和情绪影响，我们还很容易受环境的影响，并随着环境的变化而变化，而机器则完全没有欲望和情绪，受环境的影响也很小。这些都说明了即便一个人的能力很强，如果没有好的环境让他或她充分发挥，那么这个人的工作表现就可能大打折扣。

## 4.“企业最重要的是业绩，等业绩上去了再说文化”

秉持类似观点的人不是把文化当成了搞活动，就是喊喊口号，如张贴“团结、务实、拼搏、高效、创新”类似的标语，是对外展示自己的工具，所以才会有先搞业绩，再搞文化这一说法。文化的作用在塑造机制与氛围，从而达到筛选和激励员工的目的，而这一切恰好是为了把业绩做好。

有关股权激励的培训在近两年来非常流行，无论是初创公司还是成熟的公司，越来越多的老板们在学习、实施如何利用股权激励来加速企业的发展。可以说，2013年以前，国内除了一些新兴行业外，有股权激励意识的人并不多。而当下大部分老板开始意识到再把员工放在自己的对立面这种零和思维恐已过时，两者仅为雇佣关系这种结合不再适合当下的发展形势。

股权无疑是让人干活更卖力的利器。授予员工股权就是将老板与员工放在同一艘船上，有福共享、有难同当。合作共赢的关系更符合老板和员工共同的需要，老板把员工视为自己的事业合作伙伴，员工也不再把自己看成只是干活的，而是当家做主的一员。依旧抱着“领导要的是业绩，至于下属的人心，领导根本没必要理会”这种经营理念去管理企业，将很难招到一流人才，即使有这样的人来了，走，也是迟早的事。

## 如何打造有利于创新的文化与机制

对股权激励一面倒的现象我一直持保留意见，并非我反对这种做法，而是股权激励有自己的局限，而大力推广股权激励的人却很少提及这些。必须承认，股权激励有着巨大的正面作用，可以有效地提高员工的积极性和责任心，这会比任何说教的效果强百倍。打造有利于创新的文化和机制，让能力强、贡献大的员工持有一定比例的股份可以让他们更好地发挥创造力，创造更大的价值。这一举措在全世界范围内都已被广泛采用，是吸引、稳定及激励创造型人才最常用的方法之一。然而，对于创新型组织而言，仅凭股权这一以经济激励为主的方法还远远不够。

### 钱有局限性

很多领导觉得，只要给员工提供高薪酬、高福利，自然会让员工的责任心和主动性加强，绩效也随之蒸蒸日上。我们从众多的招聘广告中就很容易发现这一点，似乎高薪酬与高绩效之间存在必然的关系。这种经济激励的确管用，特别在类似销售或流水线等程序化较高的工作上效果显著，但对于靠创造性吃饭的人来说，金钱激励却往往事倍功半。并非这些人不喜欢钱或不需要钱，而是利诱、威逼、恐吓、说教这些工作中最常见的刺激手段在创造力面前都不易起作用。

你可以做一个简单的小试验，翻到最后一部分“创新颠覆”，找其中的几道题目给你的朋友或孩子，告诉他们如果能在2分钟内解答出来，就奖励10块钱。对于大部分题目而言，如果不是他们事先见过的，估计10块钱很难送出。类似的试验我重复过多次，试验结果都反映同一个规律：与模仿不同，创造力还真不是你想有就能有的，除非给予足够的时间。换句话说，让一个人在短时间内解决一个他从未见到过的难题，无论你拿把枪对着他还是承诺立刻给100万，结果都差不多：想不到就是想不到。威逼利诱的效果向来令人失望。

在今天的商业世界，时间就是金钱。假如给钱都无法在短时间内拿出最佳方案，这种现象一定不会让管理层满意。如果你熟悉“急中生智”这个成语，你大概会赞叹古人的智慧。急中生智形容的是在紧急的关头，可以突然想出应变的办法。的确，不少人都有类似的经历，在紧急的时候突然大脑灵光一现，好主意来啦!

这看起来与前面讲的相互矛盾。其实不然。如果你认真去分析那些灵光一现时产生的点子，你会发现它们基本上都不是什么好创意，相反，都带有能够迅速帮自己解套、摆脱困境的特点。绝大部分的这种想法都是我们大脑第一时间冒出来的灵感，离经得起推敲的精致之作相差甚远。大量的心理学研究也证实了这一点：时间限制无助于创造力的发挥。

如果你还记得上一章中提到的好主意产生的有关细节，会发现那些细节说明的其实与这个结论大体一致。或许我这样解释更为准确：金钱有助于持续性创新的发展，但对于带有突破性质的颠覆性创新，物质的力量就会小很多，甚至可能有反作用。既然钱解决不了关键问题，那么该怎么办呢?

## 文化就是老板的事

我很遗憾地告诉你一个事实：如果你不是老板或以后都不想当老板，

基本上你可以略过这一部分。道理很简单，文化就是老板性格、价值观的体现。他或他们喜欢什么或不喜欢什么，觉得什么好或不好，这个企业的规章制度、行为规范就会围绕这些来制定。一句话，有怎样的老板，就有怎样的公司！

倒过来，从一个公司的规章制度、行为规范也很容易推断出老板的喜好、对错的标准在哪里。而员工对此能做的事其实不多，遇到与自己价值观相似的文化就会感觉如鱼得水，卖力工作自然不在话下。相反，就只有三种结果：努力适应、消极应对或走人。在现实中，后两者所占的比例极大，也就是说，大部分人要不是消极怠工，就是另寻他路。

看到这里，你大概会明白为什么在国内员工的敬业度如此差，为什么忠诚度那么低，为什么离职的人那么多。也许很多老板不同意我的观点，他们还是执着地相信问题主要出在员工身上。而做管理咨询的人大多支持“没有不好的员工，只有不好的领导”这个观点。在我看来，这两个结论同样有失公允。

必须看到的是，不求上进、对自身要求不高的员工人数众多，即使是非常善于激励的好老板，也未必能改变这些人。尽管如此，我还是认为员工出问题的主要责任必须算到老板头上，因为企业是老板的，人是老板（或老板委托信任的人）招来的，老板至少需要承担找错人的责任。再者，发现找错了人后不及时清理，任由不合适的人继续留下，对企业造成进一步的伤害，这绝不是员工的问题，而是管理层无法回避的职责！

## 让员工想创新、能创新

一个组织创新成功取决于两点：一是员工愿意创新；二是员工有能力创新。这两点必须同时满足，仅实现一方面不可能让一个组织的创新蓬勃发展。很多小微企业创新的意愿非常强，但往往苦于员工创新的能力不够。显然，这样的企业就整体而言，创新的水平依然有限，拿出优秀的创新产品比较困难。同理，不少研究机构和高校的创新能力非常强，但限于体制等原因，创新的意愿不高，所以创新的结果同样平庸。只有员工创新的意愿与创新的能力同时得到提高，创新才可能开花结果。

从有利于创新这个方向看，显然，一个公司的文化建设应该围绕着两方面进行，即通过挑选和激励员工，让员工不仅有能力而且有意愿创新（如图7-2所示）。

既然文化是老板的事，那么老板的任务就有两个，通过在组织内部建立一套机制并创造良好的氛围，让员工爱上创新，让员工有本事创新。老板或管理层的作用在创新中至关重要，决定了员工的行为取向，也决定了创新的成败。记住：员工一般都是根据领导的所作所为来调整自己的行为、态度和投入程度的。也就是说，在管理层积极支持、鼓励创新的单位，员工也同样会紧跟领导的步伐，踊跃参与创新。相反，员工则习惯墨守成规、循规蹈矩，毕竟在不支持创新的环境中，打破常规必定会给自己带来麻烦。

文化上最大的障碍是许多老板习惯说一套做一套。比如，老板嘴上说支持创新，实际上在创新上的投资却甚少；再如创新标语高高挂，“创新”“进取”的口号随处可见，可单位里却养着一帮不创新、不进取的人，而且这些人还身居要职。种种逻辑上的矛盾很容易给员工带来困惑，不知道应该怎么办才好。在这种情况下，最合理的反应就是明哲保身，干脆什么都不干，而这种状态却不幸被老板解读为“不尽责”“不作为”，导致没少挨批、挨骂。试想，如果你是一位员工，你会怎么做呢？可惜的是，相当数量的管理层人员对这个问题不屑一顾。

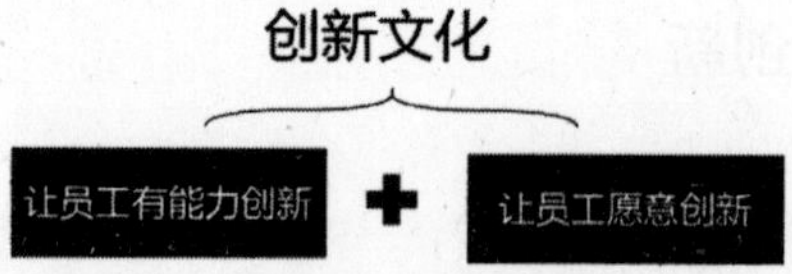


图7-2　创新文化的两个方面

如何让员工愿意创新呢？

创新必须受到实质上支持、鼓励和提倡，包括技术、财政和情感上的支持，而且还有相应的奖励，包括金钱、晋升和表扬等。如果领导带头参与创新，那效果更是不同。多数的公司其实只是口号上支持与提倡创新，相应的资源和投入则少很多。

更重要的是，公司不能因创新结果不尽如人意而实施处罚，毕竟创新就存在着风险。由于好的创意来自于各种想法的碰撞，所以很重要的一点是让员工能够自由表达自己的意见，不担心讲错了可能得罪人或丢面子。

良好的创新氛围是一个开放、轻松的环境，硅谷那些创新力超强的公司，如谷歌、特斯拉，文化中都带着浓浓孩子气，整个办公室像是一个游乐场，这样的布置若放在国内很容易被贴上“不务正业”的标签。

那么，又如何让员工有能力创新呢？

首先，通过招聘挑选有创新能力的人，比如技术能力、沟通能力和相互合作的能力都不错的人。除此以外，一般爱创新的人都比较喜爱新生事物，好奇心重而且对未知的世界具有强烈的探索愿望。

其次，为员工提供足够的培训机会，包括内训、外训和导师制，通过一系列的传帮带活动，提高员工整体的创新能力。应该注意的是，并非每个人都喜欢创新、都愿意创新。让那些不喜欢创新、不愿创新的人去参加培训无异于浪费时间和金钱，远不如把他们安排到更适合的岗位或者从一开始就排斥在外更合适。这样做实际上是一种共赢，为了公司好，也为了这些人好。

最后，创新者最不喜欢的就是内耗，这样会让他们分散精力，把大量的时间放在处理复杂的人际关系而不是创新产品的研发上。所以让员工有能力创新很重要的一点就是，帮助员工创造一个和谐、愉快的环境，尽可能减少彼此间的冲突和摩擦。

## 文化是你最佳的品牌

“如果有人抄袭你的创新怎么办？”这是我最常被问到的一个问题。诚然，你辛辛苦苦努力了多年才搞出来的成果，而抄袭的人可能几天就把它抄过去了，这实在让人难以接受！但在今天，只要你做出来的东西能够成功或赢利，就一定有人模仿，一定有人抄袭。而且越成功，别人抄得越快，抄的人越多。相反，失败或默默无闻就意味着基本没人喜欢你的东西，你还要求爷爷告奶奶恳请别人的关注。这就是现实。

产品可以被模仿，技术可以被模仿，商业模式也可以被模仿。在互联网时代的今天，全部这些模仿已变得越来越容易，被模仿的速度也越来越快。如果一个企业的核心竞争力是围绕着产品、技术或商业模式来打造的，可以预见，被抄袭只是时间问题而已。这一点也充分说明了，为什么国内山寨盛行。

然而，有一个东西是很难被模仿的，那就是文化。就像你可以模仿一个人的行为和动作，模仿他的言语和说话的方式，但如何模仿这个人的性格和价值观，如何模仿他的思维方式，特别是出现问题时他是如何想、如何反应的？这些很难模仿，因为它们都潜藏在内心深处，看不见摸不着，能看见的只是对方性格和价值观的表现，即行为模式和语言特点而已。可是，为什么他会这么做呢？其实答案超级简单，因为那就是他，他独特的DNA决定了他会有那样的行为。你不是他，性格和价值观不同，所以很难有类似的举动。既然无法理解，那就只能照猫画虎了。在稍微复杂的环境中，这种画法分分钟把老虎画成老鼠。

同样，你可以模仿一个企业的规章制度、行为准则，可这些机制为什么会这样而不是那样呢？估计又会是一个难题了。如果你在公司强力推行模仿而来的行为规范，你会发现很多问题，包括你自己都会觉得不舒服，总觉得哪里不对。这其实就是东施效颦的后果。

相似的例子这些年我看过不少，最后基本上都是以放弃收场。

在文化建设上，很多公司的管理层习惯先把人招来，面试时看重的是对方的经验和技能，希望来了以后再通过制度约束和培训的方式改变对方的态度和行为，把这个人塑造成他们期待的员工。

这样的做法不仅费时费力，而且效果普遍较差，最后搞得领导和员工彼此都不满意。正确的做法刚好相反：先了解自己到底想建立一个怎样的企业，需要哪些行为规范配套，然后再找那些赞同这些行为规范的人与你一起工作。

毕竟提高经验和能力容易，改变一个人的价值观却很难。由于大家的价值观类似，所以不必花什么时间和金钱去说教。与彼此价值观接近的人在一起工作，冲突和摩擦也会少很多，大家的目标和方向一致，工作满意度就会变高。时间一长，你的公司在业内就会形成一定的名声，会赢得认可你的员工、供应商和投资者的欢迎，有更多相似的人期待加入。的确会有不少人不喜欢你，那又如何呢？反正你也不准备和这样的人一起奋斗！

## 如何激发员工的创造力，点燃他们的创新热情和活力

一个人的创造力与其所在的环境息息相关。没有环境的支持，再高的创造力也形同虚设，无法发挥出来。长此以往，这个人的创造力必然衰减，最终与低创造力的人无异。反之，一个天生创造力不强的人在适宜的环境中可以不断磨炼、提高自己的创造力，最终创造力也会变得很出色。所以，脱离了环境去大谈什么如何提高创造力其实意义不大。

上一章主要谈到的是个人的创造力，现今除了作家、艺术家等少数职业外，大部分的工作需要的是团队的创造力。涉及团队创造力的文章和书籍并不多，多数人对团队创造力的理解恐怕停留在所谓的“头脑风暴”上，这个词译自英文brainstorming，意思是几个人坐在一起想出好点子来。“头脑风暴”与“三个臭皮匠，顶个诸葛亮”这句中国俗话的意思类似，讲的都是群体的力量有助于智慧的产生。现实却并非如此：皮匠永远只是皮匠，即便200个加在一起也极难想出类似于“草船借箭”或“空城计”那样的妙招。否认了这一点，也就否认了人各有异这一基本现实。几个人聚在一起就能想出好点子的说法并不准确，也就是说，“头脑风暴”未必能提高群体的创造力。近20年来国外的大量心理学研究所做的实验也验证了这个道理：好点子其实源于个人的发挥，与团队关系不大。不过，团队合作可起到激发个人的灵感、补充和完善个人的创意的作用。

## 1. 皮克斯（Pixar）创造奇迹之旅

你知道最近这20年来世界上最成功的电影制作公司是哪一家吗？如果有人说是皮克斯，我相信反对的人肯定很少。从1995年的《玩具总动员》开始，这家专门从事制作电脑动画片的公司在21年间一共推出17部动画电影。虽然平均一年多才一部片，但这17部电影片片热卖，全球总票房竟高达103亿美元，平均每一部电影可以收获6.05亿美元的票房，而17部电影的总制作成本还不到22亿美元。

除了2015年年底公映的《恐龙当家》这部全球票房3亿美元的动画片出现亏损外[①]，其余16部不仅保持着超高票房，而且全部是脍炙人口的经典之作，包括《玩具总动员》系列、《怪物公司》《海底总动员》《超人总动员》《汽车总动员》和《飞屋环游记》等。截至2016年年中，史上11部最高票房的动画片中，皮克斯的产品占了6部，其中《玩具总动员3》以10.6亿美元的票房高居第二位。

皮克斯不仅在商业上取得了巨大的成功，在艺术上也是硕果累累。在各类电影节中，17部电影为皮克斯总共带来了375个奖项，提名更是高达772次，其中《玩具总动员3》《超人总动员》《海底总动员》《头脑特工队》等8部电影获得奥斯卡最佳动画片奖，加上其他如剪辑和音效等奖项，皮克斯总共拿下了13座奥斯卡奖杯、9座金球奖和11座格莱美奖。能在商业、艺术和口碑三点上都持续成功的电影公司，皮克斯应该说绝无仅有、无出其右。

皮克斯之所以如此受欢迎，和它与其他的电影制作公司的一点不同有关：20年来，皮克斯从不照搬别人的想法，或根据童话故事或畅销书籍进行改写，而是坚持创造独一无二的故事和人物。熟悉皮克斯作品的人都会非常清楚这一点。坚持以“故事为王”的皮克斯把每一部电影全部制作时间的3/4花在故事和人物的处理上，从原始构思到剧本再到最后定稿，他们

---

① 此统计并未算上DVD影碟及其他相关商业收入。若计算在内，这部电影赢利肯定不是问题。

宁愿花几年的时间把这部电影的故事细节做到最佳。皮克斯这种工作方式意味着他们必须始终保持着超高的创造力。如何才能做到这一点呢?

（1）人才第一位

皮克斯管理层深知人才难得，合适的人才更难得，高水平又合适的人才简直罕见。所以，它不断网罗物色优秀人才，满足他们的要求，让人才独特的天赋与才华得到充分的发挥，赋予他们合理的资源，再搭配颇具挑战性的任务，确保人才间的默契合作。通过这一系列的措施，让一流的人才愿意选择来皮克斯工作，在皮克斯能够得到一流的发挥空间和氛围，充分释放他们的创造力，这种良性循环是皮克斯成功的重要原因之一。

电影界中流行的一种看法是，人才并不是特别重要，真正重要的是找到绝妙的创意。皮克斯管理层完全不认可这种说法，人才始终是皮克斯最宝贵的财富。道理很简单，因为他们相信："如果你拿一个非常好的创意给一个平庸的团队，他们很容易搞砸。可是你拿一个平庸的创意给一个杰出的团队，最后的结果却常常给你带来惊喜。"

（2）彼此坦诚建立信任

坦诚是一把双刃剑。

一方面，如果彼此之间不够坦诚的话，信任就无法形成。一旦缺少了信任，猜疑和误解就很容易产生。在这种情况下，大家的主要精力将会从工作转移到自我保护上，内斗和虚耗在所难免，就更不必说全力合作了。好的创意来自于各种思想的碰撞。很显然，在缺乏信任的地方，大家都倾向于不说出自己内心的真实想法。这样既不可能形成良好的创造力，作品中的不足和缺点也无人提及。

另一方面，在相互坦诚的环境中，总有些人口无遮拦，信口开河，想说什么就说什么，想怎么说就怎么说。在他们的眼中，这样才能称为真正的坦诚。然而，这种口不择言的方式很容易伤害或触怒他人，信任感也随之丧失，最终很可能转变成一场内耗。

皮克斯管理层采取一切措施避免猜疑和误解的出现，如在内部培养一种氛围和机制，大力推崇"对事不对人"的沟通、表达方式。这样既可以让大家畅所欲言，自由地表达自己的观点和意见，又不会让对方感觉到伤害。很显然，这种良性循环的形成绝非一朝一夕的功夫，需要管理层多次介入、协调和纠正，毕竟有才华的人都有点心高气傲，听到批评比较容易发飙。一旦这种氛围和机制形成后，大家都会觉得非常舒服，相互之间的信任也越来越强。

（3）不因错误、失败而恐惧

创新与模仿最大的不同之处在于，创新出错的可能性大很多。在对失败容忍度小的企业里，大家都会对冒险和尝试采取能避则避的态度。不到了万不得已的时候，模仿或熟悉的方式方法永远是做事的主旋律。当然，熟悉的方法只能得到熟悉的结果，在竞争激烈的电影市场，这往往意味着离出局不远了。

所以，皮克斯管理层鼓励员工冒险，甚至鼓励员工犯错，鼓励员工失败。他们很清楚，起决定性作用的不是错误或失败，而是面对错误或失败的态度。只要有合适的应对方式，就能从错误、失败中迅速走出来，失败会变成宝贵的经验和教训，为随后的继续创新打下良好的基础。相反，则可能进入一个恶性循环，大家变得更加害怕失败、更加墨守成规。皮克斯有一套氛围和机制，将失败与恐惧分割，让员工们不会因为犯错而担惊受怕；与此同时，鼓励勇敢尝试，教会大家如何看待失败、应对失败。“失败要趁早，失败要尽快”（Fail early，fail fast）这句在硅谷非常流行的名言也成为了皮克斯文化的一部分，用来帮助员工培养应对失败的能力。

（4）在效率与创意中保持平衡

一个公司要茁壮发展，一般依赖高效或大规模取胜。对于电影公司而言，大量出品、快速出片就成为当务之急。然而，向规模和速度靠拢的做法很容易导致在质量上妥协，粗制滥造的状况不仅在电影界频繁出现，在其他产业中也有类似的倾向。对于一个像皮克斯一样以创意为生的公司，创造力的好坏直接决定了公司的命运。皮克斯管理层在注重高效的基础上，有意识去保护和培养创意，而不至于使好的点子被掐死在襁褓里，毕竟优秀的创意大都需要时间和努力才能孕育出来。要真正做到这一点并不容易，需要在工作安排、团队合作、绩效测评等管理体系与领导风格上下功夫。然而，一旦这种工作方式成为执业标准，让所有员工都清楚地了解了这一点，再加上管理层不断地倡导和督促，全面落实也不是什么特别难的事。

（5）注重沟通、合作

皮克斯的第一部电影《玩具总动员》是世界上第一部全电脑制作的动画片。与传统的动画电影相比，全电脑制作动画片的画质、色彩和精细度都强很多，更容易获得观众的喜爱。皮克斯一部动画片的制作通常需要几百人通力合作，包括导演、编剧、动画师、摄影师等艺术家，以及电脑工程师、制图、建造师等技术人员，而且必须能够同时满足艺术和技术要求。这就容易造成一种现象：艺术家常常认为艺术更重要，必须优先满足艺术的需要，而技术人员则认为必须优先考虑技术。双方的摩擦和冲突就此产生，甚至可能愈演愈烈。皮克斯管理层深知解决这个问题的关键在于双方的相互沟通与合作，所以必须设立机制确保沟通的有效进行，比如教会大家设身处地，理解对方的立场和需要，能够随时随地沟通，而不至于担心讲错了受惩罚或被耻笑。

## 案例解读

这里有关皮克斯的故事和激发创新策略的内容大部分源自于皮克斯的创始人之一，现任总裁艾德·卡特姆（Ed Catmull）撰写的畅销书《创新公司：皮克斯的启示》（*Creativity, Inc.*）。卡特姆是一位计算机博士，他一生最大的梦想就是拍一部全电脑制作的动画长片。这个理想在今天看来已远不是什么难事，可在20世纪90年代完全不是这么一回事。卡特姆心里非常清楚，实现这个梦想仅靠自己是不行的，必须在一帮一流的艺术家和一流的技术人员的共同努力之下才有可能实现。更重要的是，这部片子还必须取得商业上的成功，这样才可能让投资人满意，才能让自己有机会去制作更多、更好的全电脑制作动画片。在以创意为生的公司，管理层必须按照“让员工愿意创新、让员工有能力创新”的原则，充分调动员工的积极性，不断激发他们的创造力，才有可能收获好的作品。这些基本上可以概括为皮克斯成功的要素。

所有的这一切听起来都不复杂，似乎只是一些常识而已，算不上什么秘诀。我希望大家思考的是，为什么世界上只有皮克斯一家电影制作公司做到了呢？就连皮克斯的老对手，大名鼎鼎的梦工厂（DreamWorks Studios）也与皮克斯相差甚远，就更不要说其他的电影制作公司了。就拿前文第一点“人才第一位”来说吧。“聘请比自己聪明的人”一直是卡特姆多年来秉承的招聘原则，因为他深信一流的人才是成功的根本因素。现实中口口声声叫喊人才非常重要的领导不少，在标语和员工手册中也频繁显现这些文字，可在工作中却没有实实在在地贯彻这一点。相反，不仅任人唯亲的事时有发生，还喜欢用条条框框把有能力的人框起来，把他们当小孩子一样对待。愿意聘请比自己聪明的领导就更为罕见了，因为这极易触发不安全感，导致工作的重点从如何带领下属做好工作上迅速转移到如何保住自己的位置上。

很多人没想到的是，皮克斯的薪金并不算高，工资与福利在行业内只属于中上而已。与顶尖的IT公司同类工作相比，电脑技术人员的工资更是差距甚大。而且，工作强度大，内部竞争激励，加班是家常便饭。这么成功的一个公司薪资待遇竟然如此，恐怕会让很多国人大跌眼镜。虽然待遇不出众，它依然源源不断地吸引着全世界顶尖级人才加入，心甘情愿为皮克斯工作。特别是对年轻人，皮克斯的经历会令他们的人生有很大的收获与成长。

为什么一个这样的公司能吸引众多一流的人才？从大家反馈的声音来看，文化绝对算得上最重要的因素。这包括非常棒的工作氛围、一流的工作环境和激励、自由发挥的空间、令人喜欢的领导风格等，更令人激动的是，与一伙志同道合的人共同为理想奋斗。一些人认为员工主要是慕名而来，看重的只是皮克斯的名气。事实绝非如此。因为被皮克斯选中的人，大都能轻而易举地在其他知名公司找到工作。正常情况下，工资甚至会更高。

记住：创造力始于好奇心，在想象力的基础上不断壮大。无论好奇心还是想象力，都需要鼓励和支持，让创新者能够进一步探索和发现；都需要培养和发展，让创造力释放和落地，最终转化为产品为企业赢得效益。这是一个循序渐进的过程。对于创新型企业而言，文化的作用不仅在于招聘一流的人才，更重要的是保护好奇心这种热忱，让好奇者继续满足求知欲，更深一层地去探索和尝试。文化的另一层作用在于给予创造者信心，让创造者不用担心和害怕，这样他们的创造力才会充分释放出来。这一切都能在皮克斯管理层的行动中找到。

最后，必须说一说乔布斯，这位皮克斯曾经的老板。在20世纪90年代初公司刚成立的几年里，由于卡特姆等皮克斯元老坚持自己的信念，全力打造世界上第一部全电脑动画片，而导致公司几乎没有什么收入。如果没有乔布斯纵容着管吃管喝，皮克斯应该早就关门了。正是因为当年乔布斯的远见，才可能有后来光芒四射的皮克斯，才有如此多妇孺皆知的动画人物。由此可见，一个卓越的领导对一个公司的未来影响有多大。倒过来，恰恰是因为乔布斯在皮克斯的成功，才促使苹果在20世纪90年代末期恳请他回归苹果，造就了iPhone和iPad这些人类历史上划时代的产品，同时让苹果重新大放异彩，多年占据全世界市值最高公司的位置。

### 2. Mindvalley文化建设之路

维信·兰奇阿尼（Vishen Lakhiani）在大学里肯定算不上什么好学生。这位20世纪90年代末就读于美国密歇根大学计算机专业的马来西亚小伙子的大学GPA只有2.5，这只是一个勉强可以拿到毕业证的成绩而已。毕业后他申请了几所学校的工商管理硕士，黯淡无光的GPA致使没有一家商学院愿意要他。好在当年互联网泡沫还没有被刺破，学计算机的学生在美国找份工作倒是轻而易举的事。于是兰奇阿尼在纽约找了份关于计算机的工作，安顿了下来。2003年请了4个星期婚假去度蜜月的他回到公司时，发现自己被降职了，薪水也被减半，他只好私底下开一家网络在线教育公司，希望能弥补一下收入。这个公司就是Mindvalley，一家致力于个人成长、自我教育及学习创业的公司。公司设有4个方面的课程，即健康、生活、社会还有心理，可以通过网络授课，也可以下载APP软件，还有参与线下的活动进行学习。兰奇阿尼仅用700美元起家，2个月就烧掉了2000美元，好在第3个月开始小有盈余。

2004年兰奇阿尼未能获得继续留在美国的工作签证，他只好回到了祖国马来西亚，在首都吉隆坡继续运作自己的网络教育在线公司Mindvalley。此时问题来了，公司的客户和合作方都在美国，在吉隆坡能运作成功吗？而且，马来西亚的优秀人才纷纷离开祖国，跑到新加坡、香港、北美等地工作，没有优秀的人才怎么办？

兰奇阿尼没有被现实吓到。相反，他下定决心根据现有资源，打造出了一个类似硅谷高科技公司那样的组织，希望用这种方式吸引全世界有才华的人来到吉隆坡，加入Mindvalley，共同创业。他当时的目标就是，在2020年之前，在吉隆坡打造一个世界最佳办公场所。接下来的日子里，在他和公司的小伙伴们共同努力下，经过几年不断地摸索、试验和改进，Mindvalley终于变成了一家非常能吸引人才的公司。现今公司的年收入达到2000万美元，共有200名员工，来自全世界包括美国、加拿大、意大利等在内的近40个国家，而且每年都有几千封来自世界各国的简历申请加入Mindvalley。员工中马来西亚人仅占30%，剩下的70%都是外国人。几年来这家公司被多个机构评为“最佳雇主”，成为亚洲公司中文化建设的典范。这对一个发展中国家的小公司而言，确实是一件非常值得骄傲的事。

Mindvalley到底是怎样做到的呢？

兰奇阿尼很清楚一点：一个人的去留取决于其所处的环境。那么问题来了，究竟怎样一种工作环境才会让大家满意呢？通过多年的思考和实践，他发现有5个方面的要求是所有人都渴望达到的，也就是成长、快乐、富足、重要性和有意义。Mindvalley的企业文化也就是围绕着这5个方面来进行建设的。

（1）成长

成长意味着工作能够让一个人进步，让他从工作中有收获，比如在工作技能、为人处世及处理问题等方面。如果一份工作无法提供这些，那么这个人离开往往就只是时间问题了。成长并不只针对年轻人而言，事实上，每个人每一天都在成长，唯一的差别只是有些人成长快，有些人成长慢而已。所以，Mindvalley管理层的重要工作之一就是保证员工可以不断地获得成长的机会。他们在公司内设置图书馆，购买了大量有价值的书籍，然后公司员工定时聚在一起相互分享图书的内容。为了鼓励大家参与学习，他们甚至做了一个更大胆的举动：将每月的第一个周五定为“学习日”，在这一天员工无须工作，可以选择自己读书，分享知识给其他员工，或学习任何想学的东西。

（2）快乐

一个人做一件事，感觉到快乐才会想继续做下去，在一个环境中感觉快乐才会想继续待下去。这是人性所在。在学习大量心理学研究成果的基础上，兰奇阿尼得出结论：快乐不仅有助于生产力的提高，还能感染四周的人，帮助他们提高工作效率。那么如何才能让一个人感觉快乐呢？答案就是社会支持，即得到周围亲人、朋友的认可和支持。这要比其他，如财富、地位等，更准确地预测一个人的精神状态到底如何。根据这一点，Mindvalley的管理层组织了大量的社交活动，通过活动加强同事间感情联络，提高凝聚力。与硅谷众多公司类似，Mindvalley同样鼓励员工在工作中展现适当的“怪异”行为，也就是通过一些搞怪的活动为办公室带来更活跃的气氛。

（3）富足

要想让一个人快乐，必须让他或她过上自己想要的生活。这样的生活未必是什么大富大贵，或想买什么就买什么，但至少不必经常节衣缩食。因此，Mindvalley的管理层保证新加入员工的薪资比行业平均标准高10%。除此以外，公司的办公场所被打造得异常舒适，宽大的空间，众多玩乐设备，让员工有家的感觉。除了享受每年一个月的有薪假期外，员工还可以灵活地安排工作时间和地点。根据盖洛普的调查显示，弹性的办公制度能够增强员工的健康，提高效率，同时大幅度提高对雇主的满意度。股权激励同样在内部应用，公司鼓励和资助内部创业。一旦员工有创业的好点子，经审查通过后，由公司出资出人将点子转化成产品，最终员工与公司共享收益。这样既降低了员工个人的风险，又增加了他们创新的热情。现今，超过20%的公司年收入来自于员工的这些创新项目。

（4）重要性

我们每个人内心都极度渴望被他人认可。这种认同感不仅让人变得更有信心，还会积极上进，更投入工作。为了增加员工的认同感，兰奇阿尼让每个人向其他员工表示认可，在内部平台上，像微信朋友圈中那样点赞或留言赞美。体现员工重要性的另一个举措是把一定的控制权交还给他们，如让他们对公司各部门运营提出整改意见，又或是为公司创新提供新的想法或点子。无论是意见还是创意都会让全公司的人看到，然后大家投票表决是否采纳。一旦采纳将给予奖励，或由公司投资，将创意落地。此外，兰奇阿尼允许全体员工匿名向他提出问题，而兰奇阿尼必须当着全体员工的面回答这些问题。通过这些举措，Mindvalley的员工感到被重视和尊重，在心理上获得了满足感和荣誉感。

（5）有意义

熟悉马斯洛需求层次理论的人都知道，当一个人的基本生活需求，包括生理需求和安全需求得到满足后，他会不自觉地追求实现层次更高、更精神化的需求，如寻找爱与归属感和自我实现。研究证明，一个人觉得自己所做的事很有意义时，他的工作表现会非常出色。让一个人觉得有意义，不是靠宣传吹出来的，也不是仅仅用钱就能买到的，而是重要性、富足和快乐的综合体现，是管理层授权给员工，使他们获得成就感，觉得在为别人或社会做贡献，能帮到其他人，这样才会产生有意义的感觉。Mindvalley让员工参加许多回馈社会的活动，这些活动的核心宗旨都是帮助改善社区和城市，通过这些活动让员工感到自己的重要性和意义。同时，Mindvalley将公司使命与员工个人的理想及社会责任联系起来，这样员工在完成自己的梦想的同时，也在帮助公司达成使命，为社会做出贡献，所以他们始终会觉得自己的工作十分有意义。

## 案例解读

在国内知道Mindvalley这家公司的人寥寥无几，用百度搜索Mindvalley也几乎没有什么中文的资料。在世界范围内，它的名气也不算大，每年2000万美元的营收并不特别突出，工资与福利更是只比同业平均标准高出10%而已。但就是如此一个小公司，居然能吸引到大批来自发达国家的人离开祖国，甘愿跑到马来西亚这个发展中国家工作，这不能不让人惊叹：究竟是为什么？

在回答这个问题之前，或许我们应该先看看另外一个问题：老板和员工的关系到底是什么？对这个问题的回答将决定老板采取何种方式对待员工。如果老板觉得员工就是来帮自己干活的，只要不触犯法律，如何对他们都可以，那么这个公司文化的体现，即规章制度、行为规范，也会围绕着这个原则来部署。可想而知，在这样的公司里，员工又会用什么态度来对老板、对工作。在有选择的情况下，他们还会留下来吗？

答案显而易见。不要忘记了最重要的一点：大凡人才都是选择比较多的人，而选择少的人恰好是那些很少公司想要的人。

如果认为两者是合作的关系，那么老板对待员工的方式也会有所改变，而反过来员工对待公司、对待工作的态度和方式也会不一样。老板与员工之间的关系是相辅相成的，有因，必有果。

我第一次知道Mindvalley是在2014年。2年多来我一直在留意着这家公司，期间也向认识的一些人介绍过他们的文化理念及具体实操。值得高兴的是，了解后认同者占了绝大多数。假如你也在找工作，你是不是同样向往这样的一家公司呢？如果你细看Mindvalley的文化精华，你会很容易找到“让员工愿意创新、让员工有能力创新”的痕迹。兰奇阿尼算得上是一个心理大师，对人的心理诉求有很清晰的洞察力。看看他们所采取的举措，就会清楚他只不过把公司的需要与员工的需要巧妙地结合在一起，为公司带来效益的同时，更加强了员工的信心、归属感和各种能力的提升。这是一个双赢的策略。现在你大概已经清楚了为什么有那么多人争相加入Mindvalley。

如果拿Mindvalley和皮克斯比较，你会发现不同领域、不同国家、不同规模的两个公司，却有着许许多多相似的做法。如果你到世界上任何一个创造力强的公司，你基本上可以发现这些公司与皮克斯、Mindvalley的文化大致相同，连公司的布置、装饰和摆设也比较近似。同样，你到创造力经常被压抑、扭曲的那些公司转一转，比如国内的劳动密集型企业和一些学校，你也能发现十分接近的规则、比较类似的模式和调子，宛如一个模子刻出来的。在提倡创造力的公司与压制创造力的组织之间，普遍存在着巨大的差异，有时简直就是天壤之别。

创新型企业的文化几乎如出一辙，其核心都是对人才的重视和尊重，透明、公平、授权的机制，信任、合作的氛围，轻松、开放、自由的工作环境，扁平化的组织架构。这样的机制使员工间的摩擦更少，让他们对工作更为满意，归属感更强，流失率更低，工作表现也更好。抑制创新的企业文化则刚好相反：压抑、约束且恐惧的环境，过细过紧的制度，不信任的上下级关系，表面上合作而私底下却缺乏坦诚和透明的管理体制。参与感和存在感都不够强的文化加深了员工的不满与怨恨，难怪他们会有诸多的抱怨，难怪他们会不够尽责，难怪他们的忠诚度低。

坦白讲，即使有足够的资金、技术和资源给一个这样的压制创新的公司，他们真有能力管理好这些资金和技术，为社会、公司和用户创造出更大的价值吗？我表示极大的怀疑。这几年对转型升级的讨论一直持续不断，普遍集中在如何在技术、资金或政策上实现转型升级。我觉得可以考虑转型升级如何从文化上进行，而不是只在技术或资金等外界因素上发力。很多人都相信，企业转型和升级的关键其实是企业家思维模式的转型和升级。我同意这种看法。可问题是，思维模式这个词比较虚、比较空。如果没有非常明确的做法和具体的步骤，只是告诉一个人要转变思维模式，落实起来一定困难重重。这可能就是转型和升级提了那么多年，效果却不明显的一个重要原因。相反，让企业家们去改变公司的行为规范、规章制度则容易得多，因为他们每天都和这些打交道。他们所不清楚的是规则后面代表了一个人的价值观，代表了一个人的思维模式。换句话说，若想一个企业的文化发生变化，首先企业家的思维必须转变。倒过来理解的话，企业家的思维转变后，他所经营的公司的文化也必然发生改变。

最后，必须说明，我个人十分欣赏Mindvalley的理念，但并不认同他们的一些做法。比如大量的社交活动固然能增进团队的凝聚力，但也容易让人疲倦，而且增加了上班的时间。应该说，这种形式对单身汉及性格外向的人更为合适，并非人人都乐在其中。再者，过于亲密的同事关系是否合适，是否有助于提高绩效仍有待商榷。

一句话，文化没有什么好与不好，适合自己的就是好的。所以，不必太过刻意去学习、模仿别人的文化，特别是那些知名公司的成功经验，因为那些往往只适合他们而已，在你身上却未必有效。

## 如何看出一个公司是踏踏实实做创新，还是口号式创新

2013年年底，包括华为、苏宁、百度、阿里和联想等在内的国内许多大企业的掌门人都在硅谷成立了研发中心或分公司，希望借硅谷这块风水宝地的人才和地域上的优势，在创新上有所突破。近3年来，除了听说因去的人多导致硅谷的租房价格猛涨外，大众对这些硅谷研发中心所取得的成绩罕有所闻。真的有必要去硅谷建立研发中心吗？别忘了，世界上绝大部分公司的研发中心都与总公司所在地相同。这样做的目的是便于沟通，更好地将公司发展战略与研发结合在一起。

到底硅谷比国内强在哪里？到那里能得到什么，又得不到什么？硅谷成功的秘诀究竟是什么？这些“秘诀”的背后又预示了什么？如果能在决策前，多问一些类似的问题，想必更有助于做出好的决定。不过，在几年

前那个资本泡沫横飞的时期，很多人对效率两个字已完全失去了感觉。能用钱就说明自己能力强，为什么不用呢？当然，今天这种局面已经不再。

拥有多少个“创新中心”或“孵化器”，与“创新正如火如荼地进行着”并无什么必然的联系。同理，宣传材料提及技术上投资了多少，固定资产上又投资了多少，取得了多少个奖励也不代表创新有多厉害。毕竟，创新中的办公场地、人力资源、设备仪器、奖励这些资源固然重要，但更重要的还是人的热情。这些冰冷的数据远不如办公室的摆设、员工之间的关系、大家脸上的表情、对领导的称呼更能映射出一个公司在“让员工愿意创新、让员工有能力创新”上落实的情况如何。很讽刺的一点是，大凡标语和口号中“创新”字眼频频出现的公司，骨子里其实都不太注重创新，创新开展的情况亦颇为一般。在“人心”上的投入，才真正体现这个公司对创新重视的程度有多大。无论在公众场合如何宣传，在人才吸引和激励上不愿下功夫的单位，其实都没把创新太当回事。

有些人说，你举的例子都是国外的，中国有中国的国情，国外的那一套不适用。这一点我同意，没有什么“放之四海而皆准”的原则。每个地方都有自己的独特性，都不应该把别人的成功经验生搬硬套过来，这样出问题的可能性更大。但是，我相信一点，人性中对美的追求是一致的，对好工作的要求亦大体相同。无论你在哪里工作，你都喜欢工作环境能够给你带来成长、快乐和富足，你都需要感觉到工作是有意义的，同时自己的重要性也能通过工作体现出来。我和很多人谈论过这个问题，没有一个人与我的意见相左。这说明在企业文化的设计上，大家对工作环境和机制的追求完全一致，国家或地域的差异可忽略不计。

我依然记得，七八年前国内关注环保的人不多，大家那时的兴趣都是如何赚到更多的钱。每每和一些人谈起环保，基本上都没有什么回应。几年后随着PM2.5、雾霾这些词在媒体上出现的次数越来越多，关注环保的人也越来越多。可以说，现在很少人愿意支持牺牲环境去发展经济。可不要忘记了这个事实：“只要能赚到钱，不管干什么”这种观念在10年前都还是社会的主流。同样，10年前注重身体锻炼的人也不多，可现在每天坚持锻炼的人到处都是，甘愿为钱而牺牲健康的则越来越少。

我想说的是，一切都可能变！我们都会成长，朝着更好的方向发展、变化。

国外文化创建上的一个重要举措是在办公室的空间设计和摆设上下功夫，比如在办公室内增加游乐设施，减少封闭的摆设以增加沟通的机会等。这些看起来“不务正业”的办公室设计在硅谷的谷歌、Facebook、airbnb等公司里可以频繁见到。目前在北京、深圳和杭州也有越来越多的公司采纳相同的设计理念，特别是像迅雷、美图这样的互联网公司都把“吃喝玩乐”视为办公的一部分。相反，在不重视创造力的公司，文化的核心一般都是像机器一样，工作、工作、工作！

对国内企业去硅谷设立研发中心这一点，我个人始终持保留态度。并非说去就是不对，但不该蜂拥而至，不考虑自己的实际情况而胡乱跟风。硅谷的人才确实多，实力也强，可即使去那里设立研发中心，这些人也未必会加入。还不如把这些研发中心设在国内，更贴近市场，同时在外部招聘人才，在内部创建“让员工愿意创新、让员工有能力创新”的机制与氛围。充分激发人的潜能，这比招聘有能力的人但不给他们相应的发挥空间要强得多。

## 创新中级整合

让我们再回到在创新初级整合阶段讲的那个做饭的故事。假定，现在由于你的厨艺越来越好，你准备开一家饭店，让更多的人能享受到你那精湛的厨艺。果然，饭店一开，生意顿时红火了起来，你需要请更多的厨师、帮厨还有服务员。此时你的任务不仅仅是继续拿出好菜，呈现给顾客，还需要管好手下的员工。当然，这里的“管好”不是指让员工听话，你渴望他们也像你一样，能更好地发挥主观能动性，心里不断想着顾客，想着呈现更好的菜肴，想着把每项工作做到最佳。显然，只让他们听话的做法不管用。你必须先认真选才，然后充分地激励他们。让他们参与到管理中，让他们有家的感觉，让他们觉得跟你干值！别忘了人类都是刺激反应的生物，这意味着，在潜意识中，我们会自动不断地重复那些让自己爽的事，与此同时，尽量远离那些不爽的事。

这一切就是文化。

如果说创新的初级阶段的着眼点是信息的整合及如何更高效地利用资源实现创意落地，创造出创新产品，到了创新的中级阶段，创新的重点已经不再是像初级阶段那样放在开发创新产品上，而是在于打造一支具备持续创新能力的队伍。

原因有两个。

首先，今天，无论是创新还是创业，除了个别的领域，单打独斗的情况已不复存在。形成一个凝聚力和执行力强，善于协同作战的高效创新团队，不仅是克服创新过程中困难与挑战的基石，也是不断吸引人才和投资加入最重要的因素。

其次，任何产品只要赢利，基本都会引来的模仿甚至抄袭。辛苦多年搞出来的产品可能在一夜之间被对手“巧妙”占有，即便采取法律手段也往往需要很长时间才能生效。建立一支持续创新的队伍，可以提高创新的门槛，增加模仿或抄袭的难度，通过持续创新，打击对手试图模仿的欲望，增加模仿者的资本消耗，让他们望而生畏，在考虑模仿时就主动退缩。

在我刚开始接触创新研究时，我发现多位创新专家秉持同样的观点：他们认为决定创新成败最重要的一点是企业文化。我那时觉得不可思议。毕竟，以我当时的认识，决定创新是否成功最重要的因素应该是技术。有了好技术，就会有成功的创新。这句话看起来挺有道理的，对吗？

在20世纪七八十年代的时候，美国施乐（Xerox）堪称当时技术最厉害的公司，个人电脑、复印机、激光打印机、鼠标等都是施乐先创造出来的。但仅复印机让施乐名扬世界，其他的如个人电脑被IBM和苹果引领光辉，激光打印机的标准后由惠普制定，就连鼠标都被来访的乔布斯看完样品展示后回去与手下进行改装，大幅度降低成本后再成功上市。21世纪初的诺基亚、摩托罗拉、柯达也都是技术实力极其强的公司，拥有着数以万计的专利，但最终依然难逃破产或被收购的命运。显然，好的技术绝不是保证创新成功的充分条件！如果技术不能转化为商品，其价值必然大打折扣。创新的本质是将技术商业化，为服务目标创造价值。不管技术有多好，都必须符合创新的要求，才能最终获得成功的机会。

如果你是德鲁克的粉丝，你也许听说过他对文化的诠释，“战略不过是文化的早餐而已”（Culture eats strategy for breakfast）。这句话指出了文化才是一个公司成败的关键所在，它可以随时把像公司战略这样的东西当早餐吃掉。文化对创新的影响也一样。创造力是创新的灵魂，缺失创造力的任何行为、举措都难称得上创新。而文化和机制则是创造力根植和成长的土壤，在不良文化下的创新如同在恶劣环境下生长的植物，生存尚且困难，就更谈不上什么开花结果了。

过去很长一段时间以来，在对创新上经常取得突破性进展的公司进行研究时，研究人员的重点一直都在这个公司所采用的创新方法或流程上。看上去，这种注重创新方法、流程的研究合情合理，成功的企业在创新上应该有与众不同的办法。如果我们掌握了这些先进的方法或流程，实现突破的可能性就增大。这似乎是个常识。

然而，这种倾向在近几年已发生根本性的改变。现在创新研究的重点普遍由过去“创新流程”转到“创新的人”上。别忘记：创新的主体是人，而所有的流程都是人想出来的。创新的结果并非由流程、方法决定，而是由创新者的动力和能力决定。因此，对创新者越了解，对创新风险的预估就越准确。更重要的是，管理层参与和支持创新越多，创新成功的可能性也越大。

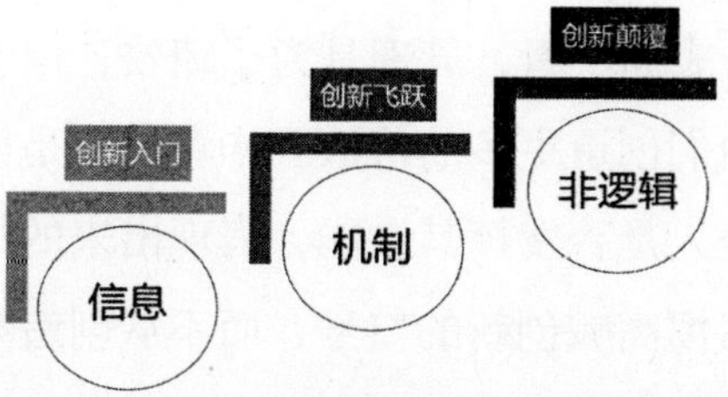


图7–3　从入门到颠覆创新各阶段整合

因此，创新的中级整合是围绕着人而进行的文化、机制的整合，也就是说，机制、文化的核心是人，是为人而服务的。人和机器不同，人有各种情绪和动机，人在不同的环境下效率完全不同。建立一套长效机制不仅仅是为了规范员工的行为，更重要的是激励他们，让他们能充分发挥主观能动性，为自己为组织谋求双赢的结果。根据我这些年的观察，如果一个企业外部表现是员工绩效差，办事效率低，各种问题层出不穷，其真正的原因大都隐藏在背后，与内部失和、内斗频繁有着莫大的关系。也就是说，效率差、士气低落是果而不是因。可惜的是，大部分企业的解决方式不是深挖原因，而是在结果上大做文章，最后的结局如何可想而知。内斗是一个企业创新的超级杀手。没有任何一个充满内斗的企业能在创新上有所突破，很显然，创新需要相互信任的氛围，需要对错误通融的态度，需要团结合作的精神，这一切都必须在公正、公平、透明的机制上才能实现。

## 如果你是高管

创新的主体是人，而不是什么“创新中心”或“孵化器”，也不是搬到了硅谷就大功告成。创新创业中的办公场地、人力资源、设备仪器这些资源固然重要，但更重要的其实还是人的意愿和能力，人才的汇聚才是创意倍出的必要条件。很多人抱着“先有足球场，踢足球的人自然就多了”的观念不放，依然在努力创立创新中心。去加拿大看看你就知道，那里的草皮足球场遍地都是，但冰球才是加拿大人的最爱。相反，非洲类似多哥、科特迪瓦这些国家的足球硬件设施很差，但他们的足球水平碾压亚洲毫无问题。

德鲁克认为，从表面上看，管理是为了绩效，但管理的真正目的是激发员工的潜能，让他们创造更多的价值。毕竟人不是机器，一台机器的功能固定不变，而一个人是否发挥其潜能，表现出来的却有着天壤之别。因此，如果一个企业习惯高喊创新的口号，而不从创造氛围和机制、激发潜能的角度入手，只能说这个企业更热衷形式主义，更喜欢做给人看，而不是想踏踏实实做创新。

首先，你必须非常清楚，创新成败最直接的责任人在管理层，更准确地说，在老板身上。想把创新搞好，先从自己开始，从资源和人心两方面双管齐下，以身作则地主动积极参与、鼓励和支持创新。管理层的行动能够有效地带动其他员工的参与，在整个公司形成创新的热潮。

其次，打造一支由生产、销售、研发等各种人才组成有持续创新能力的团队，“让员工愿意创新、让员工有能力创新”。

最后，在公司内部开展文化变革，将原有的文化风格和内容向着更有利于创新的方向进行改变。如果你们的规模过大，你担心文化变革全面铺开可能控制不住或执行效率不理想，不妨先选一部分人进行试验。试验效果好再逐渐铺开、推广，效果不理想则找原因不断改进。

文化不是拿来宣传的，只有把文化落实到每一天的工作中，假以时日才能看到成效。这其中最关键的一点在于一致性。过往的经验显示，文化建设失败的主因是领导在语言和行动之间存在逻辑差异，这种差异引发了员工的混乱和疑惑，打击了团队的行动力和士气。因此，在文化建设的过程中，你必须始终避免“说一套、做一套”的情况出现，如一边极力倡导创新，一边又在绩效考核中添加诸多阻碍创新的评测指标。

## 如果你是创业者

你真正需要的是找人。不是说资源、点子、方法什么的不重要，而是人更重要。有了人就有了一切。全力去找与你价值观接近的人，你的核心团队一定必须是与你的观念和态度接近的人，否则未来有数不清的麻烦和摩擦。组建一个彼此价值观相似的团队，就容易形成高凝聚力和强大活力。这些通常是创新、创业成功的关键，也被众多的投资者所认同，是他们考虑是否投资一个项目的重要因素之一。而且，士气高昂、团结一致的团队是战胜各种困难和挑战最犀利的武器，没有之一。

有两点必须注意。首先，在找人上别轻易妥协，没有合适的宁愿单干。我们都很容易被利益诱惑或困难打倒，在利益或麻烦面前屈服。然而，经常出现的问题是，短暂的“蜜糖”却带来了长期的痛苦。你愿意吗？其次，别忘了和你的团队在企业创建之初就着手建立文化。越清晰你的文化是什么，你就越知道什么人适合你，其他的只需要顺理成章做下去就可以。好的文化自然会吸引优秀的人才，优秀的人才则帮助建立、巩固更好的文化。持续性的创新无一不在类似的良性循环中进行，而创新差的企业则身陷与此相反的恶性循环中。

# 第三部分

# 创新颠覆：应对颠覆的核心是自我颠覆

颠覆性创新首先颠覆的是产品原有的价值体系，意为一个产品从设计、生产到销售所涉及的价值结构，包括如何创造、获取和传递价值。

# 第8章　无破坏，不颠覆

“成也萧何，败也萧何”是现有公司难以在颠覆性创新上取得成功的原因所在，那些让他们获胜的方法和商业模式正是阻挡他们实现颠覆的关键。

（The reason why it is so difficult for existing firms to capitalize on disruptive innovations is that their processes and their business model that make them good at the existing business actually make them bad at competing for the disruption.）

——克莱顿·克里斯坦森（Clayton Christensen）

最近这两年，“颠覆”这个词在国内外都非常火，不仅频频出现在对高科技产业的描述中，在其他领域也已屡见不鲜。我们经常可以听到谁颠覆了谁，或谁又被颠覆了。越来越多的公司管理层人员，特别是老板们，开始关注颠覆，开始担心自己被颠覆。这其中主要的原因是竞争愈演愈烈，过去很清楚谁是自己的对手，现在来自不同的行业的竞争者不断冒起，直接或间接冲击到自己的企业，可以说，竞争的界限已变得越来越模糊，竞争可以在任何地方、任何时间，由任何人发起。由于现代信息流通的速度加快，用户的口味变化也随之加快。同时，新技术的不断出现也常常引发用户需求和商业模式的改变。上述种种告诉我们：如果一个公司不及时随着变化而做出改变，即便是大企业也可能被拉下马，中小微企业被颠覆更是常态。

从另一个层面讲，颠覆又给中小微企业带来了无限的遐想。过去中小微企业很难有机会战胜大企业，正是因为颠覆性创新的存在，巨人再也不是遥不可及、无法攻克的了。机会摆在每一个人的面前，就看你是否有能力抓住。

## 有关颠覆性创新的一连串关键问答

这几年我在阅读有关颠覆性创新的文章时发现了一个这样的现象：颠覆这个词经常被滥用和误用。为了更准确地了解颠覆性创新，就让我们先从问与答开始吧。

### 什么是颠覆性创新?

一直以来，颠覆性创新（disruptive innovation）都有着不同的定义和解释。不过，多数人公认的定义还是来自于哈佛商学院教授，被誉为“颠覆性创新理论之父”的克莱顿·克里斯坦森（Clayton Christensen）。1995年克里斯坦森首次使用颠覆性创新这个词，用来解释具有颠覆性质的创新的形成及企业如何应对这样的创新。颠覆性创新指的是通过新的技术或商业模式，对原有成熟市场和价值体系产生破坏作用，最终取代原有产品或商业模式的过程。disruptive的本意是“破坏的”，可能是因为破坏这个词容易引起误解，最近几年国内的翻译都改变为了“颠覆性”。所以，有时我们看到“颠覆性创新”，有时又看到“破坏性创新”，实际上两者所代表的意思完全相同。

### 颠覆性创新的种类有哪些?

第1章中曾说到，创新包括技术创新与商业模式创新两种模式。颠覆性创新同样可分为因技术创新所引发的颠覆性技术创新和因商业模式剧变导致的颠覆性商业模式创新两种创新模式。

颠覆性技术创新指的是因某个领域的技术进步，从而致使该领域或相关领域产生颠覆性的变化，原有占统治性地位的产品被替代的过程。例如，互联网技术致使数字媒体替代传统的纸质媒体，纯电动汽车导致汽油车、柴油车的减少，以及日益成熟的人工智能将逐步替代人类等都属于这一类的颠覆性创新。

技术进步同时也促成了商业模式的更新，如互联网的发展致使很多人从传统的零售门店转向电商网购，商家获取利润的方式出现了颠覆性的变化。再如，移动互联网的发展衍生出类似微信、支付宝等支付工具，它们与传统银行卡具备类似的功能，最终可能颠覆整个银行业。这些例子都属于随颠覆性创新技术出现而出现的颠覆性商业模式创新。

还有一部分的颠覆性商业模式创新则完全出自纯粹的商业模式进化，如早期戴尔率先开启电话直销计算机，和近期小米所采用的粉丝经济和饥饿营销都属于这一范畴。这些商业模式的改变大都不涉及技术的更新，但同样起到了替代原有商业模式的作用。

## 谁喜欢搞颠覆性创新？

由于颠覆性创新对现有市场起到了破坏性的作用，因此这种颠覆通常都不是由市场中的领先者发起的，市场上的新生力量才是其中的主导者。颠覆性创新对市场的领先者吸引力不大，相反，他们会竭尽全力去维持现状，毕竟他们已经是领先者，变化可能带来的不确定性会直接或间接影响他们的位置。对那些市场的跟随者或尚未介入的竞争者而言，则完全不同。如果按照既定的规则继续走下去，主要获利者依然会是市场的领先者。其他人只能去分享残渣剩汤，所以他们总是在求变。

如果总是按照别人制定的规则做事，中小微企业的生存和发展机会都会继续受限。所以，颠覆性创新是这些企业的机会，在相当程度上甚至是生存之道。对于大企业而言，在现今快速、多变的环境下，颠覆者对原有市场的攻击可能从任何地方发起，由任何人发起。这也意味着如果墨守成规，只想稳住市场，自己被颠覆的可能性就会越来越大。所以，有时大企业也会主动发起颠覆，微信就是其中一个典型的例子。

然而，今天大部分的大企业依然并不欢迎颠覆性创新。尽管拥有资源等各方面的优势，但在颠覆性创新上做的尝试少，怎样应对颠覆性创新才是他们一向的重点。也就是说，一般都是等到颠覆性创新对自己形成威胁时，大企业才会有所行动。

这里的行动通常包含了两层意思：第一种是主动适应，成为市场的快速追随者，积极参与其中，这样的例子非常多，如2010年由HTC引领的安卓手机风潮受到市场广泛注意后，三星和华为迅速做出反应，积极跟进；另一种则是消极应对，往往通过压制、削弱新力量来维护自己原有的市场地位，从银行对支付宝的态度可见一斑。

这里有一个非常有意思的例子。诺基亚是2008年手机市场的绝对霸主，市场占有率高达39%，远远甩开其对手。2009年，在苹果iPhone第一代手机面世2年后，诺基亚高管依然固执地认为iPhone的市场定位只会是一款小众产品，不可能对其市场霸主位置产生威胁。这种观点持续不到半年，诺基亚全球手机市场占有率第一名的位置就被三星所取代。再过了4年，也就是2013年9月，诺基亚被微软收购。相反，苹果以近7000万台的年销售量爬上了2011年全球智能手机排行榜的第二位，并从此在那里稳稳地坐了下来。

## 颠覆性创新是怎么颠覆的？

克里斯坦森认为颠覆性创新来自两个方面。首先是在原有成熟市场中，一个更廉价、更简单或更方便的新产品出现了。这个新产品通常开始瞄准的是满足那些非主流顾客的需要，所以功能上可能有所缺陷。随着其功能越来越完善，与主流产品的差距越来越小，越来越多的消费者就会放弃主流产品，选择更廉价或简便的新产品。久而久之，原市场主流产品或主流商业模式最终被这个新产品成功取代。这个过程也被称为低端颠覆（low end disruption）。

低端颠覆并未创造新的市场，而是先通过低成本去吸引对价格比较敏感的低端客户去开拓市场。所以一开始低端颠覆产品的性能一般都难以与主流产品匹敌，“够用就行”才是低端颠覆产品的最佳定位。正因为如此，这类的产品在早期都没有引起主流厂商足够的重视，这样才赋予了它们存活下来的机会。等它们在市场站稳脚跟后，再开始改善产品的性能与质量，逐步拉近与主流产品的距离。最后，低端颠覆产品终于战胜主流产品，赢得主流客户的青睐。

低端颠覆的例子很多，从20世纪60年代消灭传统超市的沃尔玛折扣型超市，到21世纪初在杀毒软件收费时代就率先全面免费的360，再到最近红极一时可发射回收式火箭的太空探索公司 Space X都属于这一类。

第二种颠覆性创新则被称为新市场颠覆（new market disruption）。新市场颠覆指的是因新产品开辟出了新的市场而带来新的商机，最终新产品取代原有市场主流产品而形成的颠覆。

在现有的商业模式中，为了获取更大的利润，产品增强性能或提高价格会导致一部分客户的需求未能得到满足。这种状况的出现为新市场的开拓预留了机会。颠覆者趁机推出新的产品，将那部分需求未能满足的非顾客转变为他们的新顾客，创造出前所未有的新市场。

这种颠覆性创新的例子同样不少。过去许多产品，如空调、打印机，起始都只为工业用户服务。由于工业用户通常愿意付出更高的价格，因此厂家只生产适合工业用户的产品，普罗大众的需求则被忽视。随着技术的改进或生产工艺的完善，这些产品的成本也日益降低。于是有厂家趁机开拓民用市场，针对一般民众对空调、打印机等的需要提供新的产品。这些民用的产品逐渐成为主流，替代了原本只满足工业用户使用的那些产品。

## 颠覆性创新到底颠覆了什么?

**颠覆了竞争对手吗？技术？商业模式？产品，还是产品质量？**

正确答案：以上皆非。

颠覆性创新，首先颠覆的是产品原有的价值体系，意为一个产品从设计、生产到销售所涉及的价值结构，包括如何创造、获取和传递价值。在低端颠覆中，由于新产品在价值体系的某一环发生改变，原有的价值体系结构遭到破坏，因此也促使了消费者选择价格更低廉的新产品。久而久之就形成新的趋势，原有的产品逐渐被替代。

其次，颠覆性创新颠覆的是消费者对产品的认识。以微信为例，微信最初设计并非冲着颠覆电信业而去，而只是想在移动设备上做一个类似QQ的产品。随着越来越多的人使用微信，大家逐渐意识到了微信可以替代电话和短信进行长距离的沟通和交流，于是使用传统电信设备的人变得越来越少。这样的结果不仅倒逼电信业做出改变，将盈利点逐渐转移到对流量的经营上，也促进腾讯进一步优化微信，使微信变得更好用。现在问题来了：腾讯因此会更注重持续性创新而不是颠覆性创新，因此走上被别人颠覆的道路似乎是迟早的事。破解这个难题的唯一途径，就是拿出研发微信的精神，再次颠覆自己。

## 颠覆性创新是因为新技术产生的吗？

一部分的颠覆性创新来自技术的进步，而另一部分颠覆性创新则是因为商业模式的改进。技术与商业模式两者相辅相成，相互影响。大部分情况下，技术进步引发的颠覆性创新都需要与之相适应的新的商业模式。同理，商业模式上的颠覆性创新也可以促进相应技术的不断发展。从理论上讲，技术与商业模式的结合才能带来真正的颠覆性创新。

然而，现实中却并非如此。往往，技术或商业模式单方面的发展就可以促成颠覆性创新的爆发。因为技术的进步大幅度改进了生产的流程或扩大了产品的用途，使得颠覆性创新产品与原有的产品拉开了巨大的差异。此时，即使商业模式上不做改动，用户也会自然而然偏向这些颠覆性创新产品。苹果第一代iPhone手机和特斯拉第一代电动汽车Model S都符合这个特点。

类似的情形也出现在商业模式创新上，仅仅是单纯的商业模式变化对消费者同样会产生很强的吸引力。像早期的小米在手机制造上其实缺乏核心技术，更多时候只不过承担着一个“组装者”的角色[①]。然而，小米这种以主打高性价比、注重粉丝经济来点燃抢购风潮的商业模式创新，足以让众多“米粉”为之疯狂。

## 颠覆性创新 vs. 颠覆性思维，哪个更重要？

不少人相信颠覆性创新源于一个独一无二的想法，而产生这个想法通常首先要具备与众不同的思维。所以，坊间有不少有关颠覆性创新的书或文章教大家如何形成某种颠覆性思维。这种观念听起来挺有道理，然而实际却并非如此。

真正的颠覆性创新既不是因为一个特别的想法，也不是因为超级优秀的思维，而是大家一起踏踏实实干出来的结果。我并不是说创意或思维不重要，而是想告诉大家一个事实：再好的点子和思维都形成不了颠覆，真正能起颠覆作用的是行动。无论是过去360成功颠覆国内的杀毒软件市场，还是现在正在进行的微信颠覆移动、支付宝颠覆银行或滴滴颠覆出租车，所有的这些颠覆都不可能一蹴而就，在短时间内完成。越大的颠覆往往需要的时间越长，这是因为颠覆涉及消费者观念和行为的改变，而这些同样需要时间。

## 颠覆性创新一定会是很成功的创新吗？

日本任天堂的游戏机Wii是经常被克里斯坦森称赞的颠覆性创新产品。2006年11月上市的Wii，成功打破了当时游戏机两大巨头——索尼的PS2和微软的Xbox——垄断，发售9个月即登上全球游戏机销售冠军的位置。与索尼和微软传统玩游戏手法不同的是，Wii利用体感技术，采用像电视机遥控器的遥控手柄对游戏进行控制。这种易操作的体感操控游戏方

① 2016年的下半年，随着小米手机销量的大幅度下滑，小米也意识到了问题，在专注度上有所提升，多元化发展的路线放缓。

式真正做到了老少皆宜，不仅吸引了诸多的游戏玩家，还把平时不玩游戏的大妈大婶也拉了进来。

按道理，这种颠覆性创新应把索尼或微软拉下马才对。可惜的是，随着手机上的游戏越来越多，大部分暂时被Wii吸引过来的非游戏玩家都选择了放弃Wii，改用移动性和便携性更强的手机来玩游戏。与此同时，原本资深游戏玩家则继续跟随着可玩性更高的索尼和微软。在这种形势下，Wii销量渐渐下滑的趋势越来越明显。尽管任天堂在2012年推出带有触控柄的升级版Wii U，但依然无法扭转其颓势。2013年年底，任天堂宣布Wii停产。

颠覆性创新本应颠覆其竞争对手，最后把对手打垮，赶出市场。然而，曾经辉煌一时的颠覆性创新产品Wii却以停产为结局，而其意欲颠覆的索尼PS系列和微软的Xbox系列现在依然在市场中风光无限，这种局面真有点让人哭笑不得。看来，颠覆与被颠覆这场战斗始终在进行着，不到最后一刻很难定夺谁才是真正的颠覆者。

恐怕正是因为如此，在商界影响力巨大的克里斯坦森近年来受到不少的质疑和挑战。在所有的质疑声中，以美国达特茅斯大学塔克商学院（Tuck School of Business at Dartmouth）教授安德鲁·金（Andrew King）和加拿大英属哥伦比亚大学（UBC）的研究生巴尔吉尔·巴塔托格托克（Baljir Baatartogtokh）的影响最大。他们两人在2015年9月麻省理工学院出版社出版的《麻省—斯隆管理评论》（*MIT Sloan Management Review*）上以《颠覆性创新理论有什么用？》（*How Useful Is The Theory of Disruptive Innovation?*）这篇文章向克里斯坦森的颠覆性创新理论发起挑战。他们认为颠覆性创新理论缺乏预测力，警告管理者不能依赖这个理论。很快，克里斯坦森就在其老东家《哈佛商业评论》杂志上对此做出了回应，就两人的观点逐条予以反击。然而，争议声并未就此停息。就像所有的颠覆者与被颠覆者一样，他们之间的战斗也仍在继续。

## 颠覆性创新下一个风口在哪里，可不可以预测？

这是一个很多人都迫切想知道答案的问题。顺势而为、乘风破浪肯定比埋头苦干、锲而不舍更简单，更容易实现。在很多人高唱“选择比努力更重要”的今天，找到风口似乎尤为重要。所以，哪里有风口的声音，哪里就充斥着这些人的身影。

问题是，大部分的风口其实很难预测。尤其是谈到具体问题，如风口到底在哪儿，风从何而起，向何方去，这些问题基本无解。20多年前已有不少人看到了互联网的威力，他们知道有一天传统型超市必然会被网上直接购物这种消费方式所替代。然而，没有一个人能够准确预测，今天这场革命由淘宝、京东所主导。

同样，今天很多人已预知到人工智能的威力，他们清楚人工智能必将渗透到我们工作、生活的各个角落，极大地影响和改变我们的生活理念和生活方式。可是，未来究竟谁才是这个颠覆性突破的领先者，又是采取何种方式对接、改变我们目前的种种习惯？无人能准确预知这些答案。我一直相信：知道风口在哪里重要，了解自己在风口中的具体位置和作用更重要。

想抢占先机，首先必须意识到未来的发展趋势，然后提前布局。风口也需要时间的酝酿、需要真金白银的投入、需要长远规划和严格落实，才有可能最后催生风的形成。否则，即使事先洞察到了势，预知了风口，又能如何？记住：颠覆性创新绝非一蹴而就。创新产品一般都需要长时间的迭代，经过打磨和细化后才会变得更有竞争力。企业也需要长时间与强大的现存竞争者不断抗争，才能逐步站稳脚跟。此外，还需要足够的耐心去赢得用户的认同，毕竟他们也需要时间去适应新事物。

## 优步 vs. Airbnb，谁将创造颠覆

### 优步（Uber）

2016年8月1日，一个重磅消息在市场传开：滴滴出行与优步全球达成战略协议，滴滴将收购优步在国内运营的品牌、业务、数据等全部资产。

据悉，合并后的公司估值约为350亿美元，优步将取得合并后公司20%的股份，而滴滴则将为优步全球投资10亿美元。自2014年2月进入中国以来，截至2016年8月，优步业务已拓展至全国61个城市。这2年来，滴滴和优步两家公司开启了价格大战，靠着烧钱去争夺国内市场的主控权及市场份额。由于两者的产品高度重合，继续拼下去的结果必定是两败俱伤，所以，从商业的角度看，合并显然是明智之举。事实上，近年来国内互联网企业纷纷以合并为结局。这股浪潮从2012年优酷与土豆合并开始，到2015年58同城与赶集网合并，接着美团与大众点评、世纪佳缘与百合网合并，再到滴滴与快的再与优步中国合并。如此之多的企业合并说明国内市场的同质化倾向严重，竞争环境比较恶劣。从另外一个角度看，这是因为国内企业并不喜欢创新所致。大家做事喜欢跟风，而且也善于在竞争中一较高下。

优步看似在中国市场被本土势力滴滴击败。往深处想，这种“失败”未必是什么坏事。优步这两年在国内砸了20亿美元开拓市场，只见一些小水花溅起，离收割依然山长水远。这下子好了，不仅不用继续再砸钱，还得到20%的股份加上10亿美元的投资。借此脱身是赢是亏，有待未来检验。

作为共享经济的楷模，优步于2010年由特拉维斯·卡兰尼克（Travis Kalanick）和加勒特·坎普（Garrett Camp）在硅谷创建。优步是通过手机APP将乘客与司机连接，提供车辆租赁服务。截至2016年8月，优步在全球66个国家507个城市中开展租车服务。优步这种创新运营模式确实对传统出租车行业带来了很大的冲击。由于在很多地方涉嫌非法运营车辆，优步的业务也受到了一定的限制，大规模推广依然面临着重重的阻力。

## Airbnb

如果今天有人问你“现在全世界客房最多的酒店集团是哪一家？”相信你答错的概率会非常高。

希尔顿？万豪？

都不是！正确答案是Airbnb。国内三四线城市的人估计知道Airbnb的并不多，不过对于那些经常出国自助旅游的人而言，没听说过的大概就很少了。

Airbnb是一个将旅行者及潜在的“房东”连接起来的短租平台。只要有闲置的房间，房东就可以把可供出租的房子信息（如地址、面积、租金和照片等）放在Airbnb的网站上。旅行者通过平台网站或手机APP搜寻到满足自己需要的房间或房子，然后下单预订。整个过程与预订酒店没有太大的差别。所不同的是，提供房间的不是酒店，而是拥有房子或房间的房东。Airbnb对房东与旅行者是一桩双赢的买卖：房东可以利用闲置的房屋增加额外的收入，而旅行者则可以省钱。由于房东利用的是自己的房子，无须纳税和支付保险、卫生等费用，Airbnb的价格普遍比旅馆低。如果是几个人一同出游，合租下整个房子，费用往往会比住旅馆省很多。

Airbnb是共享经济中房屋分享的开拓者，于2008年8月在美国旧金山创立。Airbnb是AirBed（气垫床）和 Breakfast（早餐）的缩写。它的由来最初是因为两个创始人布莱恩·切斯基（Brian Chesky）和好基友乔·加比亚（Joe Gebbia）搬到硅谷创业，由于负担不起房子的租金，于是招来了其他三个人共同分担租金。他们在房子的客厅里架设了气垫床并提供免费早餐，就这样有了Airbnb这个名称。

Airbnb现今的估值在200亿～300亿美元之间。公布的资料显示：2015年它在全世界190多个国家拥有1亿2000万个房源，平均每晚超过40万人入住Airbnb平台所提供的房间，比同期希尔顿全球的交易量还要高出20%以上。2015年3月底，Airbnb与里约奥运组委会签约，成为2016里约奥运会官方认可的住宿供应商。奥运前，有6.5万人通过Airbnb预订了他们在里约奥运会期间的住宿。虽然国内很早就有人在Airbnb注册，为外国旅游者来华旅游提供住宿，但直到2015年8月，Airbnb才正式进入中国市场。迄今，Airbnb进入中国市场已超过1年，依然在不断扩张中。

## 案例解读

与创新类似，颠覆也是一个出现频率极高的词，宣称自己是颠覆者的大有人在。可是，究竟是不是颠覆性创新，却并不由说话的人定。根据克里斯坦森的颠覆性创新理论，颠覆性创新应该是以“过度服务”的顾客为目标的那些产品，且比主流产品更廉价、简单或方便；或以某些需求未得到满足的顾客为目标，创造出前所未有的新市场。按这个标准，优步与Airbnb相比，哪个才算颠覆性创新呢？

很多人把两者都视为颠覆性创新。然而，克里斯坦森却有不同的意见。他并不认可优步为颠覆性创新，因为优步既没有开拓新市场——依旧与出租车在同一个市场竞争，也没有提供比传统出租车业更廉价的服务。显然，参照颠覆性创新理论，优步不应算颠覆性创新。不过，优步的确是一种有别于传统租车的新服务类型。克里斯坦森认为优步得到发展的机会不是因为它颠覆了传统出租车业，而是出租车行业在市场准入和价格上存在严格的控制才让优步有机可乘。因此，在他看来，优步只能算是一种异类，在目前这个阶段还无法准确归类。而Airbnb则不同，它当然是颠覆性创新。由于它的价格普遍比传统酒店要低，可归类为颠覆性创新中的低端颠覆。

有些人并不同意克里斯坦森对优步的判断。他们觉得优步应该是颠覆性创新，因为它确实在极大地影响着出租车业的生存状况，逼着他们必须做出变化。究竟优步算不算颠覆性创新，双方的争论还在继续着。应该说，如果不是吃学术这口饭的人，大体上对这些争论并无太大的兴趣。

这几年共享经济大行其道，风靡全球。共享经济是将个人闲置的资源，如房子、时间、汽车等拿出来，作为一种供给使用，满足需求方的需要，让双方获益。共享经济作为一种新型的商业创新模式，其核心在于激活了“闲置”的价值，利用闲置资源创造了新的价值。而优步和Airbnb正是共享经济最具有代表性的两大案例，谁将最终创造颠覆？

我个人对Airbnb的未来并不十分的乐观。虽然它给传统酒店业带来了很大的冲击，可未来取代旅馆、酒店的可能性并不大。很简单，价格并非是旅行者选择入住哪个酒店最重要的标准。多数人选择酒店时，都会综合考虑安全、价格、位置、舒适度和服务等多种因素。与传统酒店相比，Airbnb只是在价格上占优，其他方面则未必。未来一旦监管进一步加强，其价格上的优势很可能逐渐减小，与传统酒店的距离将进一步拉近。

我更看好的是优步，当然不是当下这个优步，而是未来5年左右进入无人驾驶汽车市场的那个。2016年9月，优步在美国匹兹堡投入多个车队，开始进行无人驾驶汽车的测试。这说明优步已经意识到无人驾驶汽车的重要性，着手布局，期待未来在这个全新的市场有所作为。可以预计，无人驾驶汽车的出现将彻底、全面地改变出租车业。只是，那个时候共享经济恐怕也随之瓦解，曾经风靡一时的"闲置"资源光环不再，毕竟集团式大规模经营产生的价值会远大于大市场上"闲置"资源的价值。人工智能时代的到来，会不会也让那时的Airbnb商业模式及经营范围发生变化呢？我持乐观的态度[①]。

应该看到的是，与互联网向移动互联网转变不同，大幅度降低成本、让人工智能走进普通人的生活必须建立在将现有架构推倒再重建的基础上。在这个问题上，依然借助改造现有架构，为产品增加功能的做法无疑将会大大增加用户的使用成本，不利于人工智能产品进一步的推广。谈及对人类的影响，人工智能也必定会比互联网大得多，且发展速度也更快。这个事实也预示着，在未来，包括研发产品的理念，以及隐藏在背后的组织架构，甚至连我们今天坚守的价值观都极有可能改变。相信未来10年会有很多新公司出现，这股浪潮如同互联网时代的初期，互联网开路先锋网易、新浪、搜狐、腾讯等应运而生，继而大展宏图，蓬勃发展直至今天。

---

① 2016年11月17日，Airbnb宣布将由原来的短租服务转型为全方位的旅游平台，未来会融合住宿、行程及人文三部分内容，为用户打造全新的旅游体验。这种转型是共享经济的2.0版本，前景如何依然有待观察。有一点可以肯定：这几年Airbnb需要投入更多研发的力量，在内容和形式上下功夫，才可能引导更多参与者的加入。

## "123准则"应对颠覆性创新

还记得第2章中思科总裁钱伯斯"我们要么成为颠覆者，要么被人颠覆"的呼吁吗？该如何应对陆续而来的颠覆性浪潮，是很多企业管理层当下迫切关心的问题。解决的办法其实有两个：要么成为颠覆者去颠覆别人，要么努力不被别人颠覆自己。前者属于主动出击，后者则为被动防守。值得注意的是，被动防守无法作为取胜的策略。它只能作为缓兵之计，在进攻未完全准备好或方向未明确的情况下实施。这样做无疑可为自己赢得更多的时间，等时机来临时再选择出击。

前面讲过，现在很难预先判断颠覆从何处发起，发起者又是谁。颠覆性创新防不胜防的特点一览无余。颠覆性创新在开始出现时通常都不引人注目，行业巨头们一般都不会太重视这样的产品或商业模式，更不会想到它有朝一日可能会来颠覆自己。

固态硬盘就是一个这样的例子。几年前高速的固态硬盘进入市场时，由于价格高昂且容量小，买的人并不多。那时机械硬盘的两个大佬——西数和希捷——根本没把固态硬盘生产商如三星等放在眼里。基于此，"固态硬盘绝不可能取代机械硬盘"的言论一直被西数和希捷的高管们所推崇。最近两年来，随着三星、国产固态硬盘生产商共同发力，固态硬盘的容量越变越大，性能越来越稳定，价格也越来越低。由于固态硬盘比机械硬盘读取数据的速度快很多，消费者纷纷转向购买固态硬盘，用它来替代机械硬盘的人越来越多。流行了20多年的机械硬盘终于出现了终结的迹象，崩溃瓦解的那一天似乎越来越近。

事实上，像固态硬盘这样的颠覆性创新在最近二三十年里出现过多次。以胶片相机霸主柯达为例，当20世纪末数码相机最初进入市场时，柯达同样不认为数码相机有一天会取代胶片相机。第2章曾提到过，世界上第一台数码相机实际上是由柯达在20世纪70年代中期研发而成的。可随后，柯达却未在数码相机的开发上下太多的功夫。柯达之所以这样做是因为当年数码相机技术并不成熟，急于量产的结果可能是产品价格高昂，乏人问津。还有一个更重要的原因：数码相机的销量将冲击自己胶片相机霸主的地位。要知道柯达雄霸此位已久，他们并不期待任何新的变化。

20世纪90年代中期，随着数码相机技术的日益成熟，日本厂商如富士、佳能和奥林巴斯等，开始大量向市场投放价格相对来说并不太贵的数码相机产品。从此，数码相机的市场份额越变越大。柯达开始意识到了问题：如果柯达加入数码相机的竞争行列，自己胶片相机和胶卷的销量势必大受影响；如果放弃数码相机市场，也就意味着柯达放弃了明天，未来也不会有什么好结果。怎么办呢？最终，柯达选择了一个折中的办法，即杀入数码相机的市场与日本人硬拼，但不过度投入发展。这个如意算盘当年看似不错，最终的结果却十分令人失望。2013年8月，柯达宣布破产。

今天西数和希捷面临与当年柯达同样的困境：高度投入开发固态硬盘必将打击自己在机械硬盘市场的高份额，不投入则面临被颠覆的危险。你猜它们怎么办？与柯达当年类似，它们也采用了一个折中的办法，在混合硬盘上发力。顾名思义，混合硬盘就是将机械硬盘与固态硬盘融合在一起，既保持了机械硬盘的高容量，也带有固态硬盘速度快的特点。今天这看起来同样是一个完美之作，但我对此并不乐观，相信它的结局和柯达的十分类似。让我们拭目以待！

在这本书中，我反复强调现在的变化速度越来越快。事实上，变化速度之快已远超出了大家的想象。可惜的是，一般人对此感受不深。我们能感觉到的是时间越过越快，以及自己的记忆力越来越差。这是一种非常普遍的大众感知。之所以会出现这样的感觉，是因为当下信息流通的数量和速度都比以前提高太多，可我们人脑处理信息的能力却并未得到相应的提高。两者之间的差距越变越大，为了保护大脑，我们只好依靠删除信息的办法应对信息流。因此，就会很容易产生记忆力大不如前的感觉。过去在农耕时代，一个消息从一个村传播到隔壁村都可能耗时数日。而今天，世界某个点发生的事瞬间就能传遍全球。这些年来，信息量都是以指数函数级别的速度在暴增，而且传播的周期越来越短。这一切也预示着颠覆和被颠覆的速度也将越来越快。

先让我们看看一组数据（如图8-1所示）。1981年时购买1GB的储存量需要30万美元。而到了1997年，随着个人计算机大面积的普及，1GB储存量的价格下降至100美元。2012年亚马逊首次推出云存储服务后，1GB储存量的价格仅为0.1美元。请注意：这个价格是30年前的1/300万。这些数据变化是个人处理信息数量激增的明证。

| 时间 | 价格（美元） |
|---|---|
| 1981 | 300000 |
| 1987 | 50000 |
| 1990 | 10000 |
| 1994 | 1000 |
| 1997 | 100 |
| 2000 | 10 |
| 2004 | 1 |
| 2012 | 0.1 |

**图8-1　1GB储存量的价格随时间变化而变化**

再让我们观察另外一组数据，如图8-2所示。

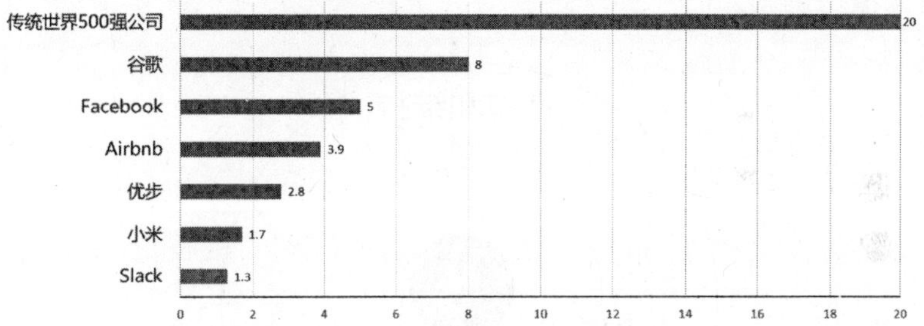


**图8-2　创业公司估值达到10亿美元所需时间**

一直以来，创业公司的估值达到10亿美元都是一个里程碑，是这家公司步入大公司行列的一个重要标志。过往，世界500强的公司估值达到10亿美元的平均时间为20年。然而，这个速度随着互联网时代的到来开始不断地加快：1998年成立的谷歌用了8年的时间达到估值10亿美元，而成立于2004年的Facebook仅用时5年。后起之秀小米达到同样的目标用时更短，时间不到2年。

信息量增大和信息的传播速度加快也意味着产品更新换代在加速，消费者的口味随之改变。计算机整整用了15年的时间才走进普通人的生活，而手机的时间则为7年。你猜猜平板电脑花了多长时间让消费者喜欢上它？2年！最新的智能穿戴设备仅用时1年就赢得了消费者的欢心，成为每天陪伴很多人的玩物。

很显然，随着未来颠覆速度的加快，如果我们不提高自己反应的速度，被颠覆的可能性就会越来越大。事实上，应对颠覆性创新的解法向来都只有一个：在别人颠覆你之前，主动出击做自我颠覆。历史告诉我们：把主动权让给别人，以为熬下去就可能有转机出现这种想法永远只能是一厢情愿！等待犹如温水煮青蛙，假以时日，必将坐以待毙。还不如奋勇一搏，把主动权抓在自己手里，尽量减小成为颠覆性创新牺牲者的可能性。

主动出击不是盲目行动，而是有目的、按计划和步骤去进行的。通过这几年对颠覆性创新的研究，我总结出一个应对之策，并将其命名为"123准则"。这个准则包括三个层面（如图8-3所示），可用于组织与个人应对颠覆性创新。

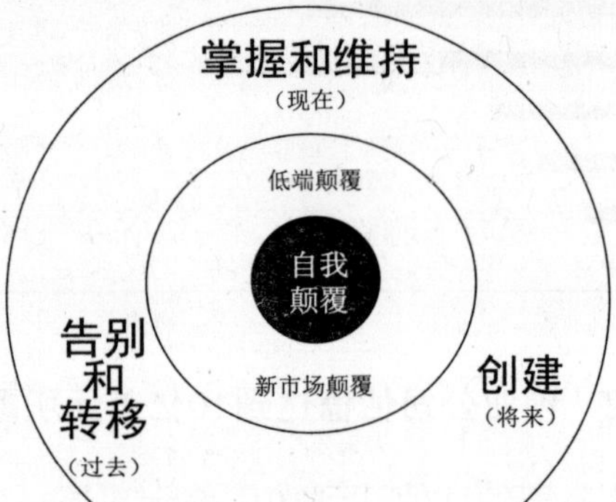


**图8-3　应对颠覆性创新的"123准则"示意图**

1个中心：自我颠覆

2个方向：低端颠覆和新市场颠覆

3个步骤：掌握和维持、告别和转移、创建

## 1个中心：自我颠覆

“123准则”的核心在于自我颠覆，这也意味着无论是准则中的方向还是措施，都必须围绕着这个核心来进行。自我颠覆也包括3方面的内容，分别是态度、思维和行动。

（1）树立颠覆态度

首先你要清楚，无论你身处何处，颠覆在所难免。也就是说，在颠覆与被颠覆之间，没有其他的选择。你越是不想被颠覆，就越需要先对自己狠一点，尽自己所能去实施自我颠覆。值得注意的是，颠覆产生的是变化，而变化则带来了机会。所以，颠覆的本质在于改变。良性的改变过程可以用“不将就、勤探索”这六个字来概括。这也预示着树立颠覆的思想需要不能满足于现状，需要敢于尝试，需要不断挑战自己。道理很简单，熟悉的做法只能产生熟悉的结果，这与颠覆有着天壤之别。

（2）拥有颠覆者的思维

拥有颠覆者的思维指的是像一个颠覆者那样去思考：假设你是一个颠覆者去颠覆别人，从哪里下手最为行之有效？如果有人来颠覆我的企业或我所在的行业，他会如何做？无论是低端颠覆还是新市场颠覆，颠覆者之所以能够产生颠覆是因为两个原因：①有未满足的需求；②面对同样的需求，可采用不同的方式，即用更廉价、更简单或更方便的方式满足消费者的需要。因此，你的自我颠覆可以从这两点入手，筛选并带领你的团队去核查、去试验。像海尔那样，你可以改变作业流程，你可以改变营销手法，你还可以改变组织架构。事实上，没有不能尝试的！

（3）投入颠覆

有一部分人平时就喜欢随大流。让这些人颠覆自我去尝试一条未知的路会令这些人不知所措，不安全感急升。这种情况下，他们做出否决与抗拒的反应都是预料中事。还有一部分人则完全不同：他们不是没有颠覆的思维和态度，而是缺乏投入和行动，所以最后的结果也可想而知。这些年我见过不少这样的人，他们都有类似的表现：要不就只是说说而已，要不就是投入远远不够。这些人通常有着敏锐的嗅觉与灵活多变的思想，比一般人更容易感知到机会的出现。可这些人同样存在不足，精于算计但缺乏韧性和坚强。每每遇到困难或面对不确定性大的事，就会显示出犹豫和观望。似乎总在等待更好时机的到来，而不是想办法努力将困难和不确定性转变成机会。颠覆向来就不是一件容易的事，否则岂不是人人都能颠覆？事实上，颠覆者基本上都是一群带着傻劲的人。他们不计较后果，不理会自己做的是否合理，只管干起来、做下去。大部分情况下，最终颠覆的形成，靠的恰好就是这股傻劲。

## 2个方向：低端颠覆和新市场颠覆

“123准则”的2个方向是低端颠覆与新市场颠覆。本章中已大篇幅介绍了这2种颠覆，在此就不再多言。

## 3个步骤：掌握和维持、告别和转移、创建

应对颠覆性创新应分2步同时进行。首先，要保证在现有市场的竞争力，努力持续获取利润。其次，积极在新技术或新商业模式上寻找突破，谋求新的商机。前者是后者的支持和补充，后者是前者的延续和发展。两者相辅相成，缺一不可。

这看起来挺简单，真正做起来却完全不是那么一回事。一直以来，在寻找自我突破的道路上，成功者寥寥无几，失败者则占了大多数。虽然失败的企业各有各的原因，但我认为有一点是共通的，且多数人并未对此有所察觉。这个原因既非技术原因，也不是管理原因，恐怕把它归于心理原因更合适。多数的管理者其实意识到了需要向外扩展，他们也总是在积极寻找机会。问题是，无论这些人嗅到了怎样的先机，最终都习惯性将自己在已熟悉领域获得成功的那套思维、经验、做法等带进去，去罗织资源捕捉这个机会，如在市场、战略、组织架构、招聘和文化等方面照搬自己熟悉的经验。过往越成功的企业越倾向于沿用昔日常用的做法。比如跨国公

司在国内设立分公司时容易出现这种倾向，同样，我们的公司收购国外的公司时，也会不知不觉地把国内的那一套搬出来，作为管理国外公司的准则。要改变这种倾向，通常都伴随着血的代价：等到大量失败出现后，大家才会开始认真反思、痛改前非。

不仅仅跨国有巨大的差异，事实上，每一行每一业都有着自己独特的运行规律，包括很多外界不够熟知的规则甚至潜规则。正是这些规则，才构成了“隔行如隔山”的说法。进入一个新的行业必须经过一定的时间才能熟悉规则，掌握其中的规律。习惯性将自己熟悉的规则和标准带入到新的领域，并以此作为做人做事规范的做法，很显然违背了“隔行如隔山”的客观事实，出现阻力和障碍亦不足为奇。

应对颠覆性创新，首要也是最重要的任务就是掌握和维持现在。掌握和维持的关键在于绩效，做出成绩，保持高效。把现在做好才有资格去谈未来，毕竟未来是建立在现在的基础上的。现在大部分企业的问题不是不懂这一点，而是太精通了，以至于这些企业将全部重点和几乎所有资源放在了掌握和维持上，维持当下的效率。在他们的身上，可以看到一种普遍的趋势：现在做得越好，越希望把控和稳守当下，越不希望有变化。这种趋势的极端表现是完全杜绝变化。此时，成功俨然成为了一种“诅咒”——越成功越希望维持现状，越少关注未来，越不会把资源和时间放在创建未来上。这样做的结果大家都清楚：短期看起来不错，但长期看来危害会很多。

所以在掌握和维持与创建之间，我们还需要一种过渡，也就是告别和转移——向过去告别，向未来转移。把告别和转移做好，才能真正向未来靠拢，而不是只依存于现在。告别和转移首先必须放下骄傲的心态，忘记曾经或现在的成功，虚心诚恳去学习。特别在面对不熟悉的领域时，更需要我们抱着开放和谦卑的心态，去面对变化和挑战。大家都知道，过去成功不代表未来也成功。这个看似显而易见的道理，在现实中却没几个能做到。大部分的企业不仅不习惯忘记过去，反而非常喜欢借鉴过去，越成功的企业类似的倾向越强。

就以联想为例吧，联想2004年收购IBM的个人计算机业务，不到10年的时间一举替代个人计算机行业的长期霸主惠普，跃居全球个人计算机行业的龙头老大，同时也跻身世界500强。机海战术和精于渠道经营是联想多年来在个人计算机行业制胜的法宝。因此，在2011年进入手机市场时，联想很自然地延续这两大法宝与各大手机厂商周旋。果不其然，凭着机海战术和运营商补贴，联想手机的销量节节攀升，市场份额在国内也排到了前五名。

从2013年开始，随着小米以互联网方式销售手机的搅局及对运营商逐渐减少补贴，联想手机的两大制胜法宝渐渐开始失去作用。高端产品缺乏，而低端产品又竞争不过小米，联想手机的销量自然日益减少。

当年联想苦于无法开拓高端市场，曾在2004年以12.5亿美元的价格收购了IBM的个人计算机业务。凭借着这一招，联想一步步抢夺高端市场并夺下全球第一的名号。当联想手机出现困局时，并购自然而然又成了救命稻草。

2014年年初，联想花了29亿美元从谷歌那里收购了摩托罗拉，希望借此完善自己的高端产品线，作为困局的突破口。谁知此一时彼一时也，此时的摩托罗拉气数已尽，高端产品的价格与三星、苹果的相差不多，但质量、功能和外观却无法与价格相匹配，这就不难理解为什么消费者不再买它的账了。依靠摩托罗拉东山再起的美梦从此破灭！2015年联想手机的销量仅为6300万部，在国内排在第八位，而2016年前半年更是倒退三位，排在第十一名。

照搬在个人计算机行业的成功模式，去设计、生产和经营手机是联想失败最重要的原因之一。不仅联想如此，曾经在个人计算机市场上叱咤风云的惠普、华硕、戴尔也都如此。他们都希望沿用过去的成功经验杀入手机市场，结果均以一败涂地而告终。与这几家比较，联想算是不错了。华硕还时不时发几款手机，可买的人就只能用寥寥无几来形容，而惠普与戴尔则早已退出手机市场。

## 平衡“守”与“攻”

无论你是否已有所察觉，重视和着手颠覆性创新的人都越来越多。这一点也意味着，各种颠覆性创新离我们越来越近了！在颠覆到来之前，你必须做好三手准备：告别过去、掌握现在和创建未来。你需要做的是三方面同时进行，将过去、现在和未来共同把握好。别忘记：你的现在是过去的所作所为造成的，而你的未来则取决于你现在做什么。在相当程度上，可以理解成为过去就是现在，现在即是未来。因此，在把握现在的同时，努力去创建未来亦同样重要。

过往在应对颠覆性创新上做得比较出色的公司，如谷歌、Facebook等，都是习惯性把70%的资源用于保持现在，30%的资源则放在筑建未来上。也就是在“守”与“攻”之间保持平衡的同时，在“挖潜”与“探索”上发力。需要注意的是，这两者之间的平衡取决于你告别过去的态度与能力。你越积极进行告别，就会越认真挖潜，越踊跃向未来探索，反之亦然。此外，掌握和创建通常需要采取不同的绩效标准、组织架构及企业文化，汇聚不同的人才。所以，有智慧的领导层大都具备超人的视野与格局及出色的组织与融合能力，以更准确地把控过去、现在与未来之间的平衡关系。

最后，你一定要记住：不能等颠覆来到家门口了才开始准备应战。相信我，那时你肯定不会从3个层面去入手，因为时间和情形都不允许你那样做。你会把自己所有的资源、时间和精力都投入到一个地方，且只有一个地方。这个地方就是：如何让自己在颠覆中生存下来！

# 第9章　是制约，还是机会

天地无全功，圣人无全能，万物无全用。

——列子

在没有任何其他线索的情况下，如何在全国范围内尽快找到10个飘浮在空中的大型红气球？

假设现在你有5美元，在2小时内，你如何利用这5美元赚到尽可能多的钱？

你此刻生活在一个土地和淡水资源都十分匮乏的地区，做什么能让你在农业上自产自足？

看到这些例子，有被困住的感觉吗？以上全部都是真实的案例。接下来你会找到相应的答案，看看别人如何成功地突破自己的局限。

常言道，家家有本难念的经。我们每天都会遇到许许多多的问题或麻烦，其中有些是自己熟悉的，知道该如何解决；有些则完全陌生，此时束手无策的感觉就会出现。通常来说，越是自己不熟悉的问题，越会觉得它的难度大，被禁锢的感觉也会越强。

此刻你已经开始接触到制约了。

汉语中的“囚”字，非常形象地展示了这种被禁锢的感觉。如图9-1所示，“囚”字犹如一个人被一个框子困住，不得动弹。在英语中，常用语think outside the box（中文可翻译为跳出框架思考或摆脱思维定式）中的box（盒子）也表达了与“囚”字相似的思路。因为我们容易为个人的各种局限所困，所以需要将自己置身在盒子之外思考，寻找摆脱约束的办法。然而，无论是通过借助别人的帮忙还是通过提高自己去突破，你都要首先知道究竟是什么制约了自己。一旦清楚自己受限于何处，找到突破口的机会就会大增。

囚

**图9-1　制约的寓意可用汉字“囚”来表示**

## 制约=限制吗

制约到底是什么？从文字上看，制约就是对行动的限制，让人在做某件事时，有一种力不从心的感觉。如果把制约仅仅理解成一种限制，在日常生活、工作中我们一般都会受到什么限制呢？时间、金钱、资源、人力和能力都是最常见的限制，如要求3天内完成一份报告，买一部手机的预算只有3000元等。完成一项任务需要事先设定目标或提出要求。这些目标、要求、工作范围、标准等就可能对当事人形成限制，让他们心有余而力不足，有时甚至有被束缚、被困住的感觉。也就是说，目标、要求、标准都可以构成制约。

我们普遍不喜欢制约，受困的感觉让人难受。那么是不是意味着制约就是不好的呢？是不是应该全面放开制约，随心而行？

去过国外的人都很容易发现，国内普遍存在的围墙在国外，特别是欧美却很少。在国内，小区有围墙，单位有围墙，比较重要的地方更是差不多都会被围墙环绕。国内的围墙基本都是钢筋水泥一砖一瓦砌起来的，而国外砖墙则并不多见，多以植物或简单的镂空围栏为空间隔断。

必须看到的是，围墙有其正面的意义。它可以起到安全和分界的作用，既形成保护机制，又有助于身份的辨别。我们可以把围墙理解成一种制约：它限制了随便进入的可能性，通过提高进入的难度来实现保护、识别的功能。与此同时，围墙也带来了副作用：围墙会抑制开放性，减少了土地可使用面积；在很多地方增加交通的成本，甚至可能影响城市美观。

2016年2月，国务院曾发文，计划在国内新建住宅推广街区制，要求原则上不再建设封闭住宅小区。已建成的住宅小区和单位大院要逐步打开，实现内部道路公共化，促进土地节约利用。然而，此消息传出后却引起热议，很多小区业主对“封闭小区要打开”这一议题表示担忧。

去除围墙无疑可以增加开放性，节约城市用地，改善城市外观，但同时降低了保护功能。更准确地说，去除围墙让结果更难把握。相反，围墙的存在能够让结果更容易预测。孰是孰非，恐怕一言难尽。对好坏的评判因人而异，因环境而异。既然围墙属于制约，那这个结论是否也能延伸到其他制约上，即对制约的判断也需要视人和环境而定？

让我们再看看另外一个“悬崖村”① 的例子。位于四川省凉山彝族自治州昭觉县支尔莫乡的“悬崖村”阿土勒尔村全村仅72户人家。从外面进村，最常用的路竟然是在位于海拔1300～1500米的狮子山的悬崖峭壁上攀爬2～3个小时。正是这些悬崖让阿土勒尔村与外界隔绝，地理环境的封闭使该村免受各种战乱及匪患的干扰。再加上良好的土地资源和气候条件，阿土勒尔村曾一度成为世外桃源，生活要比很多地方富庶、安逸许多。可随着30多年来我国经济的高速发展，绝大部分的农村都修建了大路，直通城市。道路和信息的畅通带来了商业的发展，农民也因此致富。一度给

① 悬崖村过去只能通过攀爬藤梯进村，以钢梯为主的新天梯已于2016年11月底建成，现在进村比过去快了1个小时。

"悬崖村"带来优势的封闭，此刻反而变成了障碍，抑制了它的进一步发展。在经济上，阿土勒尔村已被过去十分羡慕自己的其他村落远远地甩在了身后。

悬崖也是一种制约，能够起到保护的作用。它降低了外界入侵的可能性，但同样可能断送发展的机会。与围墙类似，悬崖究竟是好还是不好，应视外界环境、视当事人的需要或目的而定。从上述两个例子中看出，所谓的优势与劣势，在很大程度上其实取决于时间和当事人的需要。随着时间的推移、外界环境的改变，优势与劣势可能相互转化。优势可以变成劣势阻碍发展，反之亦然。这样的例子在我们日常工作中并不少见。在过往很长一段时间里，由于投资少见效快，善于模仿的企业在市场中的发展空间更大。所以这种发展模式得到众人的效仿，重视研发的企业相对少很多。最近几年，随着知识产权保护的落实完善，以及劳动力成本的日益提高，善于模仿的企业反而开始力不从心起来。他们的日子越过越艰难，过往的优势变成了进一步发展的制约。

看来，制约并非很多人想象的那样，只是一种单纯的限制。制约可能演变、转化，形成新的机会；反之，机会或优势同样可能成为新的制约。

## 制约的分类

制约，顾名思义就是限制约束。被限制的感受大都是负面的，很容易引发焦虑、着急、沮丧等负面情绪，所以喜欢制约的人不多。如图9-2所示，制约一般可分为四大类，即条件制约、能力制约、认知制约和难度制约。

图9-2　制约的分类

### 1. 条件制约

前面讲过，承担一项任务所涉及的要求、规则或目标都可以给我们带来制约。条件制约指的就是这一类的制约。常见的条件制约包括金钱、时间、资源，以及技术需求等，以产品开发为例，一个产品的开发既要满足成本和时间的要求，也要满足如功能、稳定、安全和维修等技术要求。这些要求都可能构成制约，让参与的人感到限制。

在日常生活、工作中，基本上所有事情都有要求或目标。这也意味着，条件制约其实普遍存在。不过，在工程和科研等领域的条件制约，一般与艺术领域的制约都有着比较大的差别。前者通常是以可量化的标准展示，而后者更多体现在表现手法、风格或题材等不可量化的标准上。因此，在工程、科研等领域的制约破解需要通过满足项目的要求去实现，而破解艺术领域的制约则立足于表现手法、风格等的改变。

### 2. 能力制约

大部分情况下，一件事的完成需要一个人具备某一领域的知识或经验。往往，对这个领域越熟悉、越了解，越容易完成任务，被禁锢的感觉越轻。反之，则越容易感觉束手无策、无能为力。如果视对某一领域的掌握为一种能力，这也意味着对某一领域了解越多，能力越强，被制约的可能性越小。因此，能力制约指的就是我们为了适应条件制约，如符合要求、遵守规则或实现目标而在能力上形成的制约。一个人在某个领域的能力越强，受到的制约也越小。

有些人可能对某一领域的掌握不够全面、不够深入，但他们有足够的资源或权力可以聘请有相应能力的人为他们解决问题，这样被制约的感觉同样不存在。所以，能力制约中的能力，不仅仅指类似于修理能力、语言能力等这些实用能力，还涵盖智力、财力，甚至包括体力等综合因素。

注意：相同的条件制约，即同样的要求或目标，对于不同能力的人而言，有的可以形成制约，有的则不能形成。比如中国短跑运动员苏炳添百米的最快速度是9.99秒，因此100米在10秒内完成对于苏炳添是一种比较大的制约。这个目标对百米世界纪录保持者博尔特而言，则是一个比较容易实现的成绩。所以，在相同的条件制约下，是否构成能力制约应视具体的人而定。

### 3. 认知制约

这是有个在网络上盛传的例子，你能说出图9-3中有几个正方形吗？

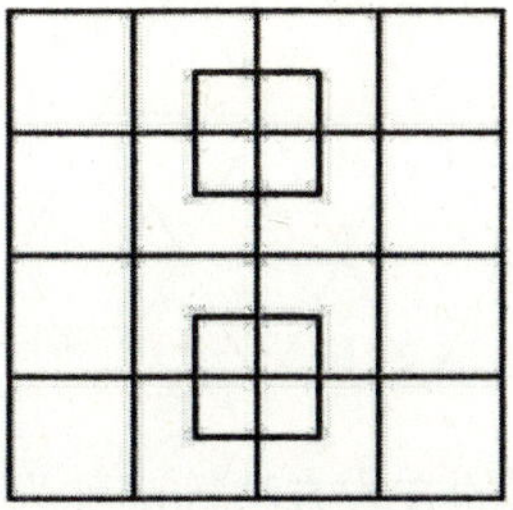

图9-3　这个大正方形中有多少个正方形？

如果不知道该如何下手，面对这样的题目很容易一筹莫展，数错的可能性比较大。可是如果你稍微了解一下技巧，类似的题目很快就可以迎刃而解。

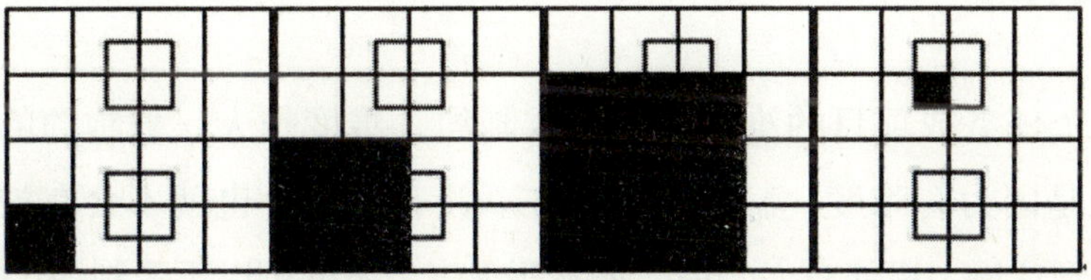

图9-4　把大正方形分解，其中包含成四种小正方形，以黑色正方形表示

如图9-4所示，大正方形可分解成四种小正方形。假设图中最左边黑正方形的边长为1，那第2个图的边长则为2，第三个图的为3，第四个图的为0.5。

边长为1的正方形有4×4+2=18个

边长为2的正方形有4+4+1=9个

边长为3的正方形有4个

边长为4的正方形有1个

边长为0.5的正方形有4+4=8个

因此，本题的答案为18+9+4+1+8=40个正方形。

上面的题目会解了，下面这题（如图9-5所示）你也一定没有问题！

那么，你能算出来总共有多少个三角形吗？[①]

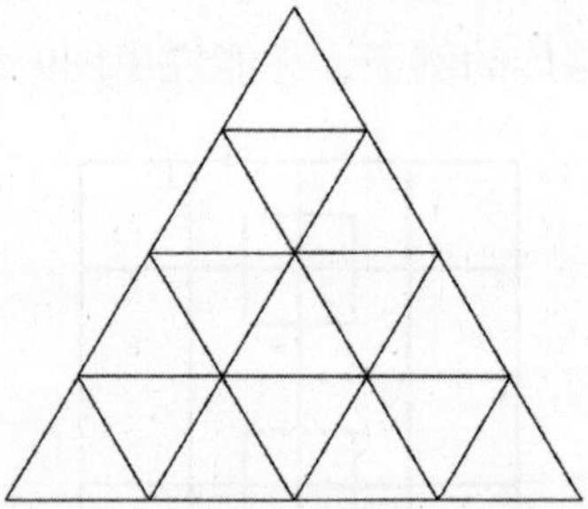

受限于思维模式、做事的方式方法等可称为认知制约。认知制约与能力制约的不同之处在于，能力制约限于对某一领域的精通程度，而认知制约则限于审视问题的视角，以及解决问题的方法。有时两者会有重叠，有时则关系不大。类似于上述数正方形的例子，掌握小学的数学知识即可解决。

### 4. 难度制约

一个任务或项目的难度也会形成制约，难度越大，被制约的感觉越强。正是因为有难度，制约才会存在。没有难度，也就不会有被困的感觉。看到这里，可能有人会说，那不要难度，不就可以不受制约了吗？

的确如此。只不过就像前文所言，制约未必是坏事。更重要的是，难度与无聊程度成反比。也就是说，一件事缺少了难度，无聊程度也相应提高。你会喜欢做这样的事吗？大部分人并不喜欢难度较大的事，但同样不喜

① 正确答案是27个三角形。

欢过于简单的事。难度的缺失也预示着做事的成就感必将随之降低。相反，适当提高难度，既能提高做事的兴趣，完成后也会带来更多的成就感。因此我们都需要一定的难度制约。与能力制约类似，难度制约也同样因人而异：对某个人来说难度大的问题，在另外一个人身上则可能完全不同。

我遇到过很多次下面这种情况。当让一个人想出一个好主意时，很多人都会感觉很无助、很茫然，觉得脑子被什么糊住了。特别是面对难度较大的问题，这种被困住的感觉会非常强。来看看这样的一个例子：毫无规律地在全国范围内放置10个飘浮在空中的大型红气球（直径约10米），如何才能尽快找到它们呢？气球可以放置在全国任何地点，在很大程度上增加了找到气球的难度。

假如把这个任务交给你，你需要多久才能找到这些气球？10天？1个月？还是更久？

假如找到了就可以获得30万人民币的奖励，你又需要多长时间呢？

如果我告诉你，最快的仅用时9个小时，你会相信吗？

这是几年前美国国防部下属的高级防御研究计划局（DARPA）组织的一个比赛，总奖金为4万美元，邀请全美各地民众一起参加，寻找遍布在全美各地的10个红气球。最后夺得了第一名的麻省理工学院代表队仅用9个小时就成功地完成了任务。

他们到底是怎么做到的？

他们将4万美元平均分为10份。第一个告知气球地点的人可获得2000美元，而把这个人介绍给团队的人则可获得500美元，再前面的一个介绍者可以获得250美元，以此类推。麻省这个代表队总共动员了4400多人，其中每人平均再找400人，一共有200万人参加了比赛。

很多人看到这个题，首先想到的是如何迅速突破如地域、时间等制约，尽快找到气球。由于范围太广，这样的解法很难奏效。如果采用一个人或仅发动认识的人去找气球，哪怕是给一整年的时间，全部找到的可能性也不大。快速找到气球的策略都与麻省理工代表队做法相似，利用社交媒体传播量大、传播速度快的特点，发动能发动的所有人，一层一层扩散下去。

## 钱真是最大制约吗

很多人都有被金钱所困的经历，很容易产生最大限制在于钱的理念。似乎只要有足够的钱，就可以做成一切的事。这种理念初看蛮有道理。确实对一般人而言，大部分的事都卡在钱上。这也意味着解决了钱的问题，多数的事就能迎刃而解，制约也顿时解除。但我们可能忽视了一点：一旦拥有了足够的钱，我们的目标也会相应提高。这种水涨船高的情形形成新的制约，同样加大了实现目标的难度。这也就是为什么富人与普罗大众其实差不多，同样受到制约的束缚，不能为所欲为。有趣的是，认为钱就能解决一切的大都是没什么钱的人，而有钱的人大都深知金钱的局限。

多数情况下，能限制人的都不是金钱。思维、观念或方法对一个人的限制，一般都比金钱大得多。以投资为例，一个人期望每年用他手上的1000万得到10%的回报，即一年得到100万元的回报。假如他不知道该如何实现这个目标，别说赚钱，本金不减少就不错了。所以说，不是一个人有了钱就能解决问题，关键在于他或她必须懂得如何使用钱。如何使用属于方法问题，即可视为认知制约。

20世纪90年代中期，当好莱坞大片刚刚引入国内时，引起了巨大的轰动，完全秒杀国产片。当时的那些大片制作成本大都在几千万到上亿美元之间，而国内同期影片的成本则在百万人民币以下。因此，当时一些国内的导演很不服气，宣称如果获得好莱坞大片的预算，也能得到同样的结果。今天持类似观点的人已经极少，因为国内完全能拿出同样的预算。问题是，拿到同样预算的人，有谁能保证自己的作品可以横扫全球？

同理，有足够的资源就能得到像iPhone、特斯拉这样的创新吗？这个问题也不难回答。困住我们的往往不是金钱、时间、人、资源等因素，而是隐藏在金钱等因素背后真正的东西：有时是方法，有时是思维模式，有时是外在环境的要求。

来看这样的一个例子：如果你有5美元，在2小时内，你怎样才能赚到尽可能多的钱？

这是多年从事创造力和创新研究的斯坦福大学教授蒂娜·齐莉格（Tina Seelig）曾经给斯坦福学生布置的一个作业：她给每个学生5美元，看他们在2小时内能赚到多少钱？

这是一个受到时间和金钱的限制的典型制约设计。在今天的工作和生活中，金钱和时间的制约也是我们面临最多的挑战。斯坦福的学生最初拿到这个题，他们想的是如何在约定的时间尽可能利用这5美元，以下是一些学生的想法：

①买彩票。

②买一些材料回来，手工制作产品，然后再拿出去卖。

③联合一些学生组织一个Party，然后向来参加的每个人收钱。

你也想到了吗？还有一些学生想到了一些更好的办法：

④摆一个充气招牌在斯坦福校园内为自行车充气，一次1元并帮助检查刹闸和链条。

你猜猜最后赚到最多钱的办法是什么？是下面这个：

⑤将他们每节课上课的笔记卖给其他公司！[①]

需要看到的是，如果你把金钱和时间视为条件制约，如何去突破时间与金钱的限制就自然成为你思考的方向。像想法①、②和③所展现的正是这样的思维，即利用5美元钱在时间限制内去赚尽可能多的钱。其中想法②、③还不错，懂得利用提高产品的附加值去获取更多的利润。相反，假设只去想赚更多的钱，而不考虑金钱和时间的限制，制约的作用就会自然解除。想法④和⑤之所以比前面的更好，体现的正是这种思路。

再看一个大家都无比熟悉的例子：三国时期，为了与曹军开战，周瑜要求诸葛亮十天之内赶制十万支箭。诸葛亮表示曹军即刻杀到，十天的时间太长，他保证在三天内即可得到十万支箭。周瑜很高兴，认定诸葛亮肯

① 这是典型的靠山吃山，靠水吃水，非常懂得合理利用自己优势的做法，因为斯坦福大学的名气，因为斯坦福创新课的名声，学生的笔记很值钱，换成其他学校这招就未必灵了。

定无法办到，找麻烦的机会到了。周瑜以为箭是诸葛亮监制而得。按那时的速度，三天造出十万支箭的可能性完全不存在。

这个例子的制约（要求）是：必须在三天内制造出十万支箭。

草船借箭是一个经典的利用制约实现突破的故事。其实，诸葛亮的脑子里从一开始就没有出现过箭是制造出来的这种想法。他巧妙地替换了制约中“人”的要素：提供者不同，十万支箭的来源也就不同。

由此我们看出，如果一个人一直紧盯着制约条件，总是在想如何从中解脱，实现突破往往困难重重。这其实是大部分人的思维习惯。从那个找气球的例子及诸葛亮的草船借箭的例子中可以看出，聪明人的做法大都如出一辙：改变传统的思路，把目标放在如何调动一切可利用的资源上。新的思维习惯造就了制约束缚的解脱，更详细的内容将在下两章出现。

## 制约越多，结果越单一

先来看看这样一道题：如果$x + y = 5$，请问$x$、$y$可能是什么？

大家都知道，这道题有无数的解答。现在来加一点限制条件，假设$x$、$y$代表小于5的正整数，答案又是什么呢？

同样很简单，只是答案被大幅度缩窄，剩下有限的几个值而已。接下来，在上题的基础再加一点限制条件：假设$x$为奇数，$y$为偶数，且$x>y$。此时，这道题只有唯一的解，即$x=3$，$y=2$。看来条件越多，结果也越趋向单一化。这只是一道数学题，现实的情况是否也符合同样的趋势呢？

下面是一个几乎每个人都听过的对话：

问：“今天去哪里吃饭？”

答：“随便。”

“随便”这样的答案带来了太多的可能性，有时反而让人不知道如何选择。相反，给出一定的限制才会让人更为明确。因此，现实中的情况也和数学题大致相同：条件越多，结果的单一性越强，反之则可能性越多。

还记得条件制约指的是做一件事的要求或目标吗？这也意味着制约越多时，要求也会越多，结果朝越单一化的方向发展。

再来一个请人帮忙找工作的例子。如果仅凭“我要找一份工作”这句话，由于缺少了具体的目标，别人很难帮到你。目标越明确，别人越清楚自己是否能帮得上忙。这个例子也从反面验证了限制越多，结果越单一这个结论。对制约的好坏判断不能一概而论，须视具体情况、具体人而定。现在我们可以看到制约的另外一个特点：制约越多，结果越明确。反之，制约越少，结果越难确定，可能性越多。

记得曾经有个朋友经常来找我抱怨自己付出了很多努力，却看不到什么结果。如果你也和这位朋友类似，做事情总看不到结果，其中一个重要的原因可能是你的制约太宽了。简单说，就是想要的太多了。当你想要这个，又不想失去那个时，人就容易在犹豫、蹉跎中打转，结果自然难以显现。一旦缩小制约的范围，很快你就可以见证到结果。只是，这样的结果是不是你所期待的则另当别论。就像前面的那个“随便”的例子，一旦把它改成“楼下的牛肉面”这样的答复，你立刻能得到对方的回应。对方愿不愿意和你一起去吃面暂且不论，至少不会像回答“随便”那样，彼此都不知道应该怎么办。

有些人觉得结果单一并不好，他们期待更多可能性的出现。在这点上，好坏的判断依然须视具体情况而定。如果下棋、打球等活动没有规则的制约，双方都很难开始。可以说，在很多情况下，制约未必带来困境或限制，事实上它经常让我们受益。再如，假设驾驶没有速度限制，出车祸的可能性肯定会高很多。大家受到法律保护是我们受益于制约的另一个例子：为了避免触犯法律，我们就必须先约束自己的行为，让它朝结果单一的方向发展。

## 化制约为神奇

美国人菲尔·汉森（Phil Hansen）是2009年第51届格莱美艺术家大奖

的获得者。他在上大学期间，由于长期画画导致手上的神经受到永久性伤害，握持任何东西都会颤抖。汉森因此放下画笔，休学两年，不再碰他最喜欢的绘画。他一直想重拾画笔，可颤抖的手如何画呢？直到有一天，他的医生建议他与颤抖做朋友，拥抱颤抖。刹那间，他突然明白颤抖的手就是自己永远不可能回避的现实。只有接受这个现实，想方设法利用自己所能，才可能获得新生，重新画起来。无法用笔画，可以用手来画，用身体来画，用想到的一切来画。一种新的艺术风格从此诞生！

颤抖的手对绘画而言无疑是一种限制、一种负累。可经汉森重新审视，它却变成了一种激发创造力的动力，变成了创作的源泉。用汉森自己的话来说就是：

将局限视为创意来源的想法，改变了我的人生历程。现在，当我遇上瓶颈，或发现自己陷入创作低潮，有时我依然得与低潮抗争，但我不会再逃避，试着提醒自己其中的可能性，比如用上百只活生生的虫创作一幅图像、用图钉替香蕉文身或用汉堡的油脂作画。我最近努力的方向是，试着将我学到的创作诀窍转变成可让他人复制的技巧。局限或许是驾驭创造力最不可能的方式，但同样可能是使我们跳脱框架的最佳方法。重新进行规划，挑战既有规范，除了可以勉励彼此活在当下，也许还可以时时提醒自己拥抱局限。

为什么疾病没有限制住汉森，反而变成了他在艺术上的突破口？最根本的原因在于汉森不服输，不把困难视为束缚或枷锁。相反，他接受了颤抖这个现实，然后积极思考如何将自己的不足转化成优势。

再看另外一个例子。据联合国环境规划署统计，全球有大约25%的面积是沙漠，差不多5亿人居住在其中。沙漠、盐碱地的气候都属于极端干旱的大陆性气候，光照充足、干旱少雨。这种气候条件容易造成地表植被疏松，生物生长较弱。因此在沙漠、盐碱地地带，农业产量普遍不高，需要通过进口来补充粮食、水果、蔬菜的供应。全世界有一个国家倒是个例外：它的农业不仅能满足国内95%左右的需求，还大量向其他国家出口农产品和农用物资设备。这个国家就是以色列。

以色列是一个可耕地和水资源都十分匮乏的国家，全国50%以上的土地为沙漠和盐碱地。以色列人没有因为客观条件的限制就选择放弃，反而积极寻找解决方案，致力于将沙漠变绿洲。只有如此，才可能掌握主动，不受制于人。

他们首先要解决缺水的问题，以色列人意识到提高用水资源利用率是解决问题的关键。经过多年的努力，他们使用了滴灌技术替代传统的浇灌。滴灌就是让水滴从供水管线上一点点地渗出，这不仅有助植物生长，还能减少蒸发，达到比较好的灌溉效果。相较于传统的浇灌方式，滴灌技术可节水50%～70%，水和肥的利用率则达到80%～90%。此外，以色列人还通过大量的科技创新，不仅在农业中引入了大棚种植、生物授粉和电子灭虫等技术，还利用海水淡化和污水净化帮助解决灌溉问题。这些措施卓有成效，成功地让以色列由一个资源贫瘠的国家变成了一个农业出口国。

沙漠和盐碱地虽极度缺水，老天却给了那些地方另外一种祝福——大部分沙漠和盐碱地的地下都蕴藏着丰富的石油（以色列除外）。这种奇妙的补偿本应给那些国家带来繁荣昌盛，但事实却并非如此。除了沙特、阿联酋、卡塔尔等少数几个国家还算不错外，其他石油国发展都比较一般。这就是著名的“资源诅咒”（resource curse）。

拥有丰富的自然资源，特别是那些不可再回收资源（如煤和石油）的国家，本应凭借着这些资源优势为经济发展提供助力。然而英国经济学家理查·奥狄（Richard Auty）却发现，大部分资源丰富国家的经济发展状况反倒不如一些资源匮乏的国家如以色列、日本和韩国等。这种现象被奥狄称为“资源诅咒”，意指丰富的资源没有成为祝福，相反却不幸成了发展的包袱。被“资源诅咒”的国家不仅包括中东众多产油国，还有非洲的安卡拉、尼日利亚、赞比亚及美洲的委内瑞拉等。资源丰富本应是一种优势，可大幅度推进一个国家或地区的经济发展。然而，不善加利用的话，优势很可能转化为一种诅咒，拖累国家的整体发展。同理，资源匮乏原本属于劣势，但如能合理利用，它完全能够转变成一种祝福，帮助国家腾飞。

很多人习惯从政治、经济等层面去讨论“资源诅咒”的形成原因，在这里我更想从心理的层面进行探讨。一个人或群体，无论拥有资源优势，还是成就、能力、环境甚至身高等其他优势，都很容易在内心深处抬高对自己的评价，总觉得自己更好、更厉害。自我评价提高的直接后果就是降低对他人和外界的评价，自满与骄傲就在这一抬一降的差异之中逐渐滋生，慢慢壮大。自傲的情绪遮挡了当事人的理智，使其习惯性地偏离现实进行判断和决策。这也就是俗称的“自我膨胀”。

任何的进步都可能产生自满，尤其是在当事人对此自我意识不足的状况下。从短期看，自满不会有什么问题，甚至在相当程度上能让人感觉良好。可从长远看，自满不仅无法形成新的动力，反而会演变成阻力，就像是一种诅咒，让人在不知不觉中退步。自然资源上的优势也非常类似：一旦大量的煤或原油被发掘出来，当地人很容易失去曾经有过的拼搏精神，懈怠和自满滋生。此时，人会变得不思进取，误以为资源可以养他们一辈子，反而放弃长远的规划和更为合理制度的建立。一旦自然资源开发出现枯竭，或因市场供应量过大而导致资源价格大幅度降低，对现实错判的恶果就会一一浮出水面，对单薄、脆弱的经济结构造成巨大的伤害。反观美国、澳大利亚、加拿大、挪威等同属自然资源丰富的国家，它们没有因此满足，反而在教育和科技上持续不断投入，合理有效地开发、使用资源，也因此成功地避开了资源诅咒。

综合上述，制约可以激发一个人的创造力，把劣势转化为优势。同样，如果不懂如何善用优势的话，它也可能变成诅咒，给当事人带来负面的影响。必须看到的是，人间处处有制约。无论是生活、工作，到处都有要求、规矩或目标，也会经常出现因自己能力、条件或认知等不足而感觉束手无策的时候。每个人都无法回避制约的存在，所以如何看待、如何利用它决定了最后的结果。你可以视制约为困局，从此接受制约，默认制约带来的限制。你也可以把制约看成是机遇，是突破的契机。因为能难倒、困住你的，也必定能难倒、困住很多人。如果你能借机解困，你就可以甩开他们，形成突破。

# 第10章　探索突破的秘密通道

逻辑可以把你从A点带到B点，想象力则可以引领你到任何地方。

（Logic will get you from A to B. Imagination will take you everywhere.）

—— 爱因斯坦（Albert Einstein）

## 突破的启示

现在大部分的企业都面临着市场饱和的问题，僧多粥少，生意越来越难做。因此，几乎对每一个企业来说，深挖潜力和寻找突破都迫在眉睫。可惜的是，这样做的效果并不理想，大部分企业依然在努力挣扎。这种局面出现，最主要的原因是我们挖潜和寻求突破时都习惯延续过去的思路，我们的目光都放在熟悉的路径上。大家都知道，当我们按习惯的模式去思考时，我们的思路很难摆脱个人认知和能力的制约，最后自然只能得到熟悉的结果。

2016年10月底，小米推出的6.44英寸大屏幕全陶瓷手机小米MIX，一上市便抓住了大众的注意力。尚未出售，定价不足4000元的小米MIX即被炒至过万，创国产手机之最。要知道在过去，只有苹果的iPhone手机在刚发行时有过类似的待遇。小米MIX之所以如此引人注目，并不是因为大屏、全陶瓷机身或其他高硬件配置，而是因为其高达91.3%的超高屏占比及优雅的设计。当时的手机屏占比能达到80%都不多见，而高屏占比的直接效果是给人带来强烈的视觉冲击感。很多人都认为高屏占比代表了手机未来的发展方向，最终手机屏占比将接近或达到100%。这次小米的大功告成无疑将带动未来高屏占比手机的热潮。这也预示着2017年会有更多类似的手机出现，每一家主流手机厂商至少都将会有一个高屏占比的产品。到了2018年，高屏占比必将成为高端手机的标配之一，个别手机的屏占比更是接近100%。那时，只有千元机才会继续维持低屏占比。

假如这个预测正确，小米将作为高屏占比手机的领头羊，不仅在市场上成为争相效仿的对象，也成功地解决了第1章谈到的小米缺乏核心竞争力的问题。小米MIX的成功再次证明了"酒香不怕巷子深"的永恒真理，唯有好的产品能在市场上引起轰动。

在饱和的市场，产品的创新通常是突破的唯一途径。过往很多商家习惯使用吸引眼球的营销手段，并以此作为提高销量的突破口。这种以炒作为主的做法现在遭到越来越多消费者的唾弃。它不仅无法持续改善产品的销路，从长远看对产品的品牌建设更是一种打击。小米MIX的成功还意味着，你不创新，有人创新后你就只能跟着别人跑。可以想象在未来一段时间内，小米的高屏占比手机都将领跑其他国内手机厂商。这正是突破带来的优势！

没有制约，突破也无从谈起。制约与突破相辅相成，有了制约才能彰显突破的重要性。要想突破，需要了解制约，比如你到底受困于什么，又是什么限制了你，等等。一旦搞清楚了这些问题，破除制约将会变得更为简单，实现突破的可能性也更大。

## 解决问题的思维途径

当一个人面对自己不熟悉的情况，或让他在熟悉的情况下给出新的想法时，被卡住的情形屡见不鲜。这种情形的出现，主要是因为我们每个人都有自己固定的思考途径，而这种途径大都经长年积累而形成。我们习惯按照这个固定的途径去思考，遇到自己陌生的情况或熟悉的情况下而被要求给出不同想法时，人就会像走在一条从未走过的路上，霎时间方向感全无。

图10-1展示的是解决问题的思考途径。我们在遭遇外界刺激，如遇到困难或寻找机会时，首先从问题开始，我们会先去探求究竟是怎么回事，找到问题或障碍出现的原因，然后再根据自己的认知和能力，找出相应的解决办法，接下来付诸行动。再接着还可能从行动中去检查到底是否做对了，根据具体实施的情况进行调整。我们每个人解决困难、破解制约或寻找机会时都会延续这条思考途径进行判断、决策和行动，只不过多数人没有意识到这个路径存在而已。

**图10-1　解决问题的思考途径**

好了，现在问题来了。既然每个人的思考途径都差不多，那为什么有些人解决问题能力强而有些人则差呢？或者说，为什么有些问题能解决，有些却很难解决？

当然，这个问题与参与者的个人能力和经验相关，也与问题的难度有一定的关系。除此以外，其他许多因素也能影响最后的结果。例如，在思考途径中各个环节出现的负面影响因素（发现问题不及时、收集信息不全、分析问题不够彻底、行动落实不好等）都可以直接改变事情最终的结局。思考途径中还存在一些所谓的“噪声”，也就是那些影响我们判断和决策的潜在心理因素，也会对结果产生直接或间接的影响。这些心理因素将在下两节有更详细的介绍。个人因素的局限性，如性格和价值观，同样影响我们的判断与行动，也可以改变一件事的结果。综合上述，虽然大家的思考途径基本相同，但由于整个过程中存在许多可以影响最后结果的因素，因此结果上出现差异也就不足为奇。

美国普林斯顿大学心理学教授、2002年诺贝尔经济学奖获得者丹尼尔·卡尼曼（Daniel Kahneman）在2011年年底出版了一本非常畅销的书，书名为《思考，快与慢》（*Thinking, Fast and Slow*）。在这本书中，卡尼曼教授介绍了人类思考的两种模式，系统1和系统2。我们每个人都同时使用两种系统，但两者的作用和途径并不同。系统1，即快思考方式，是一种直觉的思维模式。而慢思考的思维方式系统2则经过逻辑演绎或推理分析等理性思维，是一种认真思考的模式。由于系统2需要足够的注意力和时间才能准确运行，我们大脑的负担也相应增加，所以在日常生活中，运作简单的系统1往往在思考模式中占据主导地位。

细心的读者会发现，图10-1展示的其实是系统2的思考途径，而图10-2才是系统1的思考途径。系统1的路径可以从外界刺激一下子过渡到行动，中间发现问题、找出原因和解决办法这些步骤均被省略。这种思考途径的极端也经常被大众称为“冲动”。冲动一般持续的时间比较短，从开始到结束整个过程只间隔数秒而已。

系统1的好处在于减轻了我们大脑的负担，加快了行动的节奏，缺点则是容易出错。系统1让一个人获得即时的爽快和舒服，不过也往往伴随着相应的代价。别忘了，我们的直觉是一种基于个人经历和认知的自然反应，它同样受到环境、欲望、情绪、能力和认知等因素的影响。所以从结果看，以直觉为主的系统1不如以逻辑分析为主的系统2正确率高。

尽管如此，由于我们日常大部分行为的重复性比较高，需要仔细分析的情形少，这就不奇怪为什么多数人都习惯用直觉的思维途径，即系统1去应对外界的变化。系统1也因此呈现出一个常开的状态，随时随地为我们服务。相反，系统2则是在需要时才打开，根据实际情况启动工作。

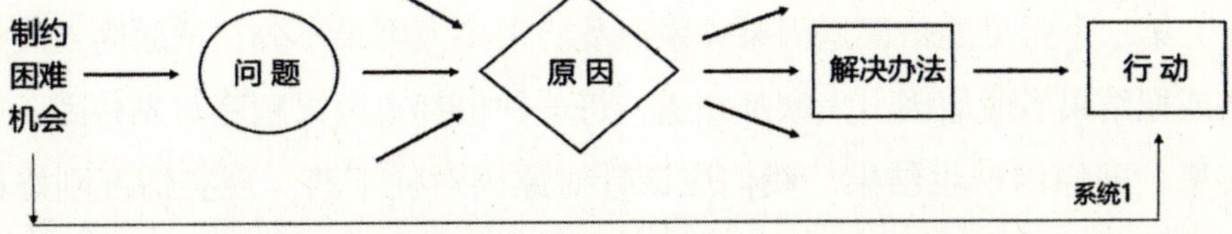


**图10-2 按系统1展示的解决问题思考途径**

## 解决问题的逻辑通道

遇到简单问题，使用系统1的效果一般都还不错。可能是出于习惯也可能是不想太费脑子，很多人都倾向于将复杂问题简单化，这样就可以避免开启系统2。利用系统1去应对复杂问题不仅无助于解决问题，有时还耽误时间，错失解决的良机。

比如当一个企业的产品销路不好时，许多领导的第一反应便是员工不够努力。照这种思路，员工加班加点也就成了一种必然。一旦发现加班加点无法提升销量，有些领导又会想到是因为员工工作能力不足，于是马上着手相关培训。如果培训还解决不了问题，解决办法就变成了解雇旧人再招新人。倘若发现这样也解决不了问题，就会要求加更多的班，做更多的培训，继续炒人招人。如此周而复始，在恶性循环中反反复复。类似的现象在国内很多企业中屡见不鲜。

面对复杂问题，有效的解决办法是屏蔽系统1，开启系统2。利用系统2分析、发现真正的问题，接着找出问题的成因，再据此想出相应的解决办法。

在使用系统2发现和判断问题时也容易出现一些错误，如满足于问题的表象就轻易下结论，前述产品销路不好的处理方法就是下结论太快的一个例子。在多数情况下，销路不好其实是由多重原因所致。这些原因通常可分为内外两大类，员工的问题只是内因的一种，其他的内因还包括领导力不足或产品结构不良等。外因则包括市场、竞争或政策等，它们同样可能导致产品销量不佳。如果仅就内因的一部分下手处理，而不能全面、系统地考虑，很难真正解决问题。正确的处理方法是先找出事情发生所牵涉的内外因，同时理清这些原因的根源，在这个基础上再找出解决办法。

第二个常见的错误是因果关系混乱。很多人因果不分，把原因当成结果或把结果当成原因。大家都知道，每一件事都有因果顺序。先有因，后有果，即原因产生结果。我们应该针对原因对症下药。现实情况刚好相反：很多人喜欢对结果大动干戈，显然这种做法无益于解决问题。以发烧去看医生为例，应该说发烧只是一种结果，原因可能有很多种。如果医生忘记深挖其中的原因，只是给点退烧药的话，真实的病情很可能就此被忽视。同理，一个人工作不认真只是结果而已，背后往往隐藏着真正的原因。可惜的是，相当一部分领导依然把这种情况视为原因，认为工作不好就是一个人素质差的体现。按这种思路，解决方法只会是批评、教育或开除这个人，真正的原因就可能被忽略。正确的处理手法是采用望闻问切的方法，即通过观察、询问和分析，找出问题的根源所在，避免头痛医头、脚痛医脚的情况出现。

好的解决办法不仅需要当事人清醒地意识到自己判断、决策的依据和方法，还应该熟悉整个过程中出现的假设、偏见和盲点。这些假设、偏见或盲点在相当程度上可以影响我们的判断与决策，因此，事先对此有所意识就有助于做出更为贴近事实的判断和决策。此外，在了解问题的本质和形成原因后，在解决方法上最好形成替代方案，这样可为事情的发展变化预留一定的操作空间。

再者，将解决方案实施后的影响和意义，如风险预估、短中长期效果分析、环境因素等纳入考虑的范围，也可以大幅度提高最终解决问题的概率。

接下来，对解决方案的落实，包括实施过程中的资源配备、实施计划和步骤等，同样必须给予足够的重视。然后，根据计划和具体实施情况，可进行必要的调整，直至问题最终得以解决。

综合前述，解决问题的逻辑通道，即系统2，是从发现问题开始，接着通过对问题的分析，找出引起问题的原因及根源。然后，根据问题的成因和根源，设计出最优的解决方案。再接着在现实中落实具体的解决方案，并根据需要和反馈对实施状况做出必要的调整。在整个过程中，倘若对流程中各环节可能出现的问题有更强的意识和更充分的准备，解决问题就能势如破竹、事半功倍。

## 阻碍制约突破的三大心理陷阱

在尝试突破时，我们都会先采用系统1的思考途径去寻找正确的答案。如果不行的话，再看看系统2是否有效。如果两种途径都不行，即突破遇到了阻碍，大部分人的第一反应都是认为个人学识不足，或能力或经验不够。事实上，这种看法并不正确。较多的学识和经验或较高的能力肯定有助于突破，但这种成功突破通常只对当事人所熟悉的领域有效。一旦需要他们跳出自己认知的局限，在不熟悉的情况下进行突破，学识、经验和能力就未必能帮上忙了，有时甚至起反作用。

图10-3是网上流传的一个题目：一辆汽车停在标有16、06、68、88、98五个数字之间的停车位，问汽车停的是几号车位？

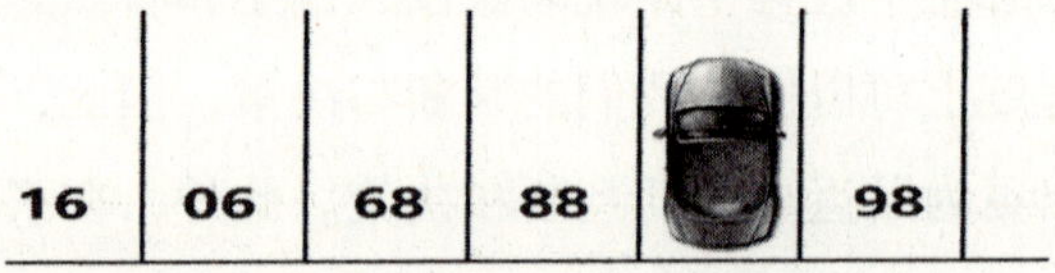


**图10-3　问：汽车停的是几号车位？**

你可以拿这个题给那些你认为厉害的人试一试。如果事先没见过，他或她被卡住的可能性还是比较高的。相反，小学或初中生答对的成功率则会高不少。这是因为成人习惯采用自己熟悉的逻辑，试图找出几个数字之间的联系去解这个题。这样的话，自然很难对付这类类似于小孩子脑袋急转弯的题目。你只要把这个图倒过来，一眼就能看出正确的答案。问题是，现实生活中有多少人会像这样做，经常使用逆向思维？可能有些人对此颇为不屑，觉得这类题目不过是玩玩而已。诚然，现实世界中大部分人经常做的都是些重复性比较高的事，用自己熟悉的办法就能从容应付大多数的事。需要注意的是，重复性高的事一般都不产生什么价值。同理，高价值的事重复性低。

我们在突破中力不从心，难以破解困局，是因为个人经常会受制于一些心理因素，即前文谈到"噪声"。这些"拖后腿"的心理因素往往隐藏得很深，极容易被忽视。即使事先有所察觉，通常也需要很长的时间才能克服它们的影响。我给这些因素取了个名字叫"心理陷阱"，下面我将对它们进行汇总，看这些心理陷阱是如何阻碍突破的实现的。

## 第一大心理陷阱：默认制约

在波兰天文学家哥白尼之前，地心说一直被大众视为真理。顾名思义，地心说认为地球是宇宙的中心，而太阳、月亮、水星、木星等皆围绕着地球旋转。地心说得到了当时在欧洲执掌大权的教会的极力认可。要知道，在那个年代，与教会对抗可会被处以极刑。经过长达20年的研究，哥白尼其实早在16世纪20年代就已经确定了日心说的理论，即太阳才是中心，而地球等行星围绕着太阳旋转。由于日心说挑战了教会支持的地心说，哥白尼害怕教会的报复，所以一直等了20多年，直到1543年临终前才公布了这一学说。

类似哥白尼这样因恐惧而不敢突破的例子，在今天依然不计其数。因为突破是对现在的否认或破坏，是一种与众不同的行为。突破可能导致出错，最终的结果也常常无法确定，不少人会因此感到害怕或不好意思，对突破过程中随之而来的否认、拒绝、嘲笑、讽刺等反应有所顾忌，所以不如安分守己更容易让人接受。恐惧致使我们质疑自己，而自疑又在无形中阻碍了我们的行动。更有甚者，很多人不仅习惯性压抑自己，还常常阻挠别人尝试突破。

上一章谈到“资源诅咒”时，我曾说过，一个坐拥优势的人或群体容易变得不思进取、安于现状。事实上，随着社会的不断进步，现在我们的生活已经比过去好了很多。大部分人再也无须像父辈那样经常为吃穿住行而担忧。这种状况使现代人更加讲究享受和欢乐，可不幸的是，它在无形中也扼杀了我们探索和超越的精神。很多人变得无欲无求，对默认现实的状况习以为常。所以说，自满与恐惧一样，其实都是突破的天敌。

经过多年的观察，我发现大家面对制约通常有两种不同的心态。这两种心态又代表了两种不同类型的人，我称他们为“默认者”与“挑战者”。默认者内心的想法是接受制约，默认制约带来的限制。为了适应制约的要求，默认者会降低自己的目标或期待值。以下是默认者的口头禅：

“没办法！”

“这就是现实！”

“我就这条件，你让我怎么办？”

“只能这样了！”

“试了也没用！”

“我们过去就是这么做的！”

默认者是典型的经验主义者，经常被负面情绪，如恐惧或自满控制。尤其是恐惧，最容易抑制一个人去尝试新鲜事物或新的方法。在现实中，我们都可能因为害怕失败、害怕变化、害怕未知、害怕不被人接受而做出那些更简洁明了的选择。

与默认者相反的是挑战者：他们不接受制约，总在想办法从制约中解脱出来。挑战者的内心世界很少被自满牵绊，他们对未知更有好奇心，更渴望去探索。挑战者的内心同样隐藏着恐惧，但他们更习惯与恐惧为伴，更善于将恐惧转化成克服困难的力量，所以屡屡想方设法去破解制约的禁锢。

请注意：我将默认制约排在“三大陷阱”之首，是因为只有它属于态度问题，拖后腿的程度最强，其他两个则更多地偏向于技巧层面。技巧大都只有辅助的作用，掌握了技巧可以达到事半功倍的效果，然而，心态才是决定事情能否成功的最重要的因素。也就是说，一个人如果能端正心态，采用合适的方式去面对制约，破解制约只是时间问题而已。反之，即使有很高的能力或懂很多的技巧，若缺失合适的心态，能力和技巧不仅不能正常发挥，有时甚至还可能起反作用。

在过往的日子里，我一次又一次见证：人的自然倾向就是遇到困难时，从更简单、更容易的地方滑过去。只要给退路，大部分人都会顺着溜下来。这才是人的天性。所以，突破自己的限制犹如逆天而行，默认似乎才显得更正常。必须看到的是，懒惰、随性、畏惧及屈从于诱惑向来更接近人类动物的本性。相反，抗拒现实与战胜自我才是进化的结果，只有经过不断学习和努力才能达到。这些事实告诉了我们一个这样的道理：一般人多半会选择默认制约，只有那些不甘心、爱折腾的人才会对挑战突破情有独钟。也许这看起来有点让人唏嘘，不过好消息是，默认与挑战的态度并非天生。只要刻意锤炼和提升自我，一个长期的默认者也同样能够成功地转变成挑战者。类似的例子这些年我也见证过不少。记住：选择在你自己的手上！

## 第二大心理陷阱：路径依赖

网络中流传着这样一道烧脑题：在1、3、5、7、9、11、13、15这8个数字中选出合适的数字填入到图10-4的方框中，使3个方框的值相加等于30。

□ + □ + □ = 30

把数字（1, 3, 5, 7, 9, 11, 13, 15）填入方框中

提示：以上数字可重复使用

**图10-4　方框中可填什么数字，才能让等式成立?**

给出的8个数全部都是奇数，三个奇数的和必然还是奇数。而30是一个偶数，按大家熟悉的解题思路，看上去这应该是一个无解的题目。通常这种类型的题目在教科书或练习册中出现时，框中就只能填一个数字。这似乎是一个共识。然而，这个共识在这里并不存在。我们在方框中可填任意一个数字，甚至可以加上运算符号或小数点。这样，题目也就变得有无数的解。

可能的答案包括：（13-1）+9+9=30，13.1+5.9+11=30。

如果这个题目可以这样解，那么图10-5中这个同样在网络中流传的题

目，你准备如何解呢[①]？

**101 − 102 = 1**

**只允许移动一个数字或符号的位置，使等式成立**

图10-5　这题如何解？

还记得第5章出现的图5-1吗？在这里再次展现这个图，从A点到B点的路径如图10-6所示。

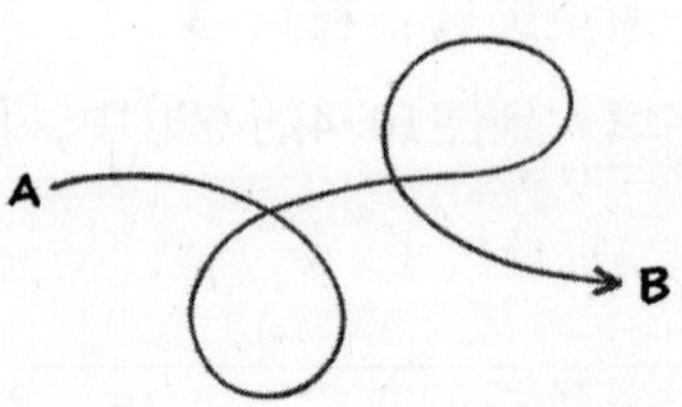


图10-6　从A到B的路径展示

假如现在从A点到B点换成了图10-7中迷宫的形式，从A到B你该怎么走呢？

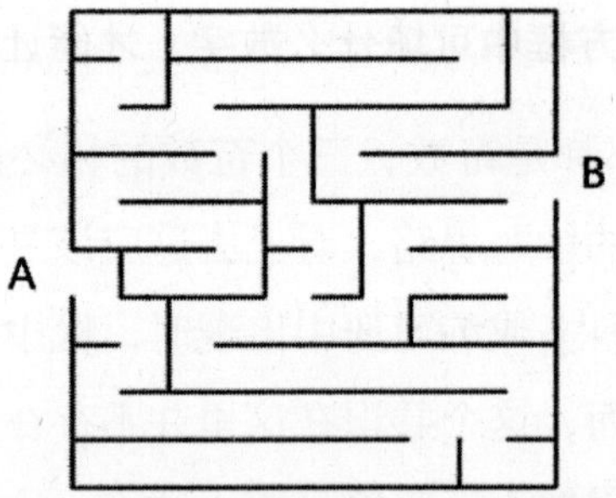


图10-7　在A和B间放置一个迷宫，从A到B可以怎么走？

这样的题想必连一年级的小学生都难不倒。如图10-8所示，A到B的走

① 这题有两种解法。第一种可以把102的2当成平方，这样算式就变成$101-10^2=1$。第二种解法则是把等号的一半移到减号上，算式变成101=102-1

法很简单！

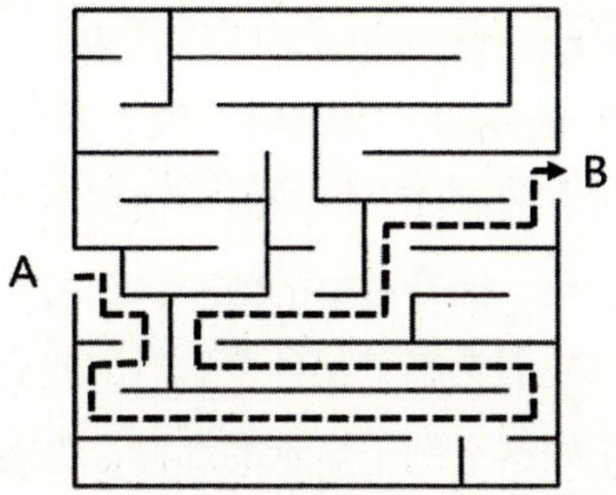


**图10-8　从A点穿越迷宫到达B点途径展示**

现在真正的问题来了，除此以外，从A到B还有其他的走法吗？仔细找一下，看你能不能找出来？这个问题估计会难倒一部分人。

图10-9是不是另外一种解法呢？

可能有人会说，你作弊，迷宫没有这种解法的！如果你倒回去看看，你就发现我从来没有说你必须穿过迷宫，我只问从A到B如何走而已。为什么大部分的人会自动想到一定要穿过迷宫呢？或者这个问题还可以这样问：这种思维定式是如何形成的？

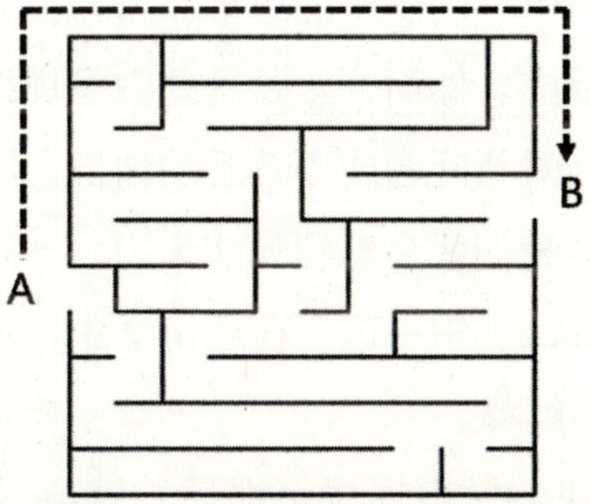


**图10-9　从A到B的另一种走法**

简单说，这正是我们平时做事的“逻辑”在作怪！你可以把这里的逻辑理解为做事的原则，它规定了为什么我们要这样做，而不是那样做。我们做每一件事看似毫无章法，其实背后都隐藏着一定的逻辑或规则。这些逻辑规范了我们必须怎样做才适宜，否则就很可能给自己惹麻烦。以下象棋为例，“马走日、象走田”就是象棋最基本的走法，缺失或违背了这个原则，这棋就很难下了！

逻辑逐渐成为我们依赖的人生经验、做人做事需要仰仗的规范和指南。它可以缩短我们思考的时间，同时减少很多不必要的冲突和摩擦。它还能简化我们行动的步骤，提升做事的效率。在另一方面，它也可能变成我们突破的阻碍：一旦我们熟悉了某种逻辑后，就会自动钻进逻辑的套子里，按逻辑去办事。正如这个例子显示的那样，当迷宫摆在我们面前，我们的第一反应就是要找出穿过迷宫的路径。因为过去都是这样做的，所以在迷宫中寻找路径就变成了理所当然。因此，当再问有无其他走法时，很多人就很自然地继续在迷宫里面找。

我拿这题给过一些人做。与图10-3类似，我发现不少成人都会被短暂卡住一下，而类似的情景在孩子身上则少很多。在孩子的脑子里，迷宫规则存在对他们的影响远没有对成人那么深，也因此会促成孩子们往更直观的方向寻找解决的路径。这一点也验证了在第6章中所谈到的事实：成人的创造力不足主要是因为受限于各种规则和界限。

我们之所以被困住，很关键的一个原因是我们的大脑习惯按逻辑行事，即按从过去的经历中总结出来的思维和行为模式进行判断和决策，以便做出快速、有效的反应。然而，正是这些熟悉思维或行为模式阻止我们采纳新的思考模式去面对新问题或不熟悉的情况。因此，一旦我们常用的思考方法或模式失效，我们就会感到无能为力、一筹莫展。在这里借用路径依赖（path dependence）——这个在经济学中常用到的概念——来对被困住的情形做进一步的解释。

路径依赖指的是我们做事形成习惯后，就会对这种习惯（即做事路径）产生依赖感，不容易从中摆脱出来。有多少人知道铁轨的宽度是多少？答案是1435毫米（即4英尺8.5英寸）！这是一个国际标准的数值，高铁也采用相同的标准。问题来了，1435毫米这个标准又是从何而来的呢？这个尺寸标准源于英国。不仅早期英国的铁轨按照这个标准修建，更早使用的有轨电车也是同样的标准。据闻最先定电车轨道宽度的人以前是造马车的，因此采用了马车的轮宽作为电车轨道的宽度。而马车的轮宽最早是由古罗马人制定，当年罗马战车的宽度就是4英尺8.5英寸。无论你信不信，这个尺寸等于两匹拉战车的马的屁股宽度！

这是路径依赖的一个经典例子，2000多年前两匹马的屁股的宽度居然可以决定现代铁路的铁轨宽度！这一点从另一个角度也验证了一个事实：改变和突破皆来之不易。

路径依赖在个人与组织层面上都普遍存在。需要注意的是，它的形成并非一朝一夕，通常也有一个路径和过程，如图10-10所示。假设我们遇到了难解的问题，老办法不管用，就会引入新措施。经过试用后发现新措施有效，新措施即被锁定。这样，路径依赖就此形成。下次当类似问题出现时，我们首先想起的就是上次管用的那个措施。讽刺的是，那个措施越成功，用得越多，我们对它的依赖性越强，受制于此的可能性也越大。前面我强调过多次，成功的经验可能削弱我们变化和适应的能力，让我们沉醉在自满和懈怠中难以自拔。从柯达、诺基亚等大公司的破产，包括悬崖村的困境中都可以看到这种"成功的诅咒"在发挥作用，路径依赖的理论则再次证实了这一点。

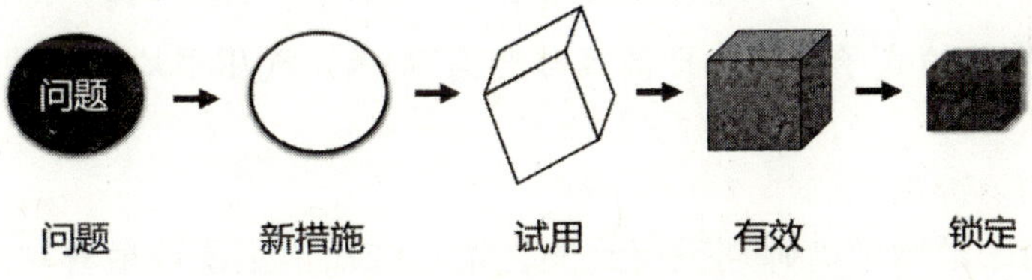


**图10-10　路径依赖的形成途径**

路径依赖本是我们不断自我强化的结果，但大部分人对此意识不足。这也意味着一旦路径被锁定，除非当事人经过长时间的刻意训练或经历比较重大的事件，摆脱路径依赖的限制都绝非轻而易举之事。我们依然会背上这个"历史的包袱"，不由自主地采用自己熟悉的方式方法去应对制约。需要注意的是，路径依赖并非坏事，它至少证明了"过去管用"这个事实。这也是我们会对它产生依赖的根本原因。在大部分情况下，路径依赖还具备浓浓的“正能量”，常常能助我们一臂之力，发挥提高效率、减少麻烦的功效。只是，它的缺点也同样明显：路径依赖限制了我们思考的范围，让我们陷在习惯或常规中难以自拔。可以说，在需要改变时，路径依赖就变成了一种包袱，阻碍突破的发生。

## 第三大心理陷阱：假设谬误

如果给你一个气压计，你能不能测出一座大楼的高度?

据说这是早年丹麦哥本哈根大学的一个物理试题。有位同学竟然给出了这样的答案：用一根长绳绑上气压计，然后在楼顶将气压计一直放到地面，最后测量绳子加上气压计的长度。老师看到这样的答案很不爽，虽不能说它有错，但与物理知识无关。于是这位学生又给出了其他的答案：

解法2：测量气压计从楼顶落到楼下的时间，根据自由落体公式进行计算。

解法3：先测量气压计的高度、气压计影子的高度及大楼影子的高度，然后按比例原理公式，就能算出大楼的高度。

解法4：先在楼下和楼顶分别测量气压值，再计算压差。然后用大气压随高度变化的式子求解，即高度每升高100米，气压平均降低约9.5mm水银柱高。

解法4才是物理老师期望得到的答案。谁知学生说他最喜欢的答案居然是解法5：把气压计当作礼物送给大楼管理员，让他说出大楼的高度。这位学生就是丹麦人尼尔斯·玻尔（Niels Bohr）。他后来成为原子模型的缔造者和量子论的创建者，并于1922年荣获诺贝尔物理学奖。玻尔的这个故事广为流传。现在问题又来了，为什么玻尔能想出如此多的方法？原因有很多，不过其中最关键的一点就是玻尔始终未把气压计当成测量气压的仪器，而老师与玻尔的差别恰好就体现在这一点上！

再来一题，我曾在一个相声中看到这样的问题：什么东西能吃、能喝、能坐？

答案是：面包、牛奶和沙发。

大部分人看到这样的题目，脑子里想到的都是“什么东西既能吃，又能喝，还能坐？”这样想答案自然只有一个东西，而不是三个。给出的问题并未说明答案仅限于一个东西，是我们自己把它想成了一个。因为这是惯例！注意：相声和笑话之所以好笑，正是因为它们经常打破我们习惯的思路。

我们所做的每一个判断和决策背后其实都一个或若干个假设，而这些假设构成了判断的前提条件。前文的例子中，老师就做了气压计只能用于测量的假设，而相声的假设则是答案是一个东西。假设作为我们判断或决策最重要的论据，支持着我们给出相应的结论。也就是说，我们下的结论都是从这些前提假设出发的，否则，所做出的判断或决策结论就不符合逻辑。值得注意的是，前提、假设常常被隐藏或省略，我们基本都是直接说出结论。下面来看几个隐藏假设的例子。

结论1：现在通胀那么厉害，钱放在银行里只会越存越少，赶紧拿出来投资吧。

**假设：投资稳赚不赔。**

结论2：他学历很高，一定是个聪明人。

**假设：学历高的人普遍聪明。**

结论3：有钱最好就买房。

**假设：房价总在上升通道中。**

结论4：我在这个项目上认认真真干了几个月，为什么是他升上去了？

**假设：努力付出就必然有回报**

与路径依赖类似，假设的作用也是减轻大脑的负担。它可以简化思维的过程，从而达到提高判断和决策效率的目的。由于假设的存在，我们不至于每一件事都要去仔细思考、分析——那种做法无疑很累人，而且也不现实。在今天这个越来越复杂的社会，我们常常需要借助像路径依赖或假设之类的东西，帮助我们简化认知的过程，以便迅速做出判断和决策。这样做有其必要性，也能给我们带来很多的益处。不过必须注意，只有正确的假设才能引出正确的结论。这也意味着，如果我们的结论建立在错误的假设上，那它必然是有问题的。

就像上述结论2中“学历高的人普遍聪明”这样的假设在大部分情况下成立，但如果我们对遇到的每个人都做出同样的判断，就很容易犯以偏概全的错误。因此，“他学历很高，一定是个聪明人”的结论值得商榷。同理，结论3中的假设“房价总在上升通道中”，确实在过往很长一段时间内也是事实，但这种趋势是否依然延续仍有待观察。因此，“有钱最好就买房”的结论同样需要推敲。其他的结论也有类似的倾向，它们背后的假设从逻辑上看都很难说完全站得住脚。

做出错误假设的情形在我们日常生活中普遍存在，甚至有些专家、学者也时不时栽倒在这个陷阱里。2001年上映的美国电影《K星异客》（*K-PAX*）是我非常喜欢的一部科幻片。影片中精神病医生马克与声称来自外星球K-PAX的普拉特（Prot）有一段很有趣的对话：

马克：“你以光速旅行吗？”

普拉特：“噢，不，我们以光速的倍数行进。如果不是那样的话，我现在最少要有7000岁了，不是吗？”

人类认为最快的速度就是光速。尽管我们目前暂时无法制造出达到光速的交通工具，但外星球更高智慧的生物体却可能具备这种生产能力，所以马克医生才会问普拉特是不是以光速旅行。普拉特声称其居住的K星球距离地球1000光年，若以光速旅行，单程就需要1000年的时间。他已来回数次，所以普拉特才会回答若以光速旅行，他现在至少已7000岁。这段对话中，马克医生做出的假设是光速是宇宙中传播最快的速度。从普拉特的回答中，显然他否认了这一点。他直接给出了答案，他是以“光速的数倍”来回地球。

无独有偶，“只要找到水，就能找到生命”这种理念是NASA（美国国家航空航天局）探寻外太空生命重要的依据。众所周知，地球表面和人体的70%都由水构成，因此水与生命相联系的假设就很容易形成。2015年9月，NASA专门召开新闻发布会，公开在火星上发现液态水存在的证据，并以此推断火星地表过去可能有生命的存在。现在问题来了，在火星上发现液态水存在的证据是否真的可以证明火星上曾经有过生命呢?

未必。没有水只能说明碳基生物无法生存，至于其他生命形式是否如此则无法断言。这也意味着，尽管地球上的生命必须在有水、有氧气的环境中生存，但这些却不一定是外太空生物生存的前提条件。以地球上的生命形式和生存环境为标准去判断其他星球是否有生命存在，这背后隐藏着这样的假设：外太空生物与地球生物类似，都只能在有水、有氧气的环境中生存。很显然，如此的假设并不正确。

我们做出的假设代表了自己对世界的认知。大部分的假设是被教育的结果，映射出大众认识世界的水平，还有一部分则源于个人生活的经历。对假设影响我们判断和决策这一点，大部分人其实并无意识。即使有意识，去检讨自己假设是否正确的也是极少数。毕竟这样不仅耗时费力，而且即使做了也未必有什么更好的结果。只是，不这样做可能付出相当大的代价。1981年，IBM推出世界上第一台桌面个人计算机，也宣布PC时代的到来。不过，当年的IBM高层认为个人计算机的重点在于硬件的发展，所以在个人计算机刚推出的几年，IBM的精力就自然而然放在了硬件上。正是因为“个人计算机=硬件”这个假设，比尔·盖茨迎来了自己千载难逢的机会。1985年他开发出的软件DOS被IBM采纳，作为IBM个人计算机的操作系统。后来DOS系统采用了图形化界面模式，从Windows 1.0开始，逐渐演变成了今天大家熟悉的Windows操作系统。后来的故事大家都知道了，比尔·盖茨变成了世界首富，而IBM的个人计算机业务则不断亏损。

2004年，IBM将个人计算机业务卖给了联想，全面退出硬件领域，转而向软件和服务业进军。我不清楚IBM做出这样的选择是不是出于在软件上吃过大亏这个原因，但有一点可以肯定：未来再也不会有人像IBM那样，把机器造出来，却将操作系统拱手于人！

## 突破的非逻辑通道

如果你是电影《星际迷航》系列的影迷，你一定会非常熟悉其中的两位主人公，库克和史波克。在《星际迷航》系列第一集《无限太空》中，库克是一个不太讲逻辑的人；而另一个主角，瓦肯星人与地球人的混血儿史波克则是一个逻辑性非常强的人。史波克的理性让他每次坚守原则，按逻辑办事。这种个性致使他很难在困境中实现突破，摆脱困境，反倒是库克的非理性行动多次成功地拯救了飞船和地球。所以，电影的最后，从未来回来的史波克告诉当下的史波克，以后应该学会“把逻辑放一边，跟着感觉走”。

《星际迷航》毕竟是电影作品，如果用虚拟作品作为现实生活的指引，那可能导致我们走向另外一个极端。对于日常的活动，按逻辑规则办事确实可以帮助我们提高效率，减少失误。可是，逻辑思维也有自己的局限性：逻辑爆发的力度不够，用于突破时往往力量不足，持续性更是欠佳。

众所周知，感情的力量异常强大。尤其是遭遇阻力时，感情更是不畏艰难、持续拼搏的动力所在。在日常生活中，如果我们仔细去观察那些初初看似不可能，最后却演变成现实的例子，我们可以发现当事人背后都隐藏着类似于信念、精神或爱恨等情感力量的支撑。逻辑很难成功地说服一个人坚持下去，毕竟从理性的角度看，放弃艰难麻烦的而选择容易简单的事才具备更高的“性价比”，更值得去为此努力和拼搏。

逻辑思维的另外一个不足之处在于，逻辑是基于我们认知范围的一种认知能力，一旦我们的认知有限，逻辑思维就可能成为前进的牵绊。换句话说，当我们谈论一件事是否合理、是否可行时，认知能力不同的人得出的结论往往不同。认知范围越广、心胸越开阔的人，越倾向于从各种角度去探讨事物的合理性与可行性。

早在公元前7世纪，古希腊数学家毕达哥拉斯就曾提出地球是圆的这个事实。1000年以后，到了17世纪20年代，由葡萄牙航海家麦哲伦（Ferdinand Magellan）实现的环球航行首次用实践证明了地球是圆的。可直到20世纪飞机被广泛使用后，地球是圆的这一事实才广泛为大众所接受。试想，在此之前，有多少人会相信地球是圆的呢？“地球是方的”这个不正确的概念俨然成为一种逻辑，几千年来一直错误地指引和规范着我们对外界的种种认知。

同理，知识、经验之类与逻辑的作用大体相同。它们是逻辑思维形成的根基，对我们生活、工作都具有指导作用，可以帮助我们少走弯路。没有了这些，很难想象我们的生活如何正常进行。然而，一旦出现知识有限或经验不足的情形，知识和经验此时反而变成束缚我们的帮凶，对突破起抑制作用。必须看到的是，知识、经验与逻辑也是助长三大心理陷阱形成的“罪魁祸首”。在它们的暗自推动下，路径依赖、假设谬误及默认制约都在不知不觉中产生并慢慢长大。

逻辑、知识和经验都是对过去的总结。我们需要告别过去，才能更好地创建未来。让想象力不受固有知识、经验的牵绊和限制，是打破惯性思维和固有模式的最好方式。想象力的实现与逻辑思维无关。逻辑思维常常用于推理，整个逻辑分析的过程是通过计算、比较、分析、综合、归纳、演绎等方式，做出符合某种或某些规律的判断。逻辑思维是一种抽象的思维能力，想象力则是一种具体形象的展示，它将图形、影像、声音、味道、触感等五官能感知到的元素融合起来，进行各种关联。由于没有限制，所以关联也可以海阔天空、无边无际，这样就可以创造出更多可能性。

如图10-11所示，面对制约寻找突破，可以有两种渠道，一种是大家都熟悉的逻辑通道，另外一种就是非逻辑通道。非逻辑通道可以借助想象力，也可以利用直觉或情感去挖掘更多的灵感。很多人之所以无法突破，一个重要原因是习惯性地把目光放在了需要突破的条件（即制约）上面。这种反应实际上属于逻辑通道，最早源于学校教授的学习方法：拿到一个题目，我们的解题思路是首先查看已知条件，再看求解的问题，然后在两者之间建立联系。依循这样的思路，去解出最终的答案。类似的思路往往在破解学校难题时大显神威，但用于解决现实中的难题则未必管用。之所以会这样是因为学校里的习题一般就只有一个答案，从已知到未知的联系也通常只有一种逻辑关系。然而，现实中的问题可能有千千万万个答案，最佳的答案大都需要视时间而定、视人而定或视环境而定。这一点与常用的逻辑解题思路不相符合。因此，如果我们依然通过逻辑通道去解决现实中的难题，无形中就降低了找到最佳答案的可能性。引入非逻辑通道的目的就在于此：拓宽思路，提高突破的成功率。

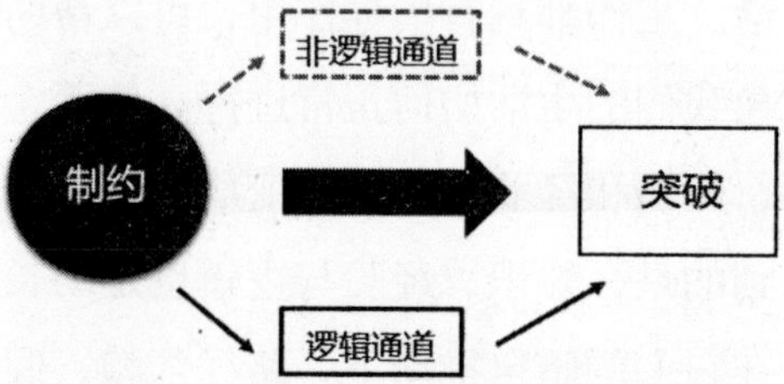


**图10-11　突破制约的逻辑与非逻辑通道**

很多人以为只有艺术家才需要想象力。还记得爱因斯坦曾说出“想象力比知识更重要”这句名言吗？爱因斯坦可不是什么艺术家，他是一位靠逻辑吃饭的科学家。科学家的思维模式都是借助逻辑通道，以逻辑思维作为指引，进行判断和决策。爱因斯坦能发出如此感慨，足以证明帮助他实现突破的关键在于想象力而不是逻辑或知识。

注意：我并不是指知识或逻辑不重要，但必须首先搞清楚两者所扮演的不同角色。恐怕这么解释会更为合适：想象力是方向，而逻辑、知识等不过是交通工具而已。记住：交通工具是为方向服务的，它们之间的关系不能颠倒。靠想象力实现突破的不仅仅是科学发明，公司创新研发同样可以借力打力。总部位于瑞士的迅达集团（Schindler Group）成立于1874

年，按2015年营收计算，它是全球第三大电梯（包括扶梯）生产商，总销售额高达95.1亿美元。大家可能不知道的是，瑞士大部分的房子都是木屋，配备电梯的房子在瑞士远比国内少很多。试想，在这样一个极度缺乏电梯应用的国家里研发电梯，试想，没有足够的想象力会是什么结果呢？

## 突破心理学：非逻辑通道中的逻辑通道

传统突破制约的方法是先找出需要突破的条件（即制约），然后从逻辑的角度，想方设法满足所这些条件。正如前述所言，这种从问题到解决办法的逻辑思维途径往往难以形成突破。如果采用完全非逻辑的解决办法，如利用直觉或任意放纵自己的想象力，这种天马行空、随心所欲寻找突破的结果往往与平时小孩子玩泥沙的结果差不多，创造力虽强但现实的意义却不大。因此，合适的途径应在直觉或想象力的基础上，加上逻辑的方法。这样既可避免逻辑通道思路狭窄的缺点，也不会出现非逻辑通道效率低的状况。上文中提到的《思考，快与慢》这本书的作者卡尼曼教授认为，把系统1与系统2两种思考模式结合起来，即利用系统1作为方向，而系统2则作为验证去进行判断和决策，可以大幅度提高判断和决策的准确率。这里将逻辑通道与非逻辑通道混合的做法与卡尼曼的结合模式相似，也是利用想象力或直觉作为方向，而后再把逻辑思维加上去，两者结合作为突破的途径。这种融合了逻辑与非逻辑的突破途径，我称之为非逻辑通道中的逻辑通道。

一般逻辑的解决方法都有具体的方法与步骤，讲究循序渐进、按部就班。然而，在非逻辑通道中，具体的方法与步骤都可能变成一种束缚，所以必须废除任何步骤，随机应变、见机行事才是非逻辑通道的主旋律。同理，非逻辑通道中的逻辑通道也需要尽量摈弃具体的方法和步骤，从更直观、更简洁的角度入手。

在我开始研究制约和突破时，我也曾一度认为突破背后势必隐藏着某种特别的方法。只要找对方法，突破就能实现。为此，我花了很多时间去搜寻那个特别的方法。我的时间越长，我越发现自己的方向错了。直到有一天我突然意识到一个事实：突破的形成完全是长时间努力的结果，与什么特殊的方法关系不大。即便是那些灵光一现引发突破的灵感，其实还是来自于持续已久的专注和坚持。还记得前面提到过德国化学家凯库勒因梦中启示发现了苯结构的故事吗？故事没有告诉你的是这个梦其实并非出自偶然。早在苯结构被发现的13年前，凯库勒就已获得化学博士学位，而且在苯结构研究上花的时间也接近5年。假如没有前期的这些铺设，这个梦可能产生吗？

下面给出的8种突破策略都属于非逻辑通道中的逻辑通道，它们既非大家所熟知的逻辑思维，也不是凭借想象力无拘无束任意发挥。这些策略是根据突破的本质，并结合大脑思维的特性进行设定，在实际运用中需要针对具体的情形做出相适应的调整。由于“突破的形成完全是长时间努力的结果”这一事实的存在，一部分策略可划归以时间换取突破发生一类。所有的策略的核心偏向于一种行为习惯的建立，有助于三大心理陷阱的破解。

### 1. 尽量利用身边的资源

电影《分歧者：异类觉醒》也是一部美国科幻片。片中的主人公翠丝的真实身份是一名被当局追杀的分歧者，她混入无畏派中学习。在对无畏派身份确定的练习测试中，有一个场景是她被困在一个全封闭的玻璃立方体容器中，容器下部有一个进水管在不断注水进入立方体。翠丝在容器中不知所措，等水灌满容器后，翠丝全身被水淹没。此时分歧者的自然反应是告诉自己场景不是真的，这样玻璃就会破碎，翠丝也即刻解脱。但如果以这种反应去参加测试，她的真实身份就会暴露。相反，无畏派的自然反应则是尽量利用身边可能利用的一切，去解决遇到的问题，从而实现突破。翠丝了解无畏派的反应后参加了最终的测试：她还是被困在那个容器中，水依然不断地从水管里涌出。你猜她会怎么做？她脱下身上的衣服把水管堵上，这样水就停止了，她也就解脱了。

俗话说得好，“靠山吃山，靠水吃水”，指的就是利用现有的资源去解决问题。在这一点上，我发现当下越来越少人有类似的想法，反而总是喜欢舍近求远地去寻找解决方案。比如，遇到不容易解决的问题，不少人的第一反应就是找人帮忙，或借助其他的资源，“在家靠父母，出门靠朋友”已变成了很多人做人做事的准则。可能很多人忽视了很重要的一点，这种做法一旦养成习惯，其危险的一面很容易给我们带来巨大的伤害。我们会因此变得对外界很依赖，自己的主观能动性则被进一步压抑，积极向上变好的动力减弱。此外，依赖心重的人也异常脆弱，就像温室里长大的植物，稍微有点风吹草动，就可能被打个七零八落。

功能固着（funcational fixedness）指的是我们习惯性将某项功能赋予某种物体，这种倾向导致我们很难再考虑将这种物体用于其他用途。功能固着其实就是一种路径依赖，一旦我们熟悉了某个物体的用途后，我们很难将其用在他处。比如，锅铲是用来炒菜的，假设家里飞进来一只黄蜂，你一时找不到合适的东西驱赶黄蜂，你会用锅铲吗？恐怕多数人不会。

《哈佛商业周刊》中文版2016年1月份有一篇文章也谈到了功能固着。文章以泰坦尼克号为例，当船撞到冰山后发生泄漏，海水慢慢渗进船体时，泰坦尼克号尚不至于立刻沉没，还能继续航行一段时间。离船不远处其实就有巨大的冰川，如果泰坦尼克号将冰山视为救生工具，向着冰山靠近，再让乘客爬上去，最后死亡的人数将会大减。即便泰坦尼克号不移动，载着幸存者的救生艇也可以驶向冰山，找到平整的地方再让乘客上去，同样能拯救更多的人。可惜的是，受功能固着的影响，大家都倾向于把冰山只当作冰山，而把救生的任务寄托在其他船上。

在受困的状态下，现实中依然能够做到尽量利用身边资源的人并不多。很多人此时的第一反应是要么默认，缴械投降；要么情绪失控，惊慌失措或心急如焚；要么舍近求远找援助，把自己能就地解决的问题复杂化。需要注意的是，随机应变、就地取材也是一种惯性：一旦你养成了这个习惯，它就会替代旧习惯。以后遇到问题时就会像《分歧者：异类觉醒》中的无畏派那样，首先想到的是如何利用身边的资源。

事实上早在上小学时，我们就学到了一个非常好的随机应变的例子，司马光砸缸的故事。一个小孩掉到缸里，正常救人的方法都是把他从缸里拉出来。可那些在缸旁边的都是孩子，未必有足够的力气把掉进缸里的孩子拉出来。再加上人在危急时都很容易惊慌失措，跑开亦属人之常情。然而，司马光却能立刻洞察到事情的本质，避开功能固着的干扰，直击要害。这就是他与众不同的地方。

## 2. 找人帮忙

遇到制约就立刻寻求外界的帮助这种思维倾向不合适，但这并不意味着当我们努力一段时间后发现自己确实无能为力时，选择放弃或降低自己对目标的期待值就恰如其分。我不希望大家养成依赖的习惯，同样不希望有些人走向另一个极端。许多性格内向的人不善于求助，或许是因为对沟通不拿手，或许是死要面子，又或许是害怕给别人添麻烦和担心被拒绝，这些人倾向于把问题永远留给了自己。其实即使被拒绝，有时别人的不同看法或言辞也能带来一些新的启示，帮助我们建立新的认识。

请人帮忙无疑可以加快解决问题的速度，现在问题来了，我们找的人愿意帮我们吗？为什么要帮呢？假如你有足够的资源，自然愿意帮你的人很多。假如你事先懂得培养人脉，愿意帮你的人也会不少，但如果这些都没有呢？

求人本来就是一门学问，精通确实很难。有些人喜欢利用同情心等手段操纵被求助之人，这样做虽屡屡奏效，却非长久之计。我们正是因为资源（如金钱、知识、人脉等）制约才会找人帮忙。有趣的是，此时那些愿意帮的往往帮不上什么忙；相反，真正能帮上的则须耗费更多我们本已匮乏的资源。这还真有点“哪壶不开提哪壶”的味道！制约昭示着我们的不足或匮乏。在这种情况下，我们更要发挥自己的主观能动性，开动脑筋想办法。可惜，大部分人不是试一下就放弃，就是干脆降低目标，能充分开启创造力的并不多。

如果将求人视为双方的一种合作，寻求帮助就可以被提升到另外一个层次，即求人帮助就是相互弥补彼此资源不足的一个过程。这样你需要做的是，发现并提供能与对方交换的价值，即了解自己拥有什么，对方需要什么，如何去把双方的收益最大化。无论是在创业中寻找投资者，还是大学毕业生找工作，又或是生活遇到难题感觉迷茫，你需要找别人帮你时，都要记住：建立在双方互惠基础上的合作才能持之以恒。

这种理念看起来有些不近人情，但不可回避的问题是：为什么别人要帮你？难道就是因为你有需要吗？即便应该帮，帮到什么程度才算可以呢？这些答案在不同人的心里有不同的声音。当务之急还是自己先想办法，先把自己能拥有的资源建立起来。你会发现，寻求帮助的难度变得并不是那么大了。

最后，必须说明一下：找人帮忙也是化解路径依赖、假设谬误这两个心理陷阱最可行的办法之一。毕竟我们每个人都有自己独特的习惯，因此所形成的路径依赖也因人而异。正如前文所言，路径依赖不容易被个人察觉。即使有所察觉，改正起来也困难重重。当两个或更多的人在一起同做一件事时，由于大家的习惯不同，很容易就发现彼此路径依赖上的差异。这时，再去检查每个人路径依赖的正确性，就可以有效地降低路径依赖对我们判断、决策的影响。假设谬误也是一样，多个不同背景的人在一起工作可以有效地减少假设谬误的出现。这也是当下欧美的创新都是以团队的方式进行，而且非常重视团队多样化建设的主要原因。

### 3. 提前布局

这几年李嘉诚在房地产投资上一系列的“神来之笔”引发了很多人对他投资策略的兴趣。李嘉诚在投资上的独到眼光与摆脱危机的灵敏嗅觉是被津津乐道最多的地方。熟悉他的人都知道，从20世纪50年代的塑胶花加工开始，到后来在房地产、能源、公共事业、基建和零售上的持续发力，李嘉诚一次又一次展现出他的商机嗅觉。他似乎总能提早感知到投资的先机，继而布局去捕捉这些机会。而当那些投资机会走向衰败时，他又可以提前一步撤离，全身而退。

在势未起之时已开始准备，等势来临之际就可以全面收割。这是李嘉诚的一贯作风。现实中大部分人与他的操作刚好相反，他们都是在势明了后才开始行动。等自己完全准备好了，大势往往已接近尾声①。大势到来前提早布局比大势到来后才开始行动需要承担更多的风险，结果也有更大的不确定性。然而，收获与风险成正比，风险大收益也会更多。李嘉诚不仅是一个勇于承担风险的人，他的危机感也比一般人强很多。因此，每天他都会花大量的时间思考与未来有关的事，特别是那些将来可能对公司形成危机的种种。在危机来临之前，尽可能做好准备是他一直以来秉持的原则。凭着高瞻远瞩的眼光，在大势到来之前就提早布局。而在大势变弱时，又是凭着“不赚最后一个铜板”的投资哲学及时退出，去追寻和创造下一个热点。李嘉诚的成功绝非偶然！

不少困局的解决只能依靠时间去实现，特别是那些进入门槛高，需要大量积累的领域，如颠覆性创新技术。因此，这种情况下，提早布局就成为一种丰收的最佳策略。提前布局也是自我优势不明显的一个补救措施，即用长时间的付出所创造的价值去弥补资源、技术或知识等方面的劣势，从而达到一种新的平衡。

最近一年，我发现国外非常多的大企业都已启动了人工智能领域的布局，就连最近几年创新乏力的苹果也将进入无人驾驶领域，准备与谷歌、奔驰等先头部队一决高下。人工智能与互联网不同，它需要与现实场景相关海量数据的支撑才能正常工作。这些数据的采集和处理都需要大量的时间，而且大部分的产品都需要得到完整的数据后才能被推向市场，否则会给用户带来非常糟糕的体验。这一点与互联网时代完全不同，在互联网时

---

① 最近这几年在投资领域，势来得快也走得快的倾向日益明显。应该说，这与世界变化速度越来越快的大势基本吻合。这要求投资人进一步培养前瞻的能力，还要刻意加强退出的意识，最好在布局之际就建立一套完整的退出策略。

代，很多公司都可以在收集数据的同时，推出新产品再着手改进。这也意味着，假如不尽早在人工智能方向上有所准备，未来想追上领先者会异常困难。

提早布局是创新者应具备的特征，也是创造重大突破的必经之路。大部分人做事都是根据周遭的变化而进行相应的反应，只有少部分人是先对未来进行预测，然后再有所行动。后者显然比前者的不确定性更大，被多数人所规避亦不足为奇。需要看到的是，颠覆性创新不是对外界环境变化的一种反应，而是对未来的一种预测。这也意味着，创新者首先要具备较强的前瞻意识，对未来的变化有较敏锐的知觉，然后对此提前进行布局。如果与大部分人相似，你的强项在于对周遭的变化进行相应的反应，那么理论上，你更适合做强调优化的持续性创新，而不是重在突破的颠覆性创新。

### 4. 从目标转向到过程

*如果你一个人在云南一个偏远小城突然发现钱包不见了，身上不剩一分钱。你现在即刻需要吃、需要住，你准备怎么办？*

这又是一个典型制约问题，解决的办法实在太多。比如这个例子并未谈及手机也丢失，只要手机在，微信、支付宝等都能解决付款的问题。哪怕手机也没了，还有许多其他的办法能让自己暂时渡过难关，比如找当地派出所给远方的亲人、朋友打电话等。在这里纸上谈兵一切都显得如此轻而易举。事实上，现实生活中我们真遇到类似的情况，不知所措的人恐怕不在少数。这是因为平时多数人的重心都在目标或想法上，比如“我想三年赚够一亿”“我的梦想是做个歌手，唱歌给所有喜欢我的人听”等，不善于应对困难、挫折是大部分人的通病。

试想，此刻你正准备一项重大的考试。无论你准备的情况如何，你都不免会经常去想最后的结果。做事掂量后果是人类的天性，它能帮我们少走许多弯路，提高办事的成功率。可惜的是，这一切都是针对不确定性小的事情而言。一旦遇到那些未知性大，结果难以预料的事，反复考虑结果的倾向反而容易误事：把结果往好处想，人容易变骄傲、自满，最后功亏一篑局面出现的机会大；反之，把结果往坏处想，人则会进取心不足，总觉得做与不做差不多，很难做到不遗余力、全力以赴。

突破当然是针对结果而言，但死盯结果却很难有助于突破。正确的做法是，把大结果分解成一个个的小结果，然后把注意力放在小结果的实现上。这也意味着，应把自己的关注点从结果中解放出来，在最后结果的实现过程中竭尽全力。这些年我见过不少以结果为导向的人。虽然他们很多都是现实中的幸运儿，可付出的代价同样也不小，常年与抑郁、暴躁、沮丧、迷茫、异常害怕失败等情绪和思想相伴。解决的办法其实很简单：关注过程，看轻结果。

## 5. 意识到并挑战潜意识中的假设

我的一个朋友和我谈了好几次有关她的问题。她说她总是错过一些好机会，比如：假如当时能坚定一点与某人结婚，她现在可能就很幸福了；假如她当时胆子大一些，她就会搬到她想去的城市，现在的情况也会好很多；假如她愿意在过去的公司多留几年，现在早就升上去了。她觉得自己不够幸运，问我到底自己做错了什么？

如果你是我，你会怎样告诉对方呢？

朋友其实犯了一个错误：她假设只要她做了某事，其结果必定是好的。事实上，一切纯粹是她的假设或期望而已。她把个人的良好愿望当作了事实，所以才会引发种种失望与后悔。有没有可能事情的发展走向另外一面呢？比如，与那个人结婚了可他后来背叛了她，对她造成了巨大的伤害；又如，她终于搬到了想去的城市，但很快发现那里的实际状况与自己最初的设想相差甚远，想搬回去会失去很多，不搬过得又不舒服，结果长期处于两难之中。总之一切的一切完全可能朝着自己最不想的方向发展。

这至少有50%的可能，你说对吗？

现实中我们每个人都带着各种假设在生活。一方面，假设的确简化了我们的生活；另一方面，假设也可能走向反面，引导我们做出不适宜的判断和决策。这几年我陆续接触过一些企业试图通过创业去实现转型和升级的例子。不少创业的点子都是搭建一个像淘宝那样的平台，比如通过各种资源整合，在平台上销售人力资源或技术服务。那些创业者总以为，只要把平台搭建好了，顾客自然就会找上门来。就像现在的淘宝一样，客源充分，供需双方都非常积极，利润自然滚滚而来。现实显然并非如此。多年来，模仿淘宝的企业不在少数。结果与模仿其他成功者类似，模仿者中能脱颖而出的寥寥无几。模仿者的脑子里都存在着“别人能做好的，我也一定能做好”这样的假设，忽视了每个组织的腾飞有其独特的原因这个事实[①]。我还见过不少非常热衷于赚政府钱的创业者，他们总是在捣鼓着什么项目、申报或补贴。在这些人的心目中，“别人行我也行”和“过去有效现在依然有效”等都是他们行动的假设。

“别人行我也行”和“过去有效现在依然有效”是现实生活判断与决策中最常见的两个假设。如果你不认为这两个假设百分之百正确，那你据此所下的结论也同样存在疑问，值得仔细推敲。

避免跌入假设谬误陷阱的关键在于，首先要对我们所依赖的假设有所意识，这一点类似于控制疾病，重点应放在预防上。做好了预防，患病的概率就会大大降低。同理，一旦你认识到，其实你的判断和决策恐怕并非像你想象的那么可靠，你就会经常去审视自己论断的依据。

摆脱假设的困扰需要知道自己事先做了什么假设，接着好好检查一下这些假设是否正确。假设都隐藏在我们大脑的最深处，不易被察觉。在养成检查假设的习惯后，才能比较容易发现问题。尤其是遇到一些让我们感觉诧异的事时，更是挑战假设的好机会。

多年前我还在国外读书的时候，有一次足球比赛大家争顶角球，我跳在空中突然被人撞到一边去了。我的体型比较敦实，在足球场上很少有被

① 淘宝的腾飞与大环境有着莫大的关系，如互联网的迅猛发展，国内房价一直处于上升通道导致铺租成本不断上升。当然也与他们自身的努力息息相关，如引入支付宝做第三方支付平台等极大促进了淘宝的飞跃。绝非只是搭个平台如此简单，用户的需求和体验、生态圈的影响等都是重要考虑因素。

人撞开的经历。落地后我马上看了看那位撞我的人，原来是位白人，看起来40来岁。后来我和他混熟了，找机会问他究竟多少岁。他告诉我已58岁！接着我再问他那么大年龄如何能保持如此好的体力和运动素质，他说是一直锻炼的结果。从那以后我彻底改变了许多信念。比如，我不再相信“年龄大了就不能再进行剧烈运动”这样的假设，而是不停地挑战自己。事实证明，人类的极限远比大众想得远很多。

有些人辩解说年纪大还能剧烈运动是人种的问题，但我想更多是思想问题。这些年我亲眼见过多位常年坚持运动的中国人也能像那位足球场上的白人一样，50多岁依然保持着矫健的身手。有些中国人更厉害，像成龙、洪金宝都已60多岁，还在不断拍功夫电影，着实令人佩服！

挑战假设还是创新时用来找寻灵感常用的工具之一。下面两个例子可以充分展示这一点：

现实1：所有的汽车上都需要驾驶员。

假设：汽车必须有人驾驶。

挑战假设：无人驾驶的汽车也可以成行。

商机：无人驾驶汽车（包括其他交通工具）。

现实2：航天发射后，火箭将航天飞行器（如卫星）送入轨道后脱离。

假设：用于航天发射的火箭必定脱落。

挑战假设：火箭无须脱离，它可以自己运行到指定位置。

商机：Space X的火箭回收技术可以将发射后的火箭回收。

## 6. 寻找新的可能性

“一根鱼竿和一筐鱼，你会选哪个？”

看到这样的问题，不少人会想到“授人以鱼不如授人以渔”的故事，于是选择了鱼竿。听起来好像很有道理，可下面这个答案更有趣：

一高僧问我：“一根鱼竿和一筐鱼，你选哪个？”我说：“我要一筐鱼。”高僧摇头笑道：“施主肤浅了，授人以鱼，不如授人以渔，这个道理你懂吗？鱼你吃完就没了，鱼竿你可以钓很多鱼，吃一辈子！”我说：“我要一筐鱼之后把它卖了，可以买几根鱼竿和一副麻将。然后把鱼竿租给别人，收租金，再约到他们一边钓鱼一边打麻将，麻将可以抽水钱……”

这虽然是一个笑话，背后却有很多的道理。授人以鱼不如授人以渔的道理没错，可在现实中它需要一定时间的训练才会生效，而且当地还必须有充足的鱼资源。坦率讲，当面临改变时，我很欣赏从方法上下手这种理念。但必须说明的是，这种理念不是唯一的办法，把它当成唯一可能会让我们错失其他的机会。

很多人在遇到问题时，往往脑袋中蹦出来的第一个想法就成了最终的解决办法。又或是参照行业常规的做法，或其他组织或个人的成功经验。现实中，愿意经常去探索、寻找更合适方法的人并不多。这样做其实与默认制约的做法大同小异，本质上都是在向现实妥协的表现。还未交战在思想上就已缴械投降，所以最终的结果也可想而知。寻找新的可能看似浪费时间，其实是在探索新的机会。突破的根本必须源于寻找更多的可能性，而其最终的目的则是寻找、发现更多的机会。创新的本质也正是如此：创造更多的机会！

这个笑话还揭示了资本积累的新模式，因此也给我们带来了新的启示：时代变了，我们的思路也要转变。就以直播为例，过去有多少人想过直播可以赚钱，而且是赚很多的钱？直播这种形式早已存在，在没有人把它进行商业化、产业化之前，直播只是年轻人消磨时间或引起注意的一种工具而已。现在直播已发展成为一个超过500亿年产值的行业，每年有数千人参与到这个行业中，其中甚至包括一些非常知名的明星。它的成长速度是人始料未及的。与其他新生事物一样，直播彻底打破了许多人脑子里固有的观念。比如很多父母都教育孩子必须取得好的学习成绩，考上好学校接着再找个好工作，这样才可以过上好的生活。现在你只要会直播，你就可以省略之前的步骤，直奔好生活而去。

## 7. 变换视角看问题

*有两个创业点子，第一个有70%的人反对，20%的人观望，只有10%的人赞同；另一个点子则是70%的人同意，20%的人观望，反对的为10%。请问：你会选哪个点子进行创业？*

在没有更多信息的情况下，这个题目很难做出比较适宜的选择。我们在做判断和决策时，应该尽量避免从众心理的影响。不能仅凭人数的多少进行判断，关键还是要看他们赞同或反对的理由是否能站得住脚。每个人有自己的关注点和价值观，从不同的角度看，就可能产生不同的意见。有趣的是，在创业初期，得到多数人认同的点子往往并不是什么好点子。当然，这不是说你需要专门选那些无人感兴趣的做，关键还是看原因。

前面很多例子都证明了这一点：当遇到难题时，变换一个我们不熟悉的角度去重新审视问题，会有助于问题的解决。这种做法与大众俗称的换位思考相似，即尝试从不同的立场去理解同一个问题。

在产品创新开发中，这类做法屡见不鲜。以提高安卓手机电池续航为例：几年前，随着智能手机的屏幕尺寸越变越大，大家用手机的时间也越来越长，手机的续航能力也自然越变越差。提高电池续航能力最直接的办法就是增加电池的容量。可这样做不仅增加了手机的成本，手机尺寸也必须相应增加，才能放得下更大容量的电池。于是有软件开发商想出了优化APP进程的做法，如后台杀进程、避免程序间相互唤醒等。再后来还有人想出了快充的办法，缩减充电时间以增加手机使用时间。这些办法并未提高电池的容量，却大幅度提高了手机续航的能力。需要看到的是，只有变换角度审视手机续航的实质，才能想出类似于优化APP进程和快充这样的办法，否则只会一直在提高电池容量上努力。

另一个例子是婴儿培养箱。许多婴儿是早产儿、病危儿或低体重儿，这些孩子自己无法维持自己体温的恒定，有时甚至可能会因此危及生命。

医院就此配备了婴儿培养箱，专门为这些孩子提供恒温环境，起到保护新生儿的作用。此外，培养箱的另外一个作用就是隔离，避免新生儿受到外界的感染。然而，婴儿培养箱的价格都比较高，在国外一般至少要几千美元，而我们国家的价格也普遍在一万多元到几万元之间。

价格昂贵加上仪器结构精密、缺乏配件维修困难，使得在发展中国家，特别是偏远地区的医院较少配备这种培养箱。显然，在那些地方，婴儿死亡率要高很多。

为了解决这个问题，近几年不断有人研发出各种类型简易的婴儿培养箱，只要满足恒温和有一定隔离作用即可。最重要的是，这些简易婴儿培养箱的价格大都在几千元人民币以下，可以大大减轻购买者的负担。此外，由于设计简单，设备出现问题后也便于维修，因此产品大受欢迎。

图10-12是斯坦福大学学生研发出来的简易培养箱，售价仅25美元，专供印度、尼泊尔等地偏远山区使用。将医院使用的专业婴儿培养箱简化成这种包裹式并非易事，需要变换角度去看到问题的实质才能想得出来。

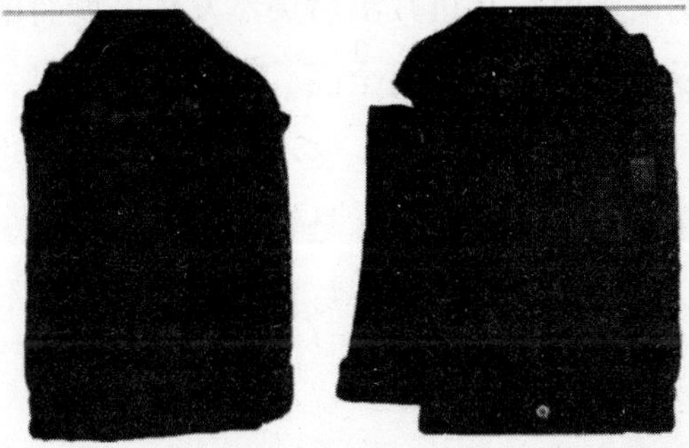

**图10-12　售价仅25美元的简约婴儿培养箱**

## 8. “一进一出”

你有没有试过读完一本书，对它有了自己的理解，若干时间后，你回来再看那本书，你发现自己的理解已有所不同？你有没有这样的经历：某个项目做了一段时间也没什么成果，于是你停了下来，去做另外一件事，若干时间后，你再重新捡起你放弃了一段时间的那个项目，你突然发现你对这个项目有了许多新的灵感?

这其实就是“一进一出”的过程：做一件事一段时间后，暂停不做了，全部退出。过一段时间再重新接手，继续做这件事。这一进一出的过程会让自己对整件事产生不同的见解，比上一次更清楚事情的运作规律。因此，对一件事把握的难度逐渐减小，突破指日可待。大部分时候，一进一出会演变成几进几出，每次再进去都有新的理解、新的突破。这又是一种牺牲时间来换取突破的办法。

2012年我开始了自己创新研究的旅程，可以说一进一出是我最常用的学习方法之一。由于整个过程并无任何人的指导，且创新所涉及的知识面非常广，知识点又特别多，还需要实际操作的经验，所以经常出现自己理解不透，甚至无法理解的状况。每当这种情况出现时，我会先挺住一段时间，然后暂时放下，去做其他的事，过一阵子再重新捡回来。

这样做的好处是每一次的重来不仅加深了我的理解，还给我带来许多新的想法。全面的突破就在几进几出后突然发生，所有的认识点最终会串起来，那时就可以对某个领域有更全面、更系统的理解，而不是像刚开始那样只掌握了某一个点或某一个面。这不是一种循序渐进的方法，比较适合对未知领域的探索，因为你对什么是开始，从何开始、到哪里止步等根本毫无头绪，所以按部就班就完全丧失了意义。

# 第11章　改变制约、创造颠覆

穷则变，变则通，通则久。

——《易经》

## 应对制约的两种常规反应

颠覆性创新来自两方面的突破：新市场颠覆，即开拓未知领域或新市场；低端颠覆，把高端的产品做成老少皆宜、更廉价或更简约的产品。从逻辑上看，破解新市场颠覆的制约，实现突破非常合理，可实现低端颠覆的突破则有相当的难度。为什么这么说呢？因为把高大上的东西做得更便宜通常采用的是降低成本的做法。只要找出该产品的成本架构，然后逐个击破就行了。这是中国人最擅长的事。

需要注意的是，这种做法依然属于持续性创新，只是一种单纯的价格优化而已。颠覆性创新是在保持原有产品功能的基础上，通过不同的方式实现的创新。

以Airbnb为例，它与传统酒店的功能类似，但从供应端和管理方式上看，两者又有着巨大的差别。Airbnb的价格比一般酒店略低，低的原因不是像廉价酒店那样，降低服务质量使产品变便宜，而是通过共享经济这种完全颠覆我们对酒店理解的新经济形式实现。

现实世界里，大部分人遇到制约时的反应都是顺从，默认制约。这种反应类似于大家熟悉的“看天吃饭”，即由外界环境或条件大体决定一件事最后的结果。面对限制，多数人缺乏想象力，韧劲和耐力也不够。因此，可想而知成功突破的例子自然也就不多。这种现象既不是因为人的性格，也不是能力问题，更多的恐怕来自习惯。我们从小被教育必须要“在家听家长的话，在学校听老师的话”。应该看到，这些“听话”多半都是盲目的服从。一旦 “不听话”了，有质疑或尝试性突破的意识，不仅不会被鼓励，反而更容易受到批评和压抑。我们的文化并不欢迎质疑。质疑容易让人感觉丢面子，在当今社会往往被视为缺乏情商的表现，受排斥的可能性很大。但是，如果在科学、教育领域也不允许质疑，中国获诺贝尔奖的人数屈指可数的原因就可想而知了。同样，没有质疑，也就不可能存在真正的创新。

质疑的第一步就是不接受现实中存在的状况或要求的条件，即不能默认制约。一旦你选择接受制约，你就再也无法突破它们的限制。破解制约的策略通常可分两种，第一种我称之为“直面”策略。直面策略分为两种路径：路径1为“直击”，即面对制约，找出克服制约的办法，满足制约中的条件或要求；路径2可被称为“迂回”，也就是想方设法绕过制约。如图11-1所示，直面策略的宗旨就是突破制约的束缚，不管这种突破是从制约中冲过去破解它，还是绕过制约，变相达到破解的目的。

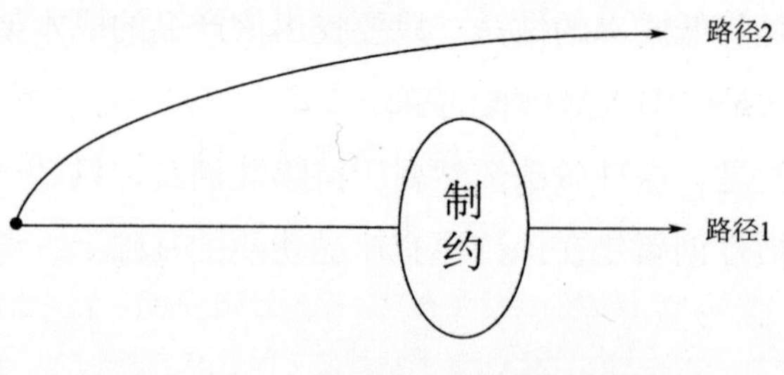


**图11-1 “直面”应对制约策略**

直击策略（即路径1）是一种找出问题，再想办法解决问题的思维路径。它很直观，也比较容易理解，是大家最习惯、最常用的解决问题的办法。比较难理解的是迂回策略（即路径2）。相信大部分人都听过迂回战术。在军事上经常运用的迂回战术是指避开与敌人正面交锋，转而寻找并攻击敌人的薄弱环节，从中取胜。大家最熟悉的迂回战术莫过于围魏救赵的故事。战国时期魏国围攻赵国都城邯郸，于是赵国向齐国求救。如果齐军直接奔赴邯郸，这种硬碰硬的方法即使能成功，必然也会付出血的代价。于是齐军决定转向魏国的国都大梁进军，魏军闻信赶忙撤离邯郸，直奔大梁而去。齐军在魏军归途中设下埋伏，大败魏军，同时帮助赵国解围。

迂回策略在制约上的应用与迂回战术在军事上运用有非常相似之处：两者均采用间接方式解决问题。迂回策略意味着在面对制约时，与其一直不断想办法直接破解，还不如暂时撤退，让自己先缓一缓。然后从另外一个侧面去思考如何下手，找出解脱的办法。大多数的迂回不可能在一退一进中完成，而是必须经历多次的进退。有时迂回甚至需要绕很大一个圈子，才可能直击问题的核心。不要认为这种绕法是愚笨的表现或浪费时间。由于真正的创新并非百分之百清楚终点究竟在何处，因此绕道的目的也在寻找或确定终点，是探索与积累必须经历的过程。只有效仿、抄袭才不会出现绕道的情形，毕竟已有既定参照物，照做就行。

另一种应对策略是“否定”策略，如图11-2所示。与直面策略不同，否定策略的目的并非直接突破制约，也不是绕过去，而是根本上忽视制约的存在。它同样有两种路径，路径1属于反向操作，也就是大家经常提到的逆向思维，反其道而行之。反向操作摆脱了需要突破制约的控制，走进了另外一个制约。路径2更是走极端，直接退出，带有“我不玩了，该怎么办怎么办”的性质在其中。你一旦不再参与一件事，那此事所涉及的目标和条件等都不可能再束缚你，你也因此成功破解了制约。只是，这种方法也时常会让自己受损失。股市中常用的“割肉”止损就属于退出策略，颇有伤敌一千自损八百的味道。注意：这里讨论的是破解制约的方法，至于该策略是否属于最佳方案则不纳入考虑范围。

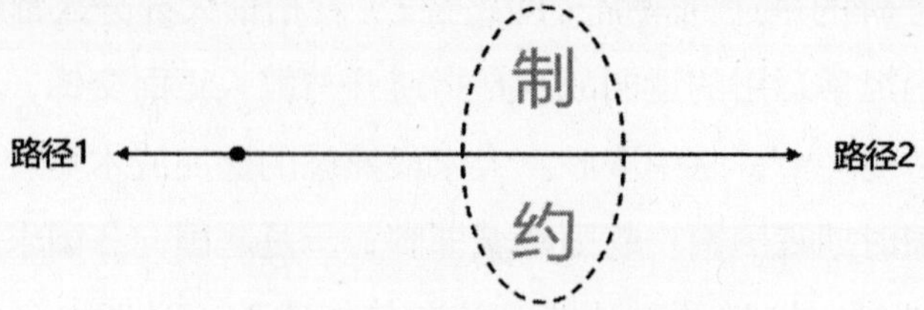


图11-2 “否定”应对制约策略

记住：无论是直面还是否定，应对制约的策略都是为了破解制约，解套突围。不管突围是否有意义，是否具备实用价值，只要不被原有的制约条件所限制，即可算突围成功。这样做不仅仅是为了突破，同时也产生了更多的可能性，然后再利用第5章学的知识，把这里的各种可能性变成同时满足技术、市场和盈利需求的创意，然后继续把创意变成产品或服务。

## 颠覆策略之一：减除

1956年的冬天，瑞典设计师吉利斯·兰德伦（Gillis Lundgren）要运送Lövet牌的三角桌到摄影棚拍照片。这个桌子怎么都无法塞进他的车子，他最后实在没办法，只好先把桌子腿锯掉后再装车。兰德伦的这桩尴尬事引发了他思考：如果把家具拆装制成零件售卖，由用户买回去后自己在家里组装，就可以解决家具整体不易搬运的难题。兰德伦的想法得到了公司上下的认同，于是组装家具就此诞生。

这家公司就是宜家（Ikea）。家具由一体式改成可拆装式，方便加工、运输和组装，不仅降低了价格，也保持了美观实用，所以深受消费者的欢迎。而作为组装家具的开拓者，宜家也从一个瑞典的小家具厂逐渐走向世界，现今已成为全球最大的家具零售商。截止至2015年年底，宜家年销售额达到创纪录的319亿欧元，并在48个国家拥有超过320家分店。

现在的年轻人上下班基本都是用手机听音乐。可在20世纪的八九十年代，移动电话还是砖头般的大哥大，很多年轻人走在街上听音乐靠的是随身听。1979年3月，那时还是磁带盛行的年代，索尼公司创始人之一井深大因为经常出差，所以希望能有一个音乐设备可以随时带在身边听。于是，他要求公司研发人员设计一款这样的产品。索尼当时有一款录音机同时具备录音和播放的功能。研发人员去掉了录音机上录音和外放功能，但体积比较大，主要用于记者采访，只能使用耳机收听，体积也做了相应的缩减。井深大对产品比较满意，开始考虑量产，于是要求再做一次市场调查。谁知道市场调查结果令人失望，居然没什么人想要这样的产品。幸好时任索尼公司董事长的盛田昭夫一再坚持，产品终于得以量产上市。谁也没想到的是，随身听在上市的头2个月即售出了5万台！后来随身听发展到不仅可以使用磁带，还能用CD和MD听歌，越来越多的人加入到购买随身听的行列中。随身听的热销奠定了索尼在电子消费品市场中的霸主地位，当年的索尼如日中天，市场接受度不亚于今天的苹果。再后来，随着数字音乐、MP3和手机的出现，随身听逐渐退出了历史舞台。2010年10月，过往30年来全球销量突破2.2亿台的索尼随身听宣布停产。

组装家具和随身听两个例子有相似之处：它们不是按大家熟悉的思路为产品添加功能，让产品变得更完备，反而是减缩功能或干脆剔除某些功能，让产品变得更为简单、方便。可是，恰好就是这种减法，改变了大家的生活方式。不仅让消费者从中受益，也让宜家和索尼一度风光不已。

中国人非常擅长做加法，即在同一产品上不断添加更多的功能，“加量不加价”的理念几乎被每一个行业所认同。不能说这种理念有问题，毕竟能用更低的价格购买到具备更多功能的产品，这种价值上的提升必定会给消费者带来更多购买的动力。真正的问题在于，这种倾向很容易滑向另一个极端，变成商家吸引消费者常用的举措之一。“这样不好吗？”可能有些人会问。这种想法是好的。可现实点讲，同一个产品，在价格不变的情况下，如果一边做加法，另一边只能做减法，才可能保持成本和利润间的平衡。可怕的是，这种减法通常是在偷工减料的基础上实现，大部分人其实都曾深受其害。

真正的颠覆性创新，应该像宜家和索尼那样，通过改变产品的属性或移除某些功能而生成另外一种新的产品去实现。类似于国内某些厂家使用粗制滥造、偷工减料等手段，通过改变生产工艺或原材料去添加功能的做法，看似也给消费者带来了价值，其实往往不过是一种短视行为而已。

颠覆性创新就是一种把现有产品变得更为廉价、简约和方便的过程。在相当程度上，这意味着颠覆性创新真正需要的是对现有产品进行大胆减除，不仅仅是功能，其他方面也可以大做文章。第1章案例中谈到的小米商业模式创新可以算作其中之一：小米选择的是向价格挑战，价格的大幅度降低不是在偷工减料的基础上实现，而是巧妙地利用了手机行业摩尔定律形成的时间差，在抢购、订购、饥饿营销等策略的帮助下完成。国内另一家企业360也算其中高手，它的过人之处在于在大众需要掏钱买江民、瑞星、诺顿等杀毒软件时，它却提供能满足用户大部分需要但与付费软件相比有瑕疵的免费杀毒服务。这种情况下，可想而知，用户最后的选择到底是谁。

如果你再仔细观察，生活中很多电子产品，如电视机、显示器、手机显示屏，风扇、抽烟烟机等，这些年都在朝着轻便、简约的方向发展。所以，这些产品都是越做越薄、越做越精，可移动性和便携性也在不断加强。过去那种产品外表结构厚重、安装和使用复杂的时代已一去不复返。去繁从简这种理念已成为产品开发的内在指引！

减除属于直击策略中的迂回路径，它并非瞄准直接破解制约，通过减少制约来实现突破。它所采用的办法是想办法先绕过去，然后看看可能发生什么。我在第9章中讲过，制约增加的结果是使结果变得更单一，难度加大。反之，减除制约的结果则是令可能性增多，难度减小。对于创新而言，寻找更多的可能性正是创新初始阶段生成创意时所需要的。

现在练习来了，给你一台电风扇，尝试一下：

看看你能减除什么？减除后又可产生什么可能性？

电风扇最重要的一个部件就是扇叶。正常的理解是绝不可以把扇叶减除的，没扇叶还能叫风扇吗？估计不少人会这么想。可偏巧就是有人不服：英国人詹姆士·戴森（James Dyson）发明了无叶风扇（如图11-3所示），并于2009年10月在英国首次推出。无叶风扇并非没有扇叶，而是把扇叶安装在底座，再利用增压机把风送上来。戴森无叶风扇只是改变了送风方式而已，不过对于消费者而言，它就是一个没有扇叶的风扇。现在，无叶风扇已成为市场中非常畅销的一款电风扇。如果不像戴森那样"减除"扇叶，想想你还能做什么？

图11-3　戴森无叶电扇

## 颠覆策略之二：置换

对颠覆性创新有渴望的人很容易把关注点放在如何制造具备颠覆性的创新产品上，这通常是从颠覆性创意或颠覆性技术开始的，如当下时兴的VR虚拟现实、3D打印或人工智能机器人之类，然后看如何利用这些新的技术或概念创造新的商机。我的想法不太一样。我认为颠覆性创新的产生首先源于对自己惯有思维的颠覆。所以，我会把重点先是放在先找出解决问题的制约上，看看自己怎样尝试突破制约的束缚。可以先从自己熟悉的路径开始进行尝试，逐渐过渡到使用其他的路径。

突破的路径或方法通常有很多种。这些方法在某些难解的问题上可以成功地破解制约的限制，在有些问题上的效果则可能差些。是否真的那么有效恐怕并不那么重要，重要的是探索一套可以用来解决问题的新办法，这个新办法最大的功用不是解决问题，而是帮助我们从不同的角度去审视自己已熟悉的事物。只要能实现这一点，就可能颠覆我们固有的思维习惯。创新不是去创造前所未有的事物，虽然这样做肯定属于创新。绝大部分的创新其实来自于现存事物的重新组合，懂得经常变换认识世界的视角正是这种再组合生成的前提条件。

在上一章，我们已经学到变换视角是形成突破的方法之一。对许多人而言，让他们改变看问题的视角并不是一件容易的事。很多时候不是因为这些人有多么固执或能力差，习惯才是背后真正的罪魁祸首。要改变自己的习惯可以尝试从对制约进行调整开始，即找出问题的制约因素，然后进行更改或调整。从制约的角度看，制约涉及做一件事的目标和要求，还有被制约者的能力和认知等。注意：制约是用来满足我们的某种需要的。它之所以产生限制作用，完全是因为我们想不出办法去满足这种需要的。没有了要求或目标，制约也就不复存在。从客观的角度讲，制约只是满足结果的要求而已。因此，想得到不同的结果，可以从调整制约上下手。改变了制约，也就改变了结果。

这里可以更改的指的是制约及相关因素。更改的目的是进一步挖掘可能性，看看能否形成新的组合，制造颠覆的机会。可更改的制约包括但不限于：

- 目标、条件或要求
- 使用范围或应用场景
- 使用功能
- 使用者
- 时间
- 形成原因

· 属性或特征

· 材料、风格

· 结构或组成

· 外形或颜色

· 制作和传播工艺或流程

最简单的改变莫过于进行置换，比如更换材料、外形或颜色等。我们可以从很多新产品的推出中看到这一点，当年诺基亚简单更换手机后盖颜色即充当新机推出市场的做法就是其中一个典型的例子。这种创新乏力、被许多人称为“科技以换壳为本”的新手机开发策略受到消费者广泛的批评。事实上，这种简单的变换策略现在依然流行：2016年最后一个季度，因高端旗舰机Galaxy Note7发生电池爆炸，三星被迫回收全部Note7手机。由于在市场上缺乏高端机型，于是最近几年创新势头迅猛的三星也开始玩起了换壳游戏，在仅存的高端机Galaxy S7和S7 Edge上增加了珊瑚蓝色、莹钻粉色及亮黑色等后壳。你别说，这套方法还真挺管用，新颜色的增加稳定了S7系列的销路。换材料的玩法在其他很多领域同样大受欢迎：2016年11月，美国著名快餐连锁品牌Arby's陆续在几个城市推出了用鹿肉制成的汉堡，价格仅5美元一个。令人惊奇的是，所有Arby's店推出的鹿肉汉堡均在一个小时内被销售一空。一看销路不错，Arby's立马决定，趁着猎鹿季节的到来准备在全美多个州推出鹿肉汉堡。

大多数产品的研发并不靠这种简单的置换，而是等新技术、新材料或新工艺的出现后再进行置换，使原来产品的价值上升到另一个档次。以手机为例，从20世纪80年代末开始商用后一直采用的是按键式操控，直到2007年苹果的iPhone手机出现后，手机开始转换为触屏操控。简单、方便、美观的触屏操控现下早已成为手机的标配，当下仅功能机才继续使用按键式操控。随着科技的进一步发展，手机未来将出现可折叠式并配备各种传感器，一机在手，掌控所有的时代离我们越来越近。同理，也是因为新技术的出现，几千年来一直流行的交通工具马车在100年前被另一种交通工具汽车所取代。再过几年无人驾驶汽车将陆续替代现有的汽车，我们的生活方式很快将再一次面临重大的改变。

近几年颇为流行的两项创新方式——众筹和开放式创新——其实都是制约置换的具体表现。在过去，成立公司做产品的钱只能靠公司的人去想办法筹集。众筹巧妙地变换条件制约中的人，于是筹款方式也从过往依靠公司的人找钱变成了“让全世界帮我们筹款”。如果善加利用，众筹的威力深不可测：2015年6月，小牛电动车在京东发起众筹，15天内共筹集资金7202万，超过11万人参与众筹，一举打破京东众筹多项历史纪录。

开放式创新（open innovation）这个词是美国加州大学伯克利分校教授亨利·切萨布鲁夫（Henry Chesbrough）2003年同名书中提出的一个概念。与传统产品研发方式不同，开放式创新不再仅依赖企业内部研发人员，而是利用外部团队帮企业做创新研发的工作。与众筹“让全世界帮我们筹款”的特点相近，开放式创新置换的是制约中的使用范围，于是自主研发也就变成了“让全世界帮我们搞研发”。从企业的角度看，开放式创新打破了传统封闭的研发界限，提高了研发的效率，使企业在日益激烈的竞争环境中，更为适应快速变化的市场需要。西门子、宝洁（P&G）、通用电气、乐高和三星等一批企业都是开放式创新的业界典范。他们不再仅依赖企业内部研发人员，而是积极开展开放式创新，充分利用外部团队的研发力量与科研成果为自己创新服务。西门子与遍布全球的180多个分支机构，超过3万名研发人员建立合作关系，通过创建开放式创新工具箱，为公司研发团队寻找创意和技术。2003年宝洁仅有15% 的产品研发来自外部团队，这个数字到了 2006 年则上升至 35%，2007年更是高达 50%。

现在练习又来了，随便挑一个产品，看看：

**你能置换什么去改变制约？置换后又可以产生什么可能性？**

置换时间同样是产品开发常用的一种方法，比如复古风格在服装、家具、建筑和内饰等行业都十分流行，深得一部分人的喜爱。当然，复古并非简单的重复，而是引用了一些过去的元素，将它与新时代元素相融合，形成一种新的风格。

## 颠覆策略之三：借用

现今很少人知道18世纪前大众并无准确的时间观念。由于那时没有钟表，多数人是根据太阳的位置判断时间，有些人则通过“一炷香”、漏斗或做某些事通常所需要的时间作为参照物进行判断。显然，所有的这些判断都缺乏准确性。1641年，伽利略率先利用钟摆原理设计出了机械钟。可惜的是，伽利略当时已双目失明，1年后即离开人世，并未对机械钟进行测试。直到15年后，荷兰科学家克里斯蒂安·惠更斯（Christiaan Huygens）成功地制作了第一个钟摆式机械钟，才为人类正式开启了有准确时间的时代。钟表的到来彻底改变了我们的生活！

到了19世纪初，手表开始走进大众的生活，可买得起的人却很少。当年的手表与现在许多奢侈品一样，俨然是地位与财富的象征。手表太贵最重要的原因是当年的手表全部由全手工打造，做出一块比较好的手表需要历时20个月左右的时间。更麻烦的是，懂这门手艺的人并不多，可想而知其价格为什么如此昂贵。手表的普及对我们的生活看似影响不大，可对整个工业化进程的推进却有着极其重大的意义：准确计时改变了劳动报酬计算方式，由原来按件数计算变成按时间计算。这一切的改变都需要归功于一个人，亚伦·丹尼森（Aaron Dennison）。1812年出生于美国的丹尼森18岁时，选择去钟表店里做学徒。到了27岁，他终于拥有了自己的钟表店。丹尼森是一个非常重视效率的人，天性喜欢创新，渴望改变。所以没过几年，他向公众发出了“10年内钟表制造将改由机器进行”的预言。这个预言受到大众的耻笑，大家都认为他疯了。丹尼森并未因此停止自己梦想的脚步，一直在苦苦思索着如何将梦想实现。有一次，他去生产武器的工厂玩，突然发现了原来步枪的生产是先由机器做出可通用的零部件，再将这些零部件进行组装。这种做法不仅使步枪生产速度加快，也降低了生产成本。机器和零部件的概念让丹尼森顿时明白，这就是未来钟表生产的路子。经过10年的努力，到了19世纪60年代，机器生产手表开始逐渐普及。这种模式加快了手表生产速度并降低了成本，普通人终于也可以买得起手表了。

与这个例子类似，人类历史上非常多的突破性创新都与借用有关。借鉴某个领域的某种做法，然后加以改造，再转移到另外一个领域进行全新的应用。全球第一条生产流水装配线是由美国福特汽车公司创始人亨利·福特于1913年发明并在福特T型车生产上首次采用的。生产流水装配线的引入简化了生产流程，大幅度地降低了生产的时间和成本，汽车也因此变成大众能负担得起的交通工具。这种流水作业法从此在全世界被推广应用。可以说，没有流水作业，现代化生产无从谈起，普通老百姓也不可能像今天那样买得起很多东西。注意：流水线与前面手表的例子不同。流水线是利用机器生产和装配，而手表只是利用机器生产配件，但装配依然靠人工。前者的生产效率远高于后者。

生产流水装配线堪称史上最伟大的创新，这种做法最初是因为T型车的订单实在太多了。T型车不是福特公司生产的第一辆车，但却是那个时代销量最大的车型。1908年3月下线后仅第一年的产量就达上万部，一举打破当时世界汽车史的量产纪录。太多的订单让福特和团队意识到自己的产能受到限制。要想大幅度提高产能，在现有的生产工艺和流程上进行改造的意义不大。他们当时就意识到，必须从最底层入手，重新改造生产工艺和流程才可能大幅度提高产能。只是，没有人知道该怎么做。碰巧有一天，福特的一个手下到芝加哥的牛肉屠宰场参观牛肉被肢解和传送的整个流水过程。工人重复切片和使用传送带传输牛肉块的办法让他印象深刻。他顿时觉得这就是他们想要的，于是立刻向福特做了汇报。福特得知后同样大受启发，借鉴牛肉屠宰场的做法，与团队用了几年的时间重新设计和改造了现有的手工装配工艺流程。1913年，全世界第一条生产流水装配线投产使用，汽车整车被分解成底盘、车身、发动机等几大部分，在流水线上装配后就可形成整车。流水作业使生产装配一辆车的用时从22小时18分钟下降到仅93分钟，效率提高20倍！从1908年问世到1927年停产，19年间T型车的产品超过1500万辆。

从步枪到钟表，从屠宰场到流水线，极少有人会把这两件风马牛不相及的事联系起来。可是，恰恰是这些风马牛不相及的两样东西相互联系，才构成了借用的实质。借鉴其他成熟的方式方法，通过信息的相互碰撞与再组合形成新的想法，然后返回头应用到新的事物上。被借用最多的两个因素是领域与时间，前面的两个例子是领域的借用，此外，“洋为中用”这种地域的借用也常用到。时间的借用同样特别多，比如很多人喜欢“古为今用”，把过去的某种流行方式放到现在用。除了借用领域、时间，你还可以借人：开放式创新就是一种“借人”的方式，利用别人的才华和经验帮助自己创新。我们还可以借资源，过去找银行拉投资，现在众筹、风投等其实就是借助别人的力量帮助自己腾飞。

当下非常流行的“跨界”竞争也是一种借用的延伸。跨界竞争其实并不可怕，真正需要引起注意的是多数业内人士最初对这种跨界侵袭都不以为然，低估了跨界的力量。这是因为跨界一开始都是从意想不到的地方杀进来的，比如微信对电信业、iPhone对按键型功能手机。这些看似不相称、不适宜的跨界很容易被误认为只是小众产品，目的是搅局或进行新的尝试。有多少人开始能预估到跨界最后的结果呢？大家当初都以为腾讯就是一个软件公司，哪有什么电信经验？同理，苹果从来没做过手机，怎么可能做出什么好手机呢？这些跨界的例子告诉了我们：如果你想采纳借用来进行创新，最好别从你熟悉或觉得合理的地方入手。越是出乎意料，未来引人注目的可能性越大。当然，关联和借用仍须以逻辑为基准，不能像文艺作品那样可以随时随地异想天开、无拘无束。

在前面的钟表和汽车的例子中，形成借用应该说都存在一定的偶然性。如果再靠这种带偶然性的办法创新，可想而知其效率很难满足现代化的要求。因此，类似于第4章提到的通用电气那个例子，最近这些年美国很多公司都引入非专业人士参与到创新项目组中，与专业人士共同创新。引入非专业人士的好处在于可以为专业人士提供不同的视角和认知，通过这种方式扩大他们的视野，形成可借用的机会。

外行人的加入可为市场带来新的视角和认知，这一点不仅在聘请非专业人士与专业人士共同创新的案例中体现，现在另一个倾向也越来越清晰：许多没有太多专业经验的人参与创业，往往能给行业带来新视野和新气象。这样的人数量越来越多，而且成就看起来同样十分惊人——乔布斯当年在学校里学的与计算机无关，特斯拉CEO埃隆·马斯克根本没什么与汽车相关的工作经验；国内也有类似的情况：马云对互联网和计算机技术一知半解，小米的雷军、魅族的黄章和锤子手机的罗永浩在进入行业前均无手机行业的从业经验。

再来一个练习，现在给你一管牙膏，

**看看你能借用什么？借用后又可产生什么可能性？**

千万别小看借用的力量。云南白药本是一种中草药，具有消肿止疼的功效。借用云南白药的云南白药牙膏对治疗牙龈出血、肿痛或牙周炎等具有良好的疗效，冲着云南白药这个牌子和名声，买牙膏的人自然不少。云南白药牙膏从2005年问世至今，已获得累计超过120亿元的销售额。在一定程度上，不得不承认，它的成功只是很巧妙地借用了云南白药这个概念而已。牙膏另一个借用的结果，与借用云南白药相比，可谓有过之而无不及，它就是亮白（或美白）牙膏。亮白牙膏其实是借用衣物漂白的原理而制成，现在市面上大部分牙膏品牌都有亮白型。

不借用云南白药或亮白，你会借用什么？

## 颠覆策略之四：反向

乔布斯曾一度固执地认为3.5英寸才是手机的黄金尺寸，更大的屏幕则属于愚蠢至极。因此，在2011年10月乔布斯去世前，苹果的iPhone手机的屏幕一直都保持在3.5英寸。直到2012年9月iPhone 5面世时，手机屏幕的尺寸才提升到了4英寸。而到了2014年的iPhone 6，屏幕更是提升到了4.7英寸。事实上，跨入2015年后，除了苹果外，市面上屏幕尺寸小于5英寸的智能手机已寥寥无几。大屏手机越来越受到大众的喜爱。

当年到底是谁敢于挑战乔布斯，引领大屏手机的风潮，最后竟然导致苹果跟风的？

当年反其道而行的正是三星。2011年9月，三星推出第一代屏幕大小为5.3英寸的Galaxy Note手机，并配备了S-pen手写笔。这个当年被许多人称为“盖住半边脸”的手机在上市之初并未得到行家的好评，毕竟当年主流智能手机的尺寸都在4英寸左右。Galaxy Note手机并不是第一个超过5英寸的大屏手机，国内当时已有不知名的小厂商推出过大屏手机。但擅长观望的主流厂商并不看好大屏手机，所以包括“中华酷联”等国内大厂与国际品牌均未跟风。要知道，创新不成功可能会付出很大的代价。不仅前期投入打水漂，还会有损自己的名声，这就是大厂商普遍不愿创新的一个重要原因。当年，三星已跻身一流智能手机厂商行列，与HTC共同引领安卓手机市场。不创新本属正常，尝试，特别是反向尝试，通常都需要足够大的勇气和信心。

谁也没想到的是，不被行家和媒体看好的Note 1手机却深受消费者的欢迎，市场上出现销售一空的状况。三星于是在第2年趁势推出了更大尺寸——5.5英寸的Note 2手机，2013年推出的Note 3手机尺寸更是达到了5.7英寸。截至2013年10月，Note 1和Note 2的累计销量达到了惊人的3800万台。从此，手机大屏的时代宣布到来！现在，虽然主流智能手机的尺寸依然停留在5英寸到5.5英寸之间，但几乎每一家安卓智能手机厂商都有超过5.7英寸的手机。

三星的反向策略已经被验证成功，国内一个手机厂商现在也在实施反向策略，期望从竞争无比激烈的手机红海中一举突破，它就是锤子手机。锤子手机CEO罗永浩在2012年5月创立了锤子科技，与小米相同，锤子手机也是从手机操作系统开始做起，再推出手机。大家都知道，国内手机市场竞争异常激烈，用“血雨腥风”四个字来形容一点都不为过。手机厂商实在太多，除了传统的手机厂商外，连格力、戴尔都染指手机品牌生产和销售，甚至包括一些名人明星如崔健、韩庚和汪峰也曾加入其中。想要勾起消费者的购买欲，除了大量烧钱外，还要有一些绝活才行。而罗永浩显然清楚这一点，他的独门绝技就是差异化，与大部分手机厂商走不一样的路。在接受媒体采访时，他曾表示：

越是红海竞争的时候，差异化就越重要。我们是一家天生差异化的公司，只是作为创业公司，有些方面底子薄弱。今天手机进入了同质化非常严重的时期。手机巨头们拼的不是产品的差异化，而是少犯错误和小心翼翼地巩固每家原有的那一点优势，我不觉得这些大公司有能力做出高度差异化并且更好的产品……我们固有优势的工业设计、软件交互系统、*UI*界面，等等，本来就都是高度差异化的。同时我们讲的品牌故事，理念和追求，以及市场宣传和调性这些东西也是高度差异化的，它们几乎和产品本身一样重要。

锤子手机主要卖点之一就是情怀。很多人批评情怀不值钱，他们忘记了一个事实：尽管锤子手机成立4年多来销量并不理想，但它依然活着！罗永浩和锤子手机证明情怀不仅值钱，而且还值很多钱！对手机一知半解，且管理经验不多的罗永浩居然凭着情怀就能够在风起云涌的智能手机行业驰骋，试问有几个人可以做到？认为情怀不值钱的人，如何看待那些愿意投资给罗永浩的人和那些从华为、新浪等离职去锤子工作的员工呢？他们愚蠢吗？恐怕真正愚蠢的正是那些不懂如何用情怀去融资、用情怀召集和激励团队、将情怀变成现实的人。在这点上，老罗的智慧和勇气都堪称一流。

逆向思维在创新中应用广泛，SnapChat就是其中的一个例子。很多人在社交软件上晒照片、晒心情的目的之一就是有朝一日可以重新回顾，因此，能够“永久记录”就成为所有社交软件必备的特点。可是，这样也带来了问题。因为信息没有了时效性，大家对此变得不够重视和珍惜。试想，信息在你看过一会儿后就会消失，你会不会更用心留意呢？SnapChat就是在这种假设下产生的。这款阅后即焚的社交软件出自于斯坦福大学的两位学生，用户可以分享照片、视频和文字给好友，可这些信息只能存在1～10秒的时间，随后将被自动删除。如果对方尝试截屏，发送方也会得到通知。与社交软件“永久记录”的特点相反，“不可保留”成为

SnapChat的王牌，吸引着诸多渴望为所欲为同时不必担心给自己惹麻烦的人。SnapChat的用户超过一半是年龄小于25岁的年轻人，他们渴望更为有趣、刺激的分享方式，与此同时还希望有效地保护自己的隐私。另外，用户在收到 Snapchat 信息时会不自觉地提高注意力，因为他们害怕自己错过。在这种情况下，信息发送和接收的双方都会觉得很好玩，投入的劲头也更大。截至2016年3月，SnapChat的估值高达160亿美元，预计一年后将启动IPO上市。

逆向思维在很多讲授创意的教科书中屡屡被提及，可以看出它的重要性。很多人也认同逆向思维的作用，真正的问题在于下面这个问题，相信困扰着不少人：

**到底什么时候需要进行逆向操作？**

我个人的研究结果是任何时候你都可以尝试反向操作，当然这里有一个前提：必须在不违反法律、法规和基本道德的条件下进行。比如绝大部分生意盈利来自规模，都是规模越大，盈利也越多。你完全可以逆行，从定制下手，为产品加入定制功能等。绝大部分的产品要让用户使用起来感到安全，你同样可以反向操作，增加他们的不安全感。张家界的透明玻璃桥就是一款这样的产品：让人走上去心惊肉跳！注意：他们并没有按常规修建一条“稳稳”的桥，相信那样一定不如现在更吸引人。

反向操作都能找到出路，至于这个出路是不是比常规更好，那是另外一回事。从制约的角度看，反向可以让人摆脱现有制约的束缚，但同时进入到了另一个制约中。同样，在另一个制约中是否更好暂且不表，毕竟判断的标准已发生变化。唯一重要的是，反向确实可以带来更多的可能性。大部分人每天干的活相差无几，接触的人也大同小异，因此，彼此的思想差距不大。颠覆性创新意味着你需要想的和大众不一样。反向其实是一个相对容易实现的颠覆性创新策略，只要你找出大家正在做的，无论是目的、流程、时间或格局，接下来你朝相反的方向走，看看发生什么就行了。

美国《连线》（*Wired*）杂志创始主编凯文·凯利曾出版过一本非常出名的书叫《失控》。在书中凯利提出在一般情况下，群体的智商更高，所以群体的表现通常比个体更好。逆向而行也就意味着你将与群体的智慧决斗，这种另辟蹊径的成功率有多高，值得三思。所以，我在这里必须告诫大家：逆向思维，特别是反向操作充满风险，失败的概率远超成功的概率。在多数情况下，我们恐怕应该避免这样的尝试。但是，如果你渴望摆脱，在想清楚可能出现的风险后，不妨放手一搏，相信脱颖而出的机会不小。

最后又到了我们的练习时间了。

人工智能离我们越来越近，这也意味着大量的产品都将逐渐实现联网控制，而且会自动帮我们解决很多问题。你可以利用反向策略开发出与人工智能趋势相反的新产品吗？如果可以，你准备从哪个层面入手呢？

可能有人会觉得这种逆潮流而行的做法不会有什么市场，这是一种误解。任何时代所谓的潮流，都只不过是得到大部分人的认同而已。无论如何，依然会有相当一部分的人并不喜欢这种潮流。比如，前文谈到的复古风格其实就是一种逆潮流而行的做法。所以，问题的根本不在于你到底正向还是逆向而行，而是，首先找准你的目标客户。没有他们，市场无从谈起。

## 颠覆策略之五：否定

我年轻时算是一个不折不扣的武侠小说迷。每每为武侠小说废寝忘食、通宵达旦。读过很多作者写的书，最喜欢的不是最负盛名的金庸，而是另一位也有无数经典作品的古龙。年轻时一直不知道为什么自己对古龙情有独钟，其实我看的第一本武侠小说是金庸的《射雕英雄传》，自己也挺喜欢金庸的作品。应该说，金庸作品中的人物更为丰富、饱满，情节和环境描写也更加生动、详细。此外，金庸的作品一般都有着厚重的历史背景，这对喜欢历史的我蛮有吸引力。古龙的书历史背景则少很多，人物描写也不如金庸作品如此细腻、动人。尽管如此，让我印象最为深刻的依然是古龙小说中那些富有哲理的短句，以及他对人生爱恨情仇的理解和感悟。这些对于一个迫切渴望了解人生到底是怎么回事的年轻人而言，会比那些圆满的情节和人物更有嚼头。

古龙开始写武侠小说时，金庸已经很出名了，而且还有另外一个写武侠小说同样很厉害的梁羽生。古龙最初的武侠小说学的是台湾当时知名武侠家卧龙生的风格。卧龙生是一位当了十年兵的退伍中尉，风格上与习惯自由散漫的古龙相差太远，所以古龙很快就选择了放弃模仿。古龙接着效仿金庸的风格，由于这样做的人实在太多了，写出来的东西还是没人要。学这些武侠小说名家效果不好，他开始想其他的办法。古龙很喜欢美国作家海明威，于是尝试用海明威"电报体"的短句和散文风格来写作，同时再去学习善于推理、悬念题材的日本武侠小说家柴田炼三郎的风格，再加上自己的散漫、孤寂、率性的性格，三者融合、叠加在一起，最终造就了古龙独有的写作风格。

古龙刻意去学习、模仿那些中华武侠名家没有让他成名。将来自其他地域的表现手法，融入自己特有的气质却闯出了一片天地。这就是创新的魅力！无论是艺术创作还是科学技术创新，模仿别人的最终注定无法赶上被模仿者。想赶超别人，最好的办法不是向别人学习，而是忘记。就像古龙那样，什么时候形成自己特有的风格，什么时候就是出头之日！这条路是所有创新者的道路，找到个性与行为的融合之路，创新才能真正开始。

国内许多人习惯性跟风，别人做什么成功，自己就跟着做什么，很少去认真思考过如何利用自己的个性与长处。网络中有文章谈到犹太人和中国人做生意的区别：中国人与犹太人都开了一家超市，生意红火后，中国人会接着开更多的超市，而犹太人则开与超市相配套的餐馆、理发店等。很显然，国人的追风倾向最后将引致价格战，大家都会为了生存而明争暗斗，而犹太人则迎来了相互补充的大好局面。

如果你以为这只是个案，那你就错了。实际上，国内外跟风的例子比比皆是，特别是大公司，对跟风从来都是不离不弃。2013年看到微信越来越受市场的欢迎，阿里担心微信一家独大的局面出现，决定推出与微信非常相似的一款产品“来往”，与微信抗争。为此阿里不惜砸下重金推广来往。据媒体报道，马云发誓“宁可死在来往的路上，也绝不活在微信的群里”，声称自己已卸载微信，想和他联系，来往是唯一的选择。与此同时，网易也推出了“易信”与微信一争高下。从起名看，你就知道易信和微信的差别不会大。同样，网易也是不遗余力推动易信落地。时至今日已三年多过去了，微信真正做到了一家独大，来往和易信则早已被边缘化，知道的人寥寥无几。反而是当年与微信刻意保持距离，主打陌生人社交的另一个通信类应用软件“陌陌”生存了下来，并成功在美国上市。

有人说大公司之所以跟风，采取硬碰硬的同质化路线，是因为根据博弈论，“针锋相对”才是挑战者与领先者对抗的最优策略。或许从博弈理论上看，这种做法是适宜的，它看上去可以避免一家独大、赢家通吃的局面出现——这种垄断一旦形成，对竞争者和消费者其实都不是好事。我佩服硬碰硬的精神，但并不同意这种做法。事实上，正如来往、易信丝毫无法撼动微信的地位一样，纵观历史，大公司之间这种针锋相对大都以一两家独大、其余惨败的结局而告终。如果不是因为大公司财大气粗，出现一两个类似来往、易信这样的失败很容易就把自己全部家底兜进去。有没有人计算过针锋相对的损失？如果不用硬碰硬，而是采取其他办法去对抗，效果是否可能更好？硬碰硬其实是最简单的做法，别人做什么，照做就行。很难想象如此照猫画虎的手法真能吓得了人。反而是像古龙那样，不是以模仿金庸或尽量弥补他的不足作为自己的风格，而是自成一体，才最终换得与金庸齐名的结果。

再来继续阿里和腾讯的故事。阿里自从来往失败后，2014年下半年开始启用“钉钉”——一款主打企业免费沟通和多平台协同的通信软件。与微信注重熟人社交不同，钉钉的定位就是为了工作，你可以从钉钉的口号“钉钉，是一个工作方式”上体会到这一点，所以它的全部功能都是围绕着这个核心打造。这种本质属于转换制约范围的做法果然很快奏效。截至

2016年4月，钉钉已覆盖150万家企业组织，成功抢占了企业级通信市场龙头老大的位置。钉钉与古龙如出一辙，都是选择放弃紧紧追随龙头老大，反而采用开辟新战场的方式为自己找到突破口。看到钉钉异军突起，腾讯再也坐不住了，于是“企业微信”应时而生，祭出当年阿里对抗微信的法宝来迎战钉钉。你认为企业微信能和钉钉有一拼吗？

当年来往与微信斗法，最后落得个溃不成军的下场，今天企业微信的结局恐怕也是同样①。我可以在此斗胆预测：未来真正能拉微信下马的是时间，钉钉的命运也大致如此。随着时间的推移，新的科技或新的应用横空出世，与微信截然不同，却能替代它，而且更高效更简单。如果你不信，去翻翻近代200年来创新的发展史，你会得到相似的结论。

古人云，“三十六计，走为上计”。讲的就是遇到强敌或陷于困境时，可以考虑离开或回避。在双方实力有较大的差距或不知所措的情况下，这通常是最好的应对策略。离开或回避都属于否定策略，这种对现状的否定可以简单地理解成——我不和你玩了。切记：否定只能作为一种策略，而不是一种态度。这也意味着无论是离开还是回避，都只能作为缓兵之计使用。切不可将躲避当作一种习惯，一种面对困难倾向性选择后退的习惯。策略性撤退或退出的目的在于赢得更多的时间，等待最佳时机出现时再反击。另一个目的则是另辟蹊径，从其他地方寻找突破的途径，从而避免硬碰硬、一败涂地的局面出现。

否定是一种放弃控制的做法。放弃了控制，也就意味着放弃对结果的索求。这种做法可以从根本上摆脱制约对自己的束缚。尽管这不是一种常规的应对方法，但不可否认的是，有时它确实是让我们解困的唯一办法。无论是一段头痛不已的感情、一项收效甚微的投资，还是左右为难的决定，一旦选择“我不和你玩了”，所有的烦恼和麻烦都将随之而去。

---

① 如果企业微信想赢钉钉，需要学会改变制约。做到这一点，可以从企业用户需要下手，比如钉钉着眼于中小企业，企业微信则可以瞄准大企业。

照旧，我们以练习结束：

*如果你的主要竞争对手实力位居行业的前三名，而你在行业中则默默无闻。想与这样的对手竞争，应该怎么办？*

千万不要尝试从正面攻击，即朝着完善产品的方向走，这样很难摆脱模仿的模式。正确的做法是找出目标产品的缺陷及对手的忽视点，以此作为反击的基点。记住：你想在强大的对手面前抢下一口饭吃，重要的不是针锋相对，而是改变游戏规则，变换出新的商业逻辑。大家在不同的商业逻辑下不存在竞争，胜负也就无从谈起。谷歌的Google Docs办公套件就是利用这一点把身处神坛多年的微软Office拉下马，迫使Office软件在某些地方也开始免费。在办公平台上，微软Office 20多年来一直是当仁不让的老大。做什么才能撼动它的位置呢？谷歌主要瞄准了两点：首先，谷歌办公套件只能在线使用，只要能上网，就可以随时随地编辑文件，相反，使用微软Office在不同机子上编辑文件，必须使用U盘或移动硬盘，显然，谷歌这种方式更为简单；其次，谷歌办公套件完全免费，它的使用对象主要是个人和小微企业，而微软Office正版费用并不低，是微软的主要收入之一。就这两招，使大量的个人与小微企业用户放弃微软，转而使用谷歌的产品。

## 重视颠覆性创新文化

找到了方法，就可以做出颠覆性创新吗？

这一部分探索了许多创造颠覆性创新的途径，可能在一定程度上给大家带来了误解，误以为只要盯准颠覆性方法或思维，颠覆性创新就水到渠成、近在咫尺了。有必要再重复一次：颠覆性创新是结果，不是目的。因为我们无法控制结果，因此这样说比较合理：方法的作用在于提高颠覆性创新成功的概率。

## 颠覆性创新能被复制吗？

最简单的回答就是：不能。颠覆性创新虽有共性，但被复制的可能性却极低。因为颠覆性创新并非一蹴而就，成功的颠覆大都需要经历一个漫长且艰辛的过程。现实中的被颠覆者一般在开始时都没把颠覆者放在眼里。恰好是因为这一点，颠覆者才得到了生存的机会，有机会逐步发展、壮大自己。否则，很可能一开始就被掐死在襁褓中。要知道，没有人愿意被别人颠覆，这意味着自己拥有的一切都将付诸东流。

## 颠覆性技术可以被复制吗？

可以。不过，请记住两点：首先，越复杂、系统性要求越高的技术复制的难度越大，复制所需要的时间也越长；其次，颠覆性技术并不是颠覆性创新的必要条件，也就是说，即便掌握了颠覆性技术，也未必出现颠覆性创新的结果。

需要看到的是，任何达到突破的技术都来自于传承和积累，而这一点恰好是我们比较差的地方——长期以来，拿来主义一直占据上风，对积累不够注重。特别是在基础学科方面，投入的资源和力量一向不够，觉得那些“没什么用”。拿来主义通常带来的只是碎片化的知识，很难形成系统化的认识。虽有现成的东西，但同时缺失了根源和根基，类似“为什么要做这个”和“最初是如何想出来的”这些最基础的问题很少被涉及。更重要的是，完全遗失了从失败和挫折中所获得成长的宝贵经验和教训。没有了这些，传承和积累就只是一句空话而已。

## 为什么颠覆性创新文化才是颠覆性创新的根基？

颠覆性产品通常未必有颠覆性技术，但其背后必然存在颠覆性文化的支撑。缺乏高层对创新的重视和支持，缺乏让人渴望创新、有能力创新的机制，缺乏开放、精诚合作和容忍失败的氛围，很难想象创新的可持续性和稳定性会一直存在。即使有令人叹为观止的创意出现，也很快会被束缚和压抑的体制或环境所扼杀。即使有幸研发出可以实现重大突破的技术或产品，也很可能因缺乏机制与氛围的充分支持而在实力上大打折扣，很难发挥出其应有的水准。更可怕的是，缺失了颠覆性创新文化的建立，不仅无法吸引一流人才的加入，原有的人才也会加速流失，造成组织空心化。通常，这种状况一旦出现，将很难逆转。

### 为什么有必要再提文化？

颠覆性创新往往出自于一个颠覆性的点子。如果你认为仅靠这个点子就能产生颠覆性的结果，那你肯定是把问题想得太简单了。从一个点子最终演变成颠覆性创新是一个漫长的过程，不仅需要围绕这个点子集聚成百上千个更详细、具体的想法和创意，创新团队与合作伙伴还必须努力配合，持续不断地在想法、创意实施上下功夫，直至期待的结果出现。

很清晰，绝对不是仅有颠覆性思维、颠覆性技术，就可以做到颠覆性创新，这也是为什么我在这里重提文化的根本所在。当然，所有的一切必须建立在选对人和一定的利润（或投资）的基础上才能顺利进行。也就是说，在领导力、制度、氛围、人才和资本几方面有效融合的支持下，采用不同的方法生成众多优秀的创意，再把这些好的创意通过技术或商业模式的形式展现出来，最后转化成为使用者创造更多价值的产品。颠覆性创新就是在这样一个过程中产生的。

## 创新高级整合

虽然看起来再接着前两部分都使用过煮饭例子继续讲下去会更具连贯性，但是，此刻我还是希望你暂时先忘掉它们。原因很简单，问题不同，讨论的思路也需要变化。为什么这么说呢？因为大部分人都能从入门走向飞跃，可只有少数人才能走向颠覆。

有一个问题一直让我十分好奇：颠覆性创新是怎么开始的，最后又是怎样形成的？

首先让我想到的是颠覆者的素质，毕竟颠覆性创新是由颠覆者发动的。有些人认为颠覆性创新的出现是因为颠覆者拥有超人的智慧和能力，我个人并不同意这种看法。这些颠覆者的确很聪明，能力也非常强，但比他们更聪明、能力更强的人也不少，为什么那些更厉害的人做不出同样的成绩？这其中一定存在着更关键的因素。

很多人在青少年时期都迷恋过武侠小说或漫画等文艺作品。那里面的主人公大都开始资质平平，不引人注目，甚至还时常受欺凌。突然有一天因某种机缘找到一本武林秘籍或生出某种异能，于是武功大涨，继而称霸武林，一扫过往的颓气与不幸。类似这种“一夜成名”的思想现今依然潜藏在不少人的脑海里，他们总幻想着，找到秘诀就能即刻成功。

创新也一样。特别是对于颠覆性创新而言，普遍的一种观念就是颠覆性创新背后必然存在某种颠覆性思维（如一直被赞不绝口的互联网思维）或颠覆性创新方法。只要找到这种思维或方法，就如电影《功夫》中的周星驰那般，一夜之间竟然把能抓住子弹的“火云邪神”打翻在地，让他跪地求饶。这种浮躁的心理极易激发投机主义的滋长，所以，很多人都在做着“风口上的猪”的美梦，玩概念、讲题材、搏眼球、抢投资俨然成为最近几年的风尚。

大凡经历过较多风雨的人都清楚，人生哪来的什么灵丹妙药或独门秘诀？即使真的有，也需要当事人在这个基础上经长时间持续不间断地挑战自己、持续不间断地磨炼以后才可能走向成功。这个过程可能相当漫长，有时甚至需要数年甚至数十年。没有坚定的信念和强大的意志力，根本无法长时间一直这么做。人生向来都是种瓜得瓜，种豆得豆，你在哪里耕耘就在哪里收获。颠覆性创新如此，其他的事亦大同小异。

颠覆性创新的起始、展开到最后的形成与颠覆者的行为息息相关。颠覆者的动机、特征与应对机制一直是我所关注的，这几点也是我认为他们最终能够实现颠覆的主要原因。从颠覆者身上，你能发现一些相似的特征，如前瞻性很强、喜欢冒险、有卓越的组织协调能力等。总体而言，能看见别人看不见的东西，敢于做别人不敢做的事就是颠覆者最典型的特征。

具体讲，有三个关键点特别重要，即远见、自律与始终如一（如图11-4所示）。

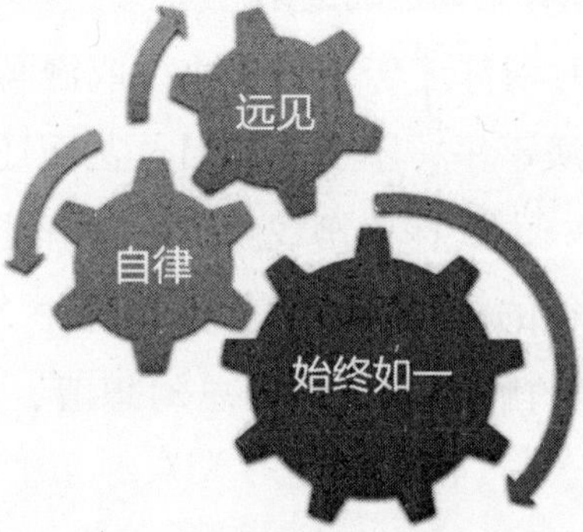


**图11-4　颠覆者的三个关键点**

首先，颠覆者都具备某种远见。这种远见可能是发现了大家所忽视的东西或洞察到世界变化的规律，想进一步进行深入探索；也可能是有一个长远的目标，期待将梦想变成现实。颠覆者的远见因人而异，或是源于某种直觉或信念，又或是少年时期的梦想、好奇或兴趣爱好，还可能是某种内在的气质特征。像伊隆·马斯克成立SpaceX研发可回收火箭的初衷是他从小就很痴迷外太空探索，希望能借此圆梦，所以他不惜血本，重金投入。

第二个关键点是自律。自律是专注的基础，也是让远见变成现实的保证。在颠覆性创新过程中，外界环境变化多端，颠覆者很容易受到各种诱惑影响而偏离自己奋斗的方向；也可能因困难重重、挫折不断而让颠覆者萌生去意，另择他途。还是以SpaceX为例，由于可回收火箭“猎鹰1号”在试验过程中连连失败，伊隆·马斯克几乎走到了破产的边缘。同样，乔布斯也挺惨，曾被自己一手创立的苹果公司一脚踢了出来。类似的情况在颠覆过程中频繁出现，颠覆者摇摆和挣扎也就不足为奇了。因此，只有依靠自身强大的自制力，才能把自己牢牢地固定在实现远见的轨道上。

第三点就是始终如一的坚持。颠覆性创新绝非一蹴而就，需要经历一段较长的时间，通过一点一滴的积累，颠覆才可能发生。缺乏始终如一的坚韧精神，很容易半途而废。始终如一也是颠覆者最终获得成功，而那些能力、智慧和知识同样出众的人却功亏一篑最重要的原因。

远见、自律与始终如一环环相扣、相辅相成。远见赋予颠覆者一种内在强烈的使命感。在这种使命感的召唤下，为了实现远大的目标，颠覆者必须严格约束自己，严格要求自己，力争做到事事精益求精，而且持之以恒，直至目标达成。应该说，没有远见，很难做到自律与始终如一；同理，自律与始终如一也保证了远见的最终落地。必须看到的是，自律与始终如一都是在与人性作斗争。向诱惑妥协，在困难和恐惧面前低头才更符合人性，显然这些更容易做到。相反，抗拒诱惑和战胜困难则需要付出更大的努力和代价，要比妥协、低头的难度大了很多。现实生活中就算知道这些道理，能够保持自制力且坚持不懈的人也不多见。很多人甚至连控制自己，坚持一个礼拜的时间都困难，慷慨激昂想改变的激情往往只能持续一两天而已。

这才是现实！这才是生活！

我们懂道理，知道该怎么做，可自己就是做不到。这其中的原因很多，最基本的一点就是我们本来就不是理性的动物。驱使一个人行动的背后存在太多感性因素，如欲望、情绪和信念等，这些所产生的力量远大于道理、原因和因果等逻辑因素。如果我们知道该如何做，而且能够一丝不苟去执行，这与机器还有多大差别呢？这也是为什么颠覆性创新难得一见的原因。颠覆者必须长期不断与自己性格中的那些弱点抗争，才能达到不妥协、不将就、不迎合的境界。

颠覆性创新往往起始于一个独一无二的创意。当创意最终获得成功后，大家当然可以响当当地说这个与众不同的创意是多么伟大，多么有远见。然而，在它刚诞生时，以及付诸现实的过程中，经常会遭到反对和拒绝，被怀疑、压制甚至嘲讽也是家常便饭。颠覆者必须在质疑、反对的浪潮中，继续坚持自己的信念，继续约束自己，继续始终如一为自己的梦想、信念付出。颠覆者通常并不惧怕外界的否定与拒绝，因为他们都有着比一般人更强大的意志力。但问题是，这些来自外界的质疑时不时会内化，转变成对自己的质疑。这才是真正致命的。成功的颠覆者都有一种"神奇"的力量，就是将这些内化的自疑再次转变为前进的动力。大多数的人并不知道自己是如何做到的，他们只是把自疑放在了一边，在实现自己远见的道路上持续自律，持续始终如一地保持专注和努力。正如网络中流行的那句话一样：有些事情不是看到希望才去坚持，而是坚持了才会看到希望！久而久之，这些自疑就消失了。相反，不具备这种"神奇"能力的人，也就无法一直专注下去，自疑变成了一种致命伤，最终他们只好选择妥协或放弃。

在相当长一段时间里，我一度认为创新的高级整合应属于思维的整合。思维整合意味着我们需要有与众不同的想法或办法，能想到别人想不到的点子。然而，创新并非像很多人想的那样，有一个独特且出众的创新想法或特别的流程，然后创新就大功告成，瞬间把别人颠覆了。颠覆性创新和持续性创新一样，都需要把创意付诸实际，最终转化成创新产品。这注定是一个吃力不讨好，而且还未必知道最终结果到底如何的过程。你不仅需要考虑如何在技术上去实现，而且还要考虑市场的需求，考虑如何盈利，考虑如何防止对手抄袭。很多很多等着你去考虑，很多很多等着你一步一步去实施。太多的困难和挑战颠覆者无法事先预计，只有到了实际干起来时才会出现，有时候甚至是反复出现。怎么办呢？只有一条路，那就是想办法去克服这些困难和挑战，于是就会不断产生新的灵感、新的创意、新的实施计划、新的困难和挑战。在这种周而复始的反复循环中，颠覆者和他的团队得到进一步锻炼和提高，产品的质量也在不断改善。经过很多这样的轮次后，才有了颠覆的发生。总而言之，在颠覆性创新中，真正起作用的关键因素并不是大部分人预期的那些具备颠覆性质的点子，反而是看似并非特别了不起的点子汇聚、实施的整个过程，还包括不断打磨，力图把产品做到最好的恒心和汗水。

类似的情形也出现在我开始研究制约与突破的时候。最初我同样以为突破就像在学校里学到的解题方法那样，在已知与要求中尽力寻找它们的逻辑关系。这种想法最终被证明是错误的。如果你重读第10章，你就会发现这一章的核心内容讲述了逻辑在突破中的力不从心。相反，非逻辑的使用，如想象力、直觉及利用时间换取突破等办法更有助于突破的形成。众所周知，颠覆性创新是对常规的一种突破。换言之，颠覆性创新背后通常也隐藏了与突破发生类似的非逻辑因素。

如果说创新的初始阶段注重流程，中级阶段注重效率，那么到了高级阶段，真正重要的反而是非逻辑因素，如想象力、信念、精神、直觉、爱好、恒心和汗水等，甚至包括运气。再重复一次，无论是颠覆一个产品还是一个行业，真正起作用的既不是超人一等的创意或想法，也不是独树一帜的智力或能力，而是在自律和始终如一的前提下精益求精的精神。创新颠覆是一种非逻辑因素的整合，但这必须建立在已经过创新入门与创新飞跃两个阶段后，强调非逻辑因素才可能有效。换句话说，与其他事物类似，创新的发展也符合逐步推进的规律。如果开始就重点抓非逻辑因素，而忽视信息整合与机制整合的建设，就很容易本末倒置。

在临近完成这部分时，我无意中接触到了《信任社会》这本书。书的作者是已故的法国作家阿兰·佩雷菲特（Alain Peyrefitte），他曾是法兰西学院院士，八次出任法国政府部长职位。这本书讨论的核心就是人类的发展，包括到底是什么决定了发展等。他不认同对发展的传统认知，即物质因素，如资本、劳动力、自然资源、生产关系等，在发展中起到的关键作用。相反，他认为非物质性因素，如个人与群体的动机、态度、价值观，才是决定发展的核心因素。

如果把创新当作发展的一部分，我们俩的思想不谋而合。我所认为的非逻辑因素，与他书中谈到的非物质因素有异曲同工之妙。发现彼此有如此的共鸣，心中颇为欣慰。算是对自己的一种肯定吧，总算知道自己的努力没白费。

## 如果你是高管

首先，无论你是否对颠覆性创新感兴趣，你都需要学会应对颠覆性创新的冲击。重读第8章的“123法则”，制定出适合自己企业的应对颠覆性创新的战略与规划。尽早开始！

成为一家颠覆性创新企业的领导人，你需要做到有远见、能够自律且始终如一。除此以外，你要善于团结有着类似特征的人，并不断激励他们向自己的目标奋斗。你要知人善任，能看到别人的潜力所在，帮助他们进一步激发自己的潜力，并创造机会让这些潜力释放出来。你要有很强的爱心和同理心，你要体恤下属，善于倾听，喜欢帮助那些有需要的人。你要从不轻易认输，向困难妥协更不是你个人的风格。你要从不默认制约，不被陈规旧律牵绊，总是在不断地尝试突破，让自己与周遭都变得更好。你要言传身教，将这些态度传递给你的团队，让他们也变得和你一样。

最后，希望你能摆脱逻辑的束缚，重视非逻辑因素，去发现和挖掘那些深藏在每个人心中的非逻辑成分。请注意，并非非逻辑就是好的。非逻辑具备强大的催人奋发的力量，同样具有相同的毁灭能力。别忘记，类似于贪婪、恐惧、愤怒、懒惰等均属于非逻辑因素。你的任务很重，因为非逻辑因素必须在理性规则的指导下，才能释放出其最大的能量。

## 如果你是创业者

创业者是否应该以颠覆性创新作为目标？有些人认为一定要，原因是颠覆性创新可以赢得更多的机会。我不这样看，创业最好别以颠覆性创新为目标才是最佳的选择。记住：颠覆性创新是结果，不是目的。也就是说，无论谁发动的创新，最后能否成为颠覆性创新与当事人的目标关系不大。初创企业应该以竭力满足目标顾客的需要、尽可能增大给他们提供的价值为目标。至于是不是进行颠覆性创新其实并不重要，毕竟最终都是市场说了算。有人捧场才能谈生存和发展，没有则很快出局。

# 第12章　创新：从入门到颠覆

如果你改变看世界的视角，你将看到不同的世界。

(If you can change the way you see the world, you will change the world you see.)

——匿名（anonymous ）

## 机会，关联与流动

“有图有真相”是当代年轻人中非常流行的一句话。只是，有时有图也未必一定有真相，“图”配以声音才能更完整地还原事实的原貌。几千年来，人类的声音都是即传即失。直到1857年，巴黎排字工人兼发明家斯科特（Édouard-Léon Scott de Martinville）发明了声波记振仪，声音终于可以完美地保留下来。声波记振仪通过模拟耳朵运作机制来录制声音，它是人类历史上第一个可以记录声音的仪器。可惜的是，这台机器有着致命的缺点，它无法将声音还原播放出去。这一致命缺点使得声波记振仪对大多数人而言并没有太大的用处。斯科特最终只能靠卖书为生，一生默默无闻。

从商业角度来看，声波记振仪并未对消费者产生多少价值，把它归类为失败案例似乎并不为过。然而，在声波记振仪基础上发展起来的两个后续产品，堪称人类历史上最伟大的发明之一。在声波记振仪诞生20年后，的1877年，爱迪生发明了“会说话的机器”——留声机。留声机不仅继承了声波记振仪可以记录声音的特点，还突破了其致命缺点，它可以还原并播放声音。留声机的问世带动了后续一系列与声音有关的产品发展，如收音机、电视机、电唱机、录音机、录像机、MP3播放器乃至手机。毫无疑问，这些产品极大地改变人类的生活方式。而另一个产品的问世更是空前创举，很难想象没有它，今天我们的生活会是什么样子。这个产品就是电话。19世纪70年代，贝尔在重复声波记振仪实验时发现，如果逆向记录声音的过程，声音可以通过振动恢复到原先的状态。加上电线，声音就可以通过电流进行传输。1876年2月，贝尔向美国专利局申请电话专利权并很快成立了电话公司。此后，电话风靡北美各大城市，并向全球蔓延。

回顾人类的创新史，像声波记振仪这样的例子不计其数。起初产品、发明或专利由于本身缺乏足够的商业价值或存在一定缺陷而无人问津。时过境迁却能够为他人作嫁衣，催生新一代的产品、发明或专利。这种由一个创新引发后续多个创新的例子正是关联魅力的展示：找出与之相关的想法，不断扩展，不断延续下去。

信息的不断传播、流动产生了碰撞，从而引发了关联与发展。流动带来机会，点子、想法是如此，人才同样如此。中国近40年的发展可以说与人的流动相辅相成，人的流动带来了机会，也促进了发展。过去大部分人一辈子待在自己出生的地方，一生只在一两个单位工作直至退休。最近20年，这种情况已越来越少。等到80后退休时，只在1～2个单位工作过的人恐怕可以归结为凤毛麟角一类了。

被后人誉为“空调之父”的美国工程师威利斯·开利（Willis Carrier）在20世纪初发明了空调，并于1906年获得此项专利。空调最初的功用是保持印刷车间的温度和湿度，以避免不稳定的温度对印刷质量产生不良影响。在此后的近20年，空调都只在工业中为机器服务，直到1924年才开始转为民用。在与空调打交道的多年中，开利注意到一点：人们其实喜欢待在有空调的环境中（与今天不同，当时的人还远没有享受空调的意识）。如何进一步推广空调的应用呢？开利首先想到的是电影院。20世纪

20年代正是好莱坞第一次兴起的时候，大众开始有了看电影的喜好。不过，当时几乎没什么人愿意在夏季走进电影院看电影，原因就是电影院实在太热了。1929年，开利在泽西城电影院地下室首次安装了空调，并邀请了诸多媒体和业界人士前去观影。毋庸置疑，每个去看电影的人都感受到了舒适的凉意！从此以后，夏天看电影不再是问题，而且夏天在装有空调的电影院里享受冷气成为当时的一种新时尚！1930年的夏天，全美每周进电影院的人数居然高达8000万！这是一个非常神奇的数字，毕竟当时美国人口数量仅1.2亿而已。

空调在电影业的应用正式开启了空调民用的时代。二战前美国人口大多分布在东部和北部这些比较冷的地区，而在美国的西部和南部，居住的人相对少很多。随着20世纪50年代空调逐渐走入家庭，美国人在居住地域的选择上也随之发生改变。从50年代至80年代，常年较炎热的亚利桑那州的人口增长了3倍，而像休斯敦和达拉斯等南方大城市的人口同期也成倍增长。

无独有偶，2011年第六次人口普查结果显示，广东以1.04亿常住人口位居全国第一。与1990年第四次人口普查结果6282.92万人相比，20年间广东省人口的增长竟高达65%。外来人口的急剧增多促进了广东经济的发展，让广东这个曾经的贫瘠之地一跃成为全国GDP的排头兵。不否认改革开放政策在其中起到的重要作用，也不否认广东本土人员与外来人员的开放意识及辛勤劳动所产生的积极结果，可是，倘若没有空调，是否依然有如此多的外来人口愿意迁移并常年定居在一年至少6个月在26℃以上的地方呢？

空调的发展与人口流动息息相关，而人口的流动又促进了经济的发展。放眼世界，所有经济高度发达的地区，都是人口流动大的地方。人口的流动促进了不同生活习惯、观念和价值理念的汇集与交融，而思想的汇集、碰撞与交融又衍生出更多新的机会，从而吸引更多的人聚集此地。正是这种良性循环，酝酿并催生着更多的创新，进而带动了更大的发展。反之，封闭阻碍流动，也抑制了创新，最终的结果是把机会与发展扼杀在摇篮中。

## 技术，价值与原则

有没有人知道被称为城市美容师的霓虹灯是怎么来的呢？

早在1898年，英国科学家威廉·拉姆齐爵士（Sir William Ramsay）在给气体通电的过程中，发现有些气体可以发光。他将可发出红色光亮的气体命名为“霓虹”（neon）（在希腊语中neon是“新”的意思）。事实上，过往多个科学家也重复过类似的试验。只是，霓虹的发现并未引起科学家们的广泛注意，因为大家并不知道霓虹到底可以用来做什么。

然而，与其他人不同，法国工程师乔治·克劳德（Georges Claude）却意识到了霓虹的商机：它可被制成为商用标志，成为一种广告载体。1910年克劳德成功地制作出世界上第一支霓虹灯管，并申请了专利。接着克劳德在巴黎成立了公司，开始推销霓虹灯。很快，霓虹灯引起了全球的关注，订单多得让克劳德的公司做不过来。于是克劳德开创了一种全新的商业模式——连锁加盟，即通过销售霓虹灯的特许经营权而获利。连锁加盟的商业模式在今天屡见不鲜，但放在100年前，这绝对堪称天才创举。

20世纪20年代，美国的一位英籍移民托马斯·杨（Thomas Young）拿出仅有的300美元，成了克劳德的霓虹灯加盟商。杨随即在拉斯维加斯成立了杨广告招牌制作公司YESCO（Young Electric Sign Company），接着杨利用自己熟悉的广告牌制作工艺技术，制作出了可弯曲、有不同颜色和形状的霓虹灯广告牌。到了1940年，随着胡佛水坝的建成，当时的沙漠小镇拉斯维加斯的兴旺发达之路也从此拉开序幕。拉斯维加斯开始兴建大型赌场，与之配套的酒店、餐馆、夜总会等也大规模上马。这些设施所需的大量霓虹灯广告牌业务大都被当年工艺技术领先的YESCO独揽，YESCO也由此跃居成为全美领先的广告牌制作公司。今天很少人知道乔治·克劳德是谁，而YESCO依然在为北美许多城市制作着霓虹灯广告牌。

很多人都以为有了技术就行了，把技术和专利等同于创新的人数也不少。实际上像克劳德发明技术，而由杨推广大获其利的例子才是现实中的大多数。就如互联网由英国人蒂姆·伯纳斯·李（Tim Berners-Lee）爵士发明，而最后让大众熟悉并广泛应用它的却是微软和谷歌这样的公司。第6章谈到由美国军方开发的GPS导航系统，最早也只具备军事用途，让它大放异彩的同样是一群IT公司。

技术必须与需求相结合，才能带动企业甚至整个行业的发展。单纯技术的进步，如发明、专利等，大都只能让发明人受惠，却无助于企业和行业的腾飞。这个事实告诉我们，不具备一定商业价值的技术其实对整个社会并没有太大的效益贡献，当然我指的不是如被誉为“中国天眼”的中科院500米口径球面射电望远镜，或好奇号火星探测器等这类特定技术。因此，在商业创新中起决定作用的恐怕不是拥有多少科研力量、实验室或专利，而是能否将这些因素进行高效的转化，投放到市场，为所服务的对象创造和提供更多的价值。

再看另外一个例子。2011年美国加州州政府起诉苹果、谷歌、英特尔和Adobe四家公司，原因就是这四家赫赫有名的科技公司达成协议，承诺不相互挖角，以此避免员工借此提高工资待遇。加州政府认为此协议违反了鼓励人才自由流动的法规，属于非法协议。三年后四家公司被法院判定败诉，并处以罚金3.24亿美元。四家公司对判决不服而提起上诉。2015年1月，法院二审认定罪行成立，还增加了罚金数额。最后这个案子以四家公司用4.15亿美元与员工们达成和解而告终。

类似的协议其实在很多地方都存在，目的就是帮助企业节省成本。这似乎有其道理，但问题在于：从短期看企业的利润提高了，赋税增长有助于政府收入的提高；但从长远看，人才流动的减少降低了企业的竞争力，从根本上给市场的活力带来负面的影响，政府的无形亏损更大。所以，也就不难理解为什么加州政府不惜得罪这四个科技巨头也要坚持原则。

生活中许许多多的事与这个例子相似，短期看有利可图，价值满满，可从长远看则完全相反。就技术而言，是为短时利益迁就市场，还是从长远出发坚守自己的原则，对多数人来讲，恐怕都不是一个容易的选择。请别忘记：妥协、放弃要容易得多，真正难的是坚持，因为坚持需要坚定的原则。缺乏原则的技术，不管它有多么先进，转化效率有多高，但即便一时成功，最后的结果也是有如昙花一现，存留下来的时间有限。

## 未来，造势与适应

我们到底应该去适应未来，还是着手准备创造未来？两种不同的经营理念，也预示着在经营中采取不同的决策与行动。

众所周知，产品如果无法满足消费者的需求，很容易被市场淘汰。因此，倾听消费者的声音，了解他们的需要，然后竭尽全力满足他们的要求就成为了企业成功的标配。特别是近年来，“用户思维”这个词大放异彩，注重消费者的体验，从他们的反馈中不断改进产品也成为众多厂商产品设计、制造和营销的重点策略。这是一种典型的“市场说了算”的经营理念，以满足买方的需求为主。顾客需要什么，就做什么。这也是顺应时势的一种行动，以变应变，顺水行舟，事半功倍。

与“市场说了算”相对应的有另一种做法，在这里称它为“公司说了算”。传统的“公司说了算”是以卖方的需要为主，着眼于如何将产品转为现金。在过往，工程师思维，即主要关注产品功能，而对消费者体验不太关注的思维模式长期主导了新产品的开发。然而近十年来，这种趋势已大为改观，现在的“公司说了算”与“市场说了算”同样注重用户的体验。两者不同之处在于前者更为重视引领消费者的需要，而后者则着眼于满足消费者的需要。乔布斯回归苹果后开发的一系列产品都属于“公司说了算”一类。他们不太注重市场调查，也不是十分注重倾听用户的声音，因为他们坚信：用户常常并不知道自己到底需要什么，也很难把自己的需求表述清楚。这种创新逻辑同样被埃隆·马斯克广泛应用在电动车、太空火箭和太阳能产业上，在其他诸多共享经济产品中亦常常出现。

很显然，“市场说了算”也是一种创新。这种以顺应需求为基点，以产品优化、改良为目的的改变属于持续性创新。“公司说了算”则更偏重颠覆性创新，以创造需求为基点，通常需要长时间的准备和投入。

以适应为主的“市场说了算”其实是一种被动的行为。尽管顺势而为、乘势而上一直被很多人交口称赞，对抗时势则被视为不明智、顽固的代名词，但顺势这种理念有许多容易被忽视的地方，例如：何为势？如何辨识势的走向？势又能持续多久？诸如此类的问题大都经不起仔细推敲。现实中，多数人在势中都处于迷失和落差状态，往往等势过后才真正意识到势的来临。这就是为什么多数人在股票市场不能获利，至少无法获大利；这同样是为什么站在风口上，飞起来的猪却只有小米等凤毛麟角的几个。所以，千万别以为所谓顺势而为就一定所向无敌、攻无不克。这样做至少存在一点不足，也就是顺势总处在被动之中，一直在跟随，除非你就是那个弄潮儿，那个掀起势的人。

以准备为主的“公司说了算”才是真正主动性的行为。说穿了，这并不是一种顺势而为的行为。恰恰相反，这种与时势相对抗的所为必须建立在对现状的洞悉及颠覆基础上进行，它是一种新势的缔造者，是那个掀起势头的先锋。至于结果如何，恐怕就不在本书谈论的范畴之内了。只是，顺势都未必有什么好结果，何必再苛求更难做的事一定要有好结果呢？所以，有一点可以肯定，一旦以准备为主的行为变成了势，肯定比那些以适应为主的行为收获更多。

回过头来回答那个备受关注的问题：颠覆性创新是计划出来的吗？

答案是：在相当程度上是的。以亚马逊的云计算为例，截至2016年第三季度，在云计算服务市场，亚马逊的规模已超过了市场排名第二的微软、第三的谷歌和第四的IBM三家巨头的总和，远远领先其竞争对手。1995年成立的亚马逊是一家电子商务公司，除了在中国等少数国家外，亚马逊在全世界范围内都是电商的主力，具有统治性的市场地位。然而，这个全球最大的网络零售商有一个非常奇怪的地方：公司成立后的20年间基本没赢利，大部分时间都处于亏损状态。就是这样的一个公司，其市值在

2016年7月居然高达3500亿美元，成为全球市值第五大公司①，超同期阿里与京东市值的总和。

面对这样的一个异类，很多人可能不禁要问：“凭什么？”

凭的就是亚马逊的视野与布局。要知道投资者看重的是未来，而不是现在。也就是说，亚马逊常年亏损却始终得到投资者的热捧正是因为投资者看好它的未来，而不是糟糕的过去和现在。无论是做电商还是云计算，亚马逊都是引领者，都是势的造就者。早在21世纪初，当大家都还习惯从超市和小商店购物时，亚马逊已经开始逆势而行——不断在网上增加新产品，还在物流效率上下功夫。早期卓越的眼光和多年的耕耘成就了今天亚马逊的电商地位。云计算也类似：五六年前，除了专业人士外，一般人恐怕连云计算的名字都没听说过，而亚马逊的云计算却是从2000年开始布局。它在2006年推出其第一代云计算网络服务（AWS），经过多年的健全和完善，才得到今天霸主的位置。

从另外一面看，颠覆性又并非源于计划。无论你事先多么细致认真地筹划，创新也未必能带来颠覆性的结果。也就是说，颠覆性创新往往不是人为的结果。反而在很多情况下，“有心栽花花不开，无心插柳柳成荫”才更能突显颠覆性创新的本来面目。与亚马逊同年成立的eBay，与淘宝模式非常相似，过去一直都是亚马逊的对手。在它们相互斗法的头10年，以拍卖起家的eBay其实一直处于领先的地位。2003年eBay的交易额就高达238亿美元，净收入为22亿美元，而同期的亚马逊营收仅为52.64亿美元，净收入为负值。从2005年开始，eBay开始走下坡路，而亚马逊的年增长率则超过20%。2015年亚马逊的营收更是高达1070亿美元，而同期的eBay仅录得86亿美元。两者的地位再也不可同日而语！

最近几年，精益创业或精益创新的思想被摆在很高的地位，成为大众争相模仿的对象。精益创业或精益创新的核心就是适应，注重反馈、快速迭代和及时转向都是其中最常用的方法。不否认精益创业的价值，它确实

---

① 前四位分别为苹果、Alphabet（谷歌的母公司）、微软和埃克森美孚。

帮助造就了很多估值很高的初创企业。只是，我依然认为颠覆性创新更多来自准备。就像亚马逊在电商和云计算上一样，尽早布局。比对手早几年进入，先用多年的努力把基础打扎实，接下来视具体的环境和机会进行必要的转向。

简单说，“无心插柳柳成荫”看似随意之作，其实是长期投入的结果。只要你不是一直默默栽花，而是同时展放视野、怀抱未来，成荫只是时间问题而已。而类似于市场调查这类数据一般都无助于颠覆性创新。很简单，颠覆性创新都是开拓，所以无法利用数据进行佐证。这也是乔布斯向来不信任市场调查的原因。

## 黑天鹅，道理与非逻辑

2016年最引人注目的颠覆性创新并未出现在商业领域，而是在政坛上。特朗普再一次展现了他在初选时的魅力，再一次让主流媒体、专家大跌眼镜，如愿入主白宫，成为美国第45任总统。

这次总统大选中，特朗普做了很多异乎寻常的行为。首先，作为一个毫无从政经验，也未担任过公职的人参加共和党初选。虽然他在美国已很出名，可从美国总统竞选历史看，既无政府工作经验也从未担任过议员这一点对于总统候选人而言，用荒谬来形容并不为过。其次，特朗普的政治立场也不清晰。早期他是共和党人，但在2001年至2009年期间却加入了民主党，接着才回归共和党。特朗普的信念与传统的共和党主流价值观同样有冲突，他甚至不惜为此与共和党高层公开撕破脸皮。所以，2015年6月中当特朗普宣布竞选总统时，很多人都以为他只是一个“搅局者”而已。然而，就是这样一位媒体与大众都不看好，党内支持率也不高的特朗普最后胜出，成为美国历史上首位无从政经验的总统！

以往美国的总统大选中，谁获得的竞选筹款多，谁取胜的概率就大。竞选广告、媒体宣传、集会场地、竞选团队、助选工作人员及安保工资、差旅费等都需要大量的支出，且从党内的初选到最后两党的PK需历时1年半的时间，没有足够的竞选经费很难赢得这场旷日持久的选战。难怪很多人都认为，大选实际上是一场烧钱的游戏。截至2016年10月19日，希拉里团队共募集到竞选资金10.681亿美元，而特朗普仅为5.122亿美元，不及对手的一半。钱少就意味着在电视、在线广告上的投入必须相应减少，在各地助选的办事处和团队成员数量也同样缩减。再加上特朗普拒绝传统扫街拜票的拉选方式，而是热衷于举办类似大规模摇滚音乐会式的集会来拉票。这一切似乎都预示着特朗普胜算甚微，投票前专家、民调和传统媒体一面倒支持希拉里也验证了这一点。开始计票前，被誉为大选风向标之一的《纽约时报》甚至为希拉里开出了81%高胜选率的预测。希拉里取胜看似稳操胜券、板上钉钉。

然而最后的结局却事与愿违。选举结果出炉后，很多媒体、专家再次纷纷撰稿，分析其中的原因。这些原因看似都有道理，但是为什么事先这些人全部失算了呢?

特朗普这次胜选被誉为选举史上至今最大的“黑天鹅”。黑天鹅是那些不可预测且非常罕见，但却有着颠覆性质事件的代名词。如果黑天鹅能被事先预测，那就无法被称为黑天鹅。所以，在对待类似的事件上，我们同样不能按常理出牌，按习惯的方法进行预测。因为已经无理可循，至少我们熟悉的那些道理和规则在这里用不上。

颠覆性创新与黑天鹅有着异曲同工之妙，都属于不常见、难以预料且影响甚大的壮举。既然黑天鹅无法按道理解释，那颠覆性创新是不是也如此呢？如果你阅读过前文“创新高级整合”部分，你会知道颠覆性创新确实如此，是由非逻辑因素促成。重新再去看看特朗普竞选走过的路，你会发现他用了非常多的非逻辑因素，比如慷慨激昂的腔调、口无遮拦的大嘴巴、匪夷所思的政见、电视辩论中粗俗无礼的举动、经常无视竞选专家的意见、频繁更换竞选团队成员及着装上的花费多于民调等。看到这些，就不难理解为什么精通竞选的专家、媒体会一面倒支持老牌政客希拉里。

诚然，这些非逻辑的言行举止对个人形象而言是扣分项，按常理对选情不利。但是大家似乎忘记了一点：民主党的奥巴马已执政八年了。在奥巴马的带领下，美国经济已从2008年的次贷危机中满血恢复。特别在近年全球经济疲软的状况下，美国仍一枝独秀。在这种情况下，代表共和党参选的特朗普，如果和希拉里硬碰硬，打一场正规的选战，估计最后输的可能性很大。还有一点不可忽视，特朗普没有任何从政经验。比政绩、比资历都是弱项。但是，若比变革、比可能性，无从政经验反而成了优势。特朗普成功地找准了他的目标观众，以“改变”为竞选主题迎合他们的需要，塑造与希拉里等政客完全不同的参选形象，进一步强化了这个主题。论逻辑他不如希拉里，乱煽情则才高八斗。非逻辑的言行或许并不符合政客的形象标准，但对以商人身份参选的特朗普而言，它反倒变成了加分项，给人更真实的感觉。

世界的发展速度变得越来越快。近年来，在政治、经济、体育等领域，黑天鹅事件频现，如特朗普当选美国总统、英国脱欧及勇士在NBA篮球总决赛中在以3:1领先骑士的情况下被翻盘①等。未来似乎正朝着越来越难以预测的方向发展。专家、媒体预测频频失灵的状况还暗示着另一种趋向：大家一直以来用于判断、决策的理念和原则可能正处在濒临失效的边缘。未来如果我们不能在理念和思维模式上做出较大的调整，犯错的风险恐怕会越来越大。随着人工智能时代的逐渐到来，这一点很快就能得到验证。

## 逆转，不甘与折腾

如果说英超是全世界竞争最激烈的足球联赛，相信大多数人都会认同。自1993年成立以来的20多年中，除了1994—1995赛季布莱克本队获得冠军外，英超冠军只在曼联、切尔西、曼城和阿森纳四个队中出现。而且这四个队长期占据联赛的前四名，是代表英超参加欧洲足球冠军联赛的常客。这个看似无法破解的规律却在2016年5月被一举打破。2014年夏天才

① 在NBA总决赛历史上从来没有任何一支队伍能在3:1的比分下翻盘，更何况对手是刚刚创下NBA常规赛单赛季最多胜利场次纪录（73胜）的勇士队。

从英冠回归英超的莱斯特城队在回归的第一个赛季，即2014—2015年整个赛季中有140天处于联赛最后一名的位置，一度被认为是铁定降级的队伍。只是因为最后8轮联赛有超水平发挥，才得以幸运保级。这也就不难理解为什么英国博彩公司在2016赛季之初，为莱斯特城夺冠开出的赔率为5000:1。这是一个什么样的概率呢？据闻国足获得世界杯冠军的赔率都比这个低2倍。也就是说，国足夺得世界杯冠军可能性都比莱斯特城队夺冠的高2倍！

就是一支这样的球队上演了不可能完成的任务，领跑2015—2016赛季联赛长达9个月，最后提前两轮锁定英超冠军，创造了现代足球史上最大的奇迹。别忘记了，当今足球的竞争已经完全演变成金元资本的竞争。这也意味着谁越有钱，越可能买到优秀的运动员，获得冠军的概率越高。联赛开始之初，莱斯特城全队的身价居然不到2100万英镑，还不如强队一个人的身价高。它是怎样做到“花小钱、办大事”的？

莱斯特城队成功逆袭有很多原因，其中最重要的一个原因肯定离不开他们的主教练——2015年7月才接手球队的意大利人拉涅利。素有“补锅匠”之称的拉涅利虽做过不少豪门球队的教练，但从未获得过任何顶级联赛的冠军。拉涅利是一位有着丰富经验、为人低调而且对冠军极度渴望的教练。他深知像莱斯特城队这种完全没有大球星的队伍靠技战术获胜的机会不大，而球员的团结与士气不仅可以弥补技术上的不足，还可以提高战术配合的效率。所以，他把团队建设的重点放在了加强团结与鼓舞士气上，为此他花了大量的时间激励球员和开发球员的潜力，而不是在研究对手的战术打法上精雕细琢。最后的结果证明他做对了！

经历过大量体育竞技比赛的人都知道，很多比赛的取胜靠的既不是实力，也不是运气，而是俗称的意志品质。这种情况在两队实力差不多时更为突出，大都是意志品质更坚韧、能拼能挺的队伍获得最终的胜利。即使一个队的实力很强，倘若拼劲不足，也会输给实力比自己差很多的对手。这个规律不仅在体育比赛中频繁被印证，在其他的领域也同样适用。一个人或一支队伍的意志品质可以提升实力，甚至创造好运，为成功带来更大的机会。难怪拿破仑会认为，一支充满士气的队伍，其战斗力是士气一般队伍的三倍。

在2016年里约奥运会上，中国女排经历五轮小组赛后仅获得两胜，只能以小组第四名的成绩晋级8强。女排在1/4决赛中的对手是小组五战全胜、2012年伦敦奥运女排冠军——东道主巴西队。看起来巴西的实力和状态都比中国队略高一筹，而且占着天时、地利、人和的优势，中国队这次恐怕凶多吉少。当时的媒体和大部分观众也不看好女排，对赢球不抱太大的希望。不过，女排教练郎平并不认为中国队必输无疑。除了在战术上分析、寻找巴西队的弱点外，郎指导一直都相信女排的团结和凝聚力是她们能够重回世界一流的关键，也是战胜强敌的法宝。尽管与巴西队的比赛先失一局，但姑娘们发扬了在逆境中永不放弃的一贯精神，最后以3:2力挫巴西队，昂首晋级并最后获得冠军。

莱斯特城队和里约奥运会上的中国女排都证明了团结、士气和意志可以转化为巨大的力量，极大地弥补了能力上的不足，成为了创造奇迹的关键。不要忘记：无论是意志品质还是士气，都属于非逻辑因素，在大多数情况下难以量化，难以用数据解释。

不甘心、爱折腾向来是所有创新者最显著的特点。很难想象一个平素习惯满足于现状，甘愿随大流，对折腾敬而远之的人会喜欢上创新。几千年来，驱动人类不断发展、进步的动力正是这种永无止境的探索精神。不甘于现状意味着可能随时走在探索的路上，爱折腾则往往需要面临不良后果。没有强大的好奇心、好胜心和意志力做后备力量，不甘与折腾可能都是白日梦而已。

## 时机，准备与转向

Pivot这个英文单词的字面意思是“支点”或“转轴”，它本不是一个日常生活中经常用到的词。但在我开始大量接触创新书籍和文章时，却发现这个词出现的频率颇高。看得多了，慢慢才明白pivot原来指的是“战略调整”或“关键转折”的意思。一个公司经常需要做出战略调整，是因为现实（如市场）与事先预想的存在差距，所以必须在某个节点上及时做出调整，根据实际情况改变公司的产品或经营策略。这个过程就可称为Pivot，简称为转向。对创新创业而言，一个企业可能会发生数次的转向。每一次转向都将企业带向一个新的风口，寻找新的商机或更适合的方向。很多人都认为懂得转向是创业家或创新者必备的能力之一，毕竟对创新创业最基本的要求就是可以适应外在环境的变化。

转向的例子非常多，在硅谷广为流传的转向实例是推特（Twitter）。推特在创办之初只是一个播客平台下的辅助程序而已。由于公司内部需要相互传递大量的信息，于是开发了一个信息传播程序推特来满足这方面的需求。随后，推特作为副业推向市场，公司的主业依然是播客。逐渐他们发现播客的前景并非像原来预计的那么光辉灿烂，相反，市场对推特的需求却变得越来越大。于是，公司及时做出调整，卖掉播客公司，将推特的业务转为主业经营。倘若没有当年及时明智的转向，推特肯定无法拥有今天的市场地位。

在转向上，有三点值得注意。首先，转向并非一朝一夕形成，前期的准备至关重要。否则，转向未必能转化成新的机会，结果也会不尽如人意。推特创始人之一兼CEO埃文・威廉姆斯（Evan Williams）其实是一个经验丰富的创业“老司机”。他不仅有多次的创业经验，还曾创建一度异常火爆的博客网站Blogger。后来他成功地将Blogger出售给谷歌，并在谷歌工作了近两年。凭着其丰富的创业和经营管理经验，威廉姆斯能够比一般人更准确地探知到先机的脉动，从而做出最佳的选择。

俗话说得好，机会是留给那些有准备的人的。任何的收成都需要前期的播种和栽培，不断地浇水、除草、施肥，后期的丰收才可能有保证。技术在创新中看似扮演着极为重要的角色，但其背后创新者的素质才是真正起决定作用的因素。这里的素质不仅包括某个领域的技术能力，还包括心理素质，以及判断和决策的能力。只有在准备期不断磨炼和强化这些素质，当机会来临时，才不至于错失机会。

其次，要注意的是，转向需要保持灵活应变的心态，总认为自己对的人很难实现转向。总觉得自己正确这种特质往往并不是一种性格表现；很多情况下，它由一个人的心态所决定，其背后隐藏着个人的自我评估。例如，相较于大企业，微小企业普遍习惯转向，也更善于转向。除了因为微小企业组织架构简单、业务单一的特点使其容易转向外，还因为微小企业主资源有限、信心不足，所以他们需要以求变的心态应对市场的变化，谋求更多生存的机会。反观大企业，由于不存在生存的压力，稳定的财务和市场状况往往让管理层过高地评价自己，致使他们对外界变化不够敏感，常常以视而不见、听而不闻的态度应对变化。所以，不难预知大企业的转向通常步履艰难，每一次的组织变革都充满着对抗和冲突。事实上，经自身转变而转型成功的大企业很少，大部分的大企业成功转型都是通过并购或重组这种引入外力的方式得以实现。

最后，转向不能过于频繁，否则就完全失去了转向的意义。面对外界变化，我们需要培养自己随机应变的心态，但同时需要注意，很多时候外界变化只是事物一种正常的周期性波动而已。如果总是跟随着其变化而变化，久而久之自己就会丧失方向感，容易变得迷惑和疑虑。此外，转向是对自己过去的否定。在每一次的转向中，我们都必须做出舍弃，才能让转向更为顺利。这也意味着转向越多，必将放弃越多。这种状况的出现无疑不利于积累与传承。

再看一个前文提到的例子。估计今天知道Better Place这个名字的人不多，可就在2011年前后，Better Place的知名度并不亚于今天的当红炸子鸡特斯拉（Tesla）。同是电动车生产商的Better Place成立于2008年，其生产的电动车与特斯拉的电动车主要有两点差异：第一，服务对象不同，特斯拉以高端客户为目标，它的第一部车Model S售价超过8万美元，Better Place则以中端客户为主，其电动车售价仅为4万多美元。第二，两者的充电模式存在差异。特斯拉采用的是传统充电或电桩充电，而Better Place使用换电模式，使用者需要到换电站快速更换电池。总部设在硅谷的Better Place实际上是一家以色列公司，2008—2009年他们在以色列、丹麦和夏威夷分别做了电动车行车测试。在测试取得了不错的效果后，2011年公司决定将在全球范围内大规模铺开业务。谁知Better Place后续的发展极其不尽如人意。仅过了两年，在烧掉投资人8.5亿美元后，公司宣告破产。

从商业模式看，换电池的电动车比充电的更为便宜、快速。电动车更换电池的时间与汽车加满油的时间差不多，而且也无须大面积铺设充电桩。我看过许多有关Better Place失败的案例分析。可惜的是，一直未能找到强有力的证据解释为什么特斯拉最后挺了下来，而商业模式更好的Better Place却以失败而告终。我个人得出的结论是Better Place输在时机上。如果多等10年，它的命运可能截然相反。

无论一个人还是一个产品，自身的优秀都只是成功的一个条件而已。决定成功的要素有很多，包括内在因素和外在因素。在缺乏外在因素辅助的情况下，仅凭个人努力或优秀的素质，最后获得成功的概率都可能大打折扣。更值得注意的是，目标牵扯面越广，事情越复杂，外在因素起决定性作用的可能性越大。这也就是我们经常说的，天时地利、人和、缺一不可。

## 人才，资本与制度

18世纪之前，创新者很难达到像今天创新者名利双收的局面。事实上，大部分创新者的生活都很一般，有些人甚至可以用穷困潦倒来形容。如果不是因为心中炙热的梦想，不是因为强烈的好奇心和强大的意志力，很难想象他们能够坚持下去。1767年，英国商人马修·博尔顿（Matthew Boulton）认识了当时正在改进蒸汽机的詹姆斯·瓦特（James Watt）。博尔顿内心突然有了一种直觉：瓦特的蒸汽机将成为一个改变世界的杰作，自己的财富也会成倍增长。于是他做出了一个当时被大家认为是疯狂的举动——卖掉了自己所有的产业，成为瓦特的生意伙伴，全力资助瓦特研发蒸汽机。

事实证明博尔顿赌对了！1776年，改进后的蒸汽机实现了量产并投入到了生产实践中去。蒸汽机的大范围应用引领了第一次工业革命，英国因此迅速崛起，博尔顿和瓦特也赚了很多钱。后来，他们俩的头像还被一起印制在了50英镑的纸币上。

博尔特投资瓦特大获成功后，受此启发，资本也开始大量进场。资本不仅推动科技的发展，还带动了产业的巨大进步。1807年，美国发明家富尔顿在商人罗伯特·列文斯顿的资助下，发明了世界第一艘以蒸汽机为动力的轮船。1892年，银行家约翰·摩根（John Morgan Sr.）投资爱迪生，开启电气时代，催生第二次工业革命的爆发。到了20世纪末，同样是资本的介入，点燃了信息革命的熊熊烈火，互联网和移动互联网得以飞速发展。

资本与创新是一对好伙伴，相辅相成，谁也缺不了谁。没有资本的帮助，创新的发展往往不温不火，有时甚至步履艰难。同理，利用创新的助推，资本的积累在杠杆撬动下，获得成倍有时甚至几百倍的收益。只是，两者的相处并不总是那么风和日丽。毕竟资本的特点就是逐利，回报越快越好，而创新则需要传承和积累才能出效果。特别是颠覆性创新，时间其实才是最佳的孵化器。当两者出现矛盾时，考验的是资本持有者的耐心和信念。恐怕更重要的是，看准人！

很多人以为资本投资的是科技，其实并非如此。资本的真正作用在于集聚人才，让人才创造价值，然后再让资本升值。如果资本的目标只是专利、产品或厂房这些看得见的东西，最后的结果基本都是人才流失，而留下来那些看得见的东西所能产生的杠杆效应通常都极其有限。这是“捡了芝麻、丢了西瓜”的典型写照。

再说另一个故事。15世纪初，当承载着近3万人的300多艘大大小小的船只缓缓驶入印度时，当时的印度人着实大吃一惊。因为他们从没见过承载了如此多的人的如此大的船、如此多的船集结同行！这就是举世闻名的郑和下西洋。当年郑和所乘坐的旗舰“郑和宝船”长超过120米，宽超过50米，面积与一个现代标准足球场近似。现在被西方称为“领先西方500年”的郑和宝船是当时世界上最大的船，4层高，需要200人操作才能起航，据闻排水量可达2000吨。近90年后，也就是15世纪末，哥伦布远征美洲所乘坐的欧洲最先进的大船其排水量仅百吨。两者差距明显！

郑和七下西洋与哥伦布发现新大陆的背后都有雄厚的资本在支撑着，前者来自于明成祖永乐帝朱棣，而后者则来自于当时的西班牙女王伊莎贝拉。虽然朱棣和伊莎贝拉资助航海的目的不尽相同，但必须承认，郑和与哥伦布的远航都是充满着风险、具备划时代意义的创新活动。现在问题来了，既然当时就“领先西方500年”，如果郑和的舰队能一直发展下去，结果会怎么样？

没有如果，所以也就没有了结果。1424年，明成祖朱棣去世，即位的仁宗朱高炽随即宣布停止已走了六次的下西洋活动。朱高炽的儿子明宣宗朱瞻基继位后在1431年宣布重启下西洋。郑和第七次下西洋仅出航2年时间，1433年4月他在印度西海岸突然离世。下西洋戛然而止，从此画上句号。“领先西方500年”的造船业也因此停滞不前。

在企业史上，因更换领导人而改变创新方向的例子同样非常多，有“木马”之称的诺基亚最后一任CEO斯蒂芬·埃洛普（Stephen Elop）就是其中的一个典型。由于当年埃洛普做出了错误的决策，选择了与自己原来的老东家微软合作。结果诺基亚被微软收购，自己也被人怀疑为“间谍”。恐怕永远无从考究埃洛普究竟是否为微软所派，毕竟不同的人对未来的认知不同，所做的判断和决策也会不一样。需要看到的是，人是情感和社会的动物。这也意味着人性中有太多薄弱的部分，远比大部分人想象的更加难以控制。因此，只有建立相适应的制度去约束人性中这些薄弱的部分，才可能最大程度地避免尴尬局面的出现。

或许我们这样总结资本与创新的关系更合适：在创新的初级阶段，资本起到了整合各种资源的作用，是创新流程实施的保证。到了创新的中级阶段，资本的作用则在于选拔和激励人才，让他们愿意创新、喜欢创新。最后在创新的高级阶段，资本需要建立一套制度，让制度为人才服务，使他们愿意长留，并持续召集其他人才加入。这种循环促成创新得到持续性的发展，也是资本不断升值的基础。

## 坚持，激情与偏执

近两年来，在国家“大众创业、万众创新”的号召下，市场上如春笋般冒出许多创投机构。他们热衷于为资金寻找可获得它们青睐的项目，为好项目匹配高额的资金。在我接触的部分创投机构中，我发现他们对创业项目的评估比过去成熟了许多，可以从比较全面的维度去分析和论证一个项目是否值得投资。可是，有一个我个人觉得非常重要的评估要素往往被忽略，它就是创业者的热情。一个人的热情常被定义为非理智的因素，毕竟热情容易变，尤其是那些习惯性三分热度的人。当然，这里所说的热情并非指对金钱、物质的追求和渴望，而是指对某个理想、某种信念的热爱和执着。如果一个人仅仅为了发家致富而奋斗的话，这种热情持续性短，而且还极易急功近利。这样的人通常也不被资深投资者看好。

热情确实很难以量化的数据为基准进行测评和判断。可是，如果我们翻开人类的创新史，观察那些一直走在大众前面的先驱，我们会发现激励他们一路披荆斩棘、所向披靡的恰恰是这些非逻辑的因素，如信念、理想、爱好、好奇或夙愿等。如果以近一个世纪诺贝尔奖获得者为蓝本进行分析，我们也会发现他们几乎如出一辙。

让我们换一个角度来重新看这个问题。不知道有多少人知道，腾讯最大股份的持有者其实是外国人。为什么会这样，难道是马化腾不爱国？在腾讯成立之初，马化腾最开始寻找的投资对象其实是国内投资人。可惜的是，经过认真评估，这些投资人认为腾讯并非他们意向中的投资项目，愿意投资的人寥寥无几。苦于此困境，马化腾只好转向李嘉诚的小儿子、一直颇具投资眼光的李泽楷。果然不出所料，李泽楷在项目沟通完毕后就随即决定投入220万美元，以此获得了腾讯20%的股份。2001年，李泽楷以1260万美元将自己的股份卖给南非的MIH控股集团。当年这笔买卖曾一度被视为最佳投资，不到2年的时间居然获利超过5倍，做什么能有如此高的回报呢？谁知道2004年腾讯在香港上市，情况发生了翻天覆地的变化。MIH当时不仅买下李泽楷手中的腾讯股份，还收购了其他股东的股份，成为腾讯的大股东，至今持股比例达33%。按2016年6月市值计算，MIH手中掌控总市值超过5400亿港元的股票，这还不算这十几年来所获得的分红。如果李泽楷一直保留腾讯的股权，其市值至少超过2000亿港元。当年被称赞一时的“最佳投资”，今天却成了李泽楷心中最大的痛！

这个例子或许可以传递一个这样的启示：传统的投资评估方法其实具有很大的局限性。这样说可能更合适：我们熟悉的投资评估方法更适合筛除不良分子，但对最佳投资的确定却无能为力。

以我个人的经验，创新的结果有时很难用数据估算。毕竟创新是对未来的预计，这是一个最基本的基点。试问，有谁能清清楚楚知道未来？在相当程度上，那些针对结果的所谓数据搜集和分析，不过是我们站在自己立场上对自己期待结果的一种解释罢了。这也意味着，一旦选定自己的立场（这一步经常在我们判断前已完成，只是很少人意识到而已），这些数据大都被用来作为证据佐证自己选定的立场，证明自己选对了而已。这其实是一个死循环，并不符合逻辑。因为我们本来必须依靠数据的帮助去确定立场，而不是拿数据来佐证未经数据证明过的立场。

在创新中我希望看到，一个人或一群人带着好奇心、理想或兴趣去折腾，不为名利，只为心中的执念而战。这个人或这些人是偏执的灵魂，有着不撞南墙心不死的执着与韧劲，被来回折腾后依然能保持高涨的热情，继续折腾。这些非逻辑、非冰冷空洞数据所能比拟的隐性因素，才是创新创业生存发展最关键的因素。必须承认，很多时候偏执其实是一种十分令人不愉快的特质，偏执的人不容易相处，也不容易打交道。偏执的人不盲从，意志力强，因此很难被说服。认准了就一直向前，直到被南墙撞个头破血流才会考虑回头。乔布斯、扎克伯格和埃隆·马斯克等许多被大家津津乐道的牛人都是这样的偏执狂。

除了热爱、信念或夙愿这些正向因素可以成为一种巨大的内在鞭策力量外，看似反向因素的恐惧其实也具有相同的功效。“只有偏执狂才能生存”这句出自于已故的前英特尔CEO安迪·格鲁夫（Andy Grove）之口。这位亲手缔造了芯片巨人英特尔，引领英特尔10年辉煌的偏执狂CEO曾在其著作《只有偏执狂才能生存》中写道：

我所不惜冒偏执之名而整天疑虑的事情有很多。我担心产品会出岔，也担心在时机未成熟的时候就介绍产品。我怕工厂运转不灵，也怕工厂数目太多。我担心用人的正确与否，也担心员工的士气低落。当然，我还担心竞争对手。我担心有人正在算计如何比我们做得多快好省，从而把我们的客户抢走……在生意场上，直到你走到悬崖边，你才能看到悬崖。

应该看到的是，没有投入过深深的情感，就谈不上什么执着与坚守；没有执着与坚守，摇摆不定也就在所难免，特别是在不顺的时候。这与爱上一个人的过程基本相似。

## 度，平衡与取舍

创新给人类带来了数不胜数的益处，同时也带来了烦恼。就拿工业发展来说，它延长了人类的寿命，改善了居住环境和生活质量，可不幸的是，污染、生理疾病还有心理障碍也接踵而至。有人由此提出人类最好是结束工业化进程，回退到过去那种比较原始的生活方式：青山绿水，男耕女织。

这恐怕并不是一个好主意。如果不借助工具，人类的自我保护能力在动物世界中低于很多种类的动物。回归原始，也就意味着我们需要时时刻刻为生存而战。14世纪中叶，一场由鼠疫引起的瘟疫——黑死病——横扫欧洲，一下子夺走了4000万条生命！而今天，与当年黑死病差不多的疫情，无论是SARS、禽流感还是埃博拉，为此丧命的人数都极为有限。这个结果必须归功于创新，创新瑕不掩瑜。

让我们换一个话题再谈谈创新。有些人对前文提倡的创新文化不以为然，他们更崇尚所谓的狼性文化，也就是想方设法把员工的狠劲逼出来，希望他们像狼一样拼命工作，以致类似“996”[①]这种工作模式在国内一些企业大行其道。“对自己要狠一些”的口号听起来挺有道理，可是纵观世界500强企业，绝大部分杜绝狼性文化，就连过去一直崇尚狼性文化的三星、亚马逊等在近年也悄然改变，积极向创新文化靠拢。为了吸引更多人才加入，很多世界顶尖的高科技企业还采用了弹性工作制，或者允许员工每天预留一定的工作时间用于自主选择工作项目。

一个企业究竟该采用哪种文化，确实没有一个放之四海而皆准的答案。为什么像谷歌、Facebook、苹果这些公认创造力比较强的企业都远离狼性文化？这或许才是我们应该思考的问题。是不是中国人天性不够努力，大家爱偷懒、不思进取，所以才需要不断鞭策，不断给压力？狼性文化的背后通常隐藏着这样的假设。说到勤奋，国人的勤奋精神和吃苦耐劳的干劲在全球可以轻轻松松排在前三位。为什么在那些需要狼性文化的企业里，员工就不努力了？就需要狼性文化来鞭策他们了？同样的人，为什么到了国外工作，就不再需要狼性文化？狼性文化预示着管理层对员工的不信任态度，不相信员工能够积极干，愿意积极干，所以要拿出一套措施来逼员工就范。也许，管理层应该问问自己：为什么会这样？究竟是谁的原因？

确实，人性有丑陋的一面。对一个人太好，有时令其自以为是，做事习惯理所当然，常常在要求上变本加厉。可是，对一个人不好，出工不出力、最终一拍两散也是必然的结果。该好还是该不好，考验我们的智慧，也取决于很多因素。在相当大程度上，取决于我们对度的领悟，对取舍的洞察。多数人在成长中的最大挑战其实就是来自于对“度”字的认识：做人做事都需要掌握分寸，太多或太少都不合适。也就是说，什么事该做，什么事不该做，该做多少都是一门艺术，值得细细揣摩和探究。秉持非黑即白的思维习惯看似快意恩仇，但很多情况下，却预留下了伏笔，埋下了灾祸。

---

① “996”工作制即从早9点工作到晚9点，每周工作6天。

我们需要的是平衡[①]，是对度的掌控和调整。

再以文化为例，创新文化容易滋养惰性，但有利于合作。而在狼性文化中，每个人迫切需要的都是自保，企业表面看起来冠冕堂皇，其背后都是散沙一堆，很难经受真正的考验。两者都不完美，只能说，在不同的环境中，应采纳相应的文化，很难用同一个标准定夺一切。所以，这就关系到取舍了。该取什么，舍什么？什么时候应取，什么时候该舍？这些都不是好回答的问题。时间、精力、金钱、情感等的取舍决定了我们在哪里投入、投入多少，也决定了最后的结果。同样，取舍没有放之四海而皆准的答案，一切皆因人而异，因势而定。

一个人想搞清楚取舍的分界线到底在哪里，比较好的办法是先分清取舍什么，即对取舍的方向有大致了解，然后对取舍的内容进行测试，再根据测试的情况进行调整。这个靠不断试错去寻找度的方法，其实与创新的流程大相径庭。

所谓的平衡，或许只不过是懂得取舍。所以，无论做企业、搞创新还是其他事，能否做好大致上还是取决于取舍二字。懂得取舍，也就成就了人生，至少算活明白了，因为无论你选择坚持还是放弃，其中都必有得失。是取，还是舍，每个人心中都有杆秤在暗自掂量。就算你不理会心中的那杆秤，冥冥之中仍然还有杆秤在为我们把关。

## “回家”，试错与成长

来自台湾的赖佩霞曾经是一位歌手。不过，她早已退出歌坛，一直在专注于心灵成长一类的事物。我在TED视频上看到她的一个演讲，深受启发。赖佩霞把寻找爱的过程称为“回家”，说自己一直走在“回家”的路上。

如果寻找爱的旅程可以叫“回家”，那么，寻找创新真谛的旅程是不是也算“回家”呢？如果爱能让世界变得不一样，创新是不是也有同样的

① 每个人对平衡的定义、形式与程度理解有所不同。平衡不是固定不变的，相反，它在不断被打破和形成的动态变化中发展。度也具有极为相似的特征。

功效？答案是肯定的。创新的思想可以拓宽一个人的视野和见识，而创新的结果则是让世界变得更精彩。

在今天这个快速变化的世界，无论是应对颠覆性创新，还是寻找创新突破，最佳、最可靠的途径都是学习。并且这恐怕是唯一的路。很多人以为学习就是读书或拿个文凭，这是误解。学习是一个不断吸收、消化和应用信息的过程。通过学习，我们处理和应用信息的能力得到锻炼、提高。确切地讲，学习的真正目的是提高我们判断与决策的水平。熟知心理学的人清楚，一个事的结果由我们每一个判断和决策而定。

试错是人类最常用，也是最有效的学习工具。有孩子或熟悉儿童心理学的人都知道，孩子们恰恰是通过不断试错去探索、了解世界。经过无数次的尝试和修正，他们学会了说话、学会了走路、学会了吃饭、学会了识字等所有的一切。令人遗憾的是，这些年我们对试错重要性的认识在不断地减弱，大部分人反而对效率、高速之类无比痴迷。学校不许试错，大家做什么你就做什么，听话就好；家长也不让试错，在家乖乖待着就万事大吉。对试错的压制、对孩子的过度保护从表面上看功德无量，至少大人们的麻烦少了很多。其实这种做法葬送了个人的探索精神，大大地削弱了我们自我调整、自我修复的能力。

无论是创新、爱还是其他，世界上所有物种进化的道路基本上大相径庭，都是沿着不断试错这一途径，通过反思和调整来增强自己的适应力，从而避免被其他物种颠覆、淘汰。

学习、试错通常都是一个艰辛而漫长的过程，其中当然也不乏快乐和成就。从中走过，表面上会在认识、能力、名利上有所收获，但是，内心的成长才是重中之重，也是支撑一个人坚持不懈地走在“回家”路上的动力所在。少了这一点，其他的收获大多难以充分体现出来，遇到困难时那些收获更是无济于事。从创新的心路历程来看，如果说入门需要的是一颗放下自我的心，那么颠覆则代表了重拾自我。从放下到捡起，再从捡起到重塑，这一系列心路历程完整地映射出了创新从入门到颠覆的演变回路。

最后，用大导演李安的故事为这本书作结。2016年对李安而言，注定又是折腾的一年，一整年他都在忙活着《比利·林恩的中场战事》这个片子。无论最终票房如何，这部电影都会是一部终将载入史册的电影。它的划时代意义在于，这是人类历史上首次采用4K/3D/120帧的格式进行电影摄制。从20世纪20年代有声电影诞生到现在，仅《霍比特人》等极少数影片采用了48帧进行拍摄，其他电影均以每秒24帧的画面频率进行摄制和播放。帧数越高，意味着画面越清晰逼真，观众能感受到的细节也越充分，身临其境的感觉也越强。与此同时，帧数高也意味着摄制、制作和播放的难度增大。截至2016年11月底，全球仅5家影院支持120帧版本的放映，这些影院分别位于纽约、洛杉矶、北京、上海和台北。让我非常感动的是李安的学习态度，甘愿从头开始去学习120帧电影的拍摄和制作。用他自己的话来说，整个过程就是“先承认我们还不懂，然后大家一起来研究一下怎么做”。120帧代表了未来，他很清楚。要么拥抱未来，要么被未来淘汰。

如果连一个年过六旬、已拿过两次奥斯卡奖、本可堂堂正正躺在功劳簿上安稳大睡的老人都愿意放下自我，不计得失去尝试新东西，我实在想不出有任何名正言顺的理由可以阻挡你去拥抱未来，开辟自己的新天地。

祝大家在“回家”的路上开心快乐！